心理学から解き明かす
消費者行動論

中川宏道・津村将章・松田　憲 ［編著］

創 成 社

はしがき

　本書は，心理学をベースに消費者行動論を学び理解したいと考える学生および
ビジネスパーソンに向けて書かれました。こんな教科書があったらいいな，
という本の具現化です。具体的には2点です。第一に，消費者行動のベースと
なる心理学のディシプリンによって，消費行動を心理学的に深く掘り下げてい
くこと，第二に，最新の消費者行動研究の成果をふんだんに盛り込んでいるこ
と，です。

　第一の点については，詳しくは第1章でも述べていますが，消費者行動研究
は心理学や経済学や社会学などの他分野の理論を基礎（ディシプリン）としたも
のです。そのため，消費者行動理論の基盤となっている心理学，経済学，社会
学の各ディシプリンに関連する分野を深く学ぶことによって，「消費という人
間の行動」へ洞察を深めることが重要となります。本書は消費者行動研究の主
流のディシプリンを心理学と捉えており，心理学に精通している新進気鋭の研
究者に執筆を依頼しました。そして，消費者行動を表層的な理解に留めること
なく，なぜそうなるのかという本質にまで心理学的に深く掘り下げることに重
きを置くようにしました。

　第二の点については，消費者行動を心理学的に理解するために最新の実証研
究の成果を盛り込むようにしました。これは，基本的なフレームワークや概念
の解説に終始する教科書は，学生やビジネスパーソンにとって眠くてつまらな
いからです。（学部生レベルであっても）学生やビジネスパーソンにとって，研究
のフロンティアに触れることこそが研究の楽しさにつながり，勉強のモチベー
ションを向上させることができると編者は確信しています。特に学生は自分の
所属する大学のデータベースを使って研究のフロンティアにアクセスすること
ができます。本書で紹介された研究から芋づる式に自分の興味のある研究に触

れていただきたいと思います。

　さらには，卒論やグループ論文で実証研究をしたい学生たち，実際に消費者調査を行いたいと考えるビジネスパーソンを念頭に置き，本書では可能な限り実証研究で使われる尺度を紹介しました。また，各章の最後には練習問題を設定しました。ケースも配置し，反転学習としても利用できるようにしました。これらを活用して，消費者行動の理解を深めていただきたいと考えています。

　最後に，本書の企画・編集に尽力いただいた創成社の西田徹氏に謝意を表します。また，本書についてコメントをいただきました元木康介先生（東京大学）に御礼申し上げます。

　2024 年 8 月

編者を代表して　中川宏道

目　次

はしがき

第1章　消費者行動研究の特徴と本書の構成 —————— 1

1.1　消費者行動研究のアプローチ ················· 1
1.2　本書の構成と特徴 ···················· 5
1.3　本書において前提となっている重要な概念 ·········· 6

第2章　消費者の知覚・感覚 —————————————— 11

2.1　視　覚 ························· 11
2.2　聴　覚 ························· 19
2.3　触　覚 ························· 21
2.4　嗅　覚 ························· 22
2.5　味　覚 ························· 24
2.6　感覚知覚特性 ······················ 25
2.7　精神物理学（心理物理学）················· 27
2.8　時間間隔 ························ 30
2.9　多感覚統合 ······················ 31
2.10　注　意 ························· 34
2.11　ゲシュタルト心理学による知覚の体制化 ··········· 37

第3章　消費者の学習 —————————————————— 45

3.1　先天か後天か ······················ 45
3.2　古典的条件づけ（レスポンデント条件づけ）········· 49
3.3　道具的条件づけ（オペラント条件づけ）·········· 55
3.4　強化スケジュール ···················· 58

第4章　消費者の記憶 ———————————————— 64

4.1　記憶のモデル ……………………………………………… 64

4.2　長期記憶の種類 ……………………………………………… 72

4.3　知識構造 ……………………………………………………… 74

4.4　ブランド …………………………………………………… 88

第5章　消費者の動機づけと関与 ———————————— 97

5.1　動機づけ ……………………………………………………… 97

5.2　関　与 ………………………………………………………… 109

第6章　消費者の情報の取得と解釈 ———————————— 119

6.1　情報探索 ……………………………………………………… 119

6.2　理解・解釈 …………………………………………………… 123

6.3　推　論 ………………………………………………………… 134

第7章　消費者の態度（消費者の情報統合）—————————— 139

7.1　態度形成 ……………………………………………………… 139

7.2　説得的コミュニケーションによる態度変容 ……………… 148

第8章　消費者の意思決定 ————————————————— 168

8.1　不確実性を含んだ意思決定 ………………………………… 170

8.2　消費者意思決定方略（ヒューリスティック）…………… 179

8.3　多属性意思決定 ……………………………………………… 183

8.4　意思決定のモデル …………………………………………… 190

第9章　消費者の購買行動 ————————————————— 200

9.1　非計画購買および衝動購買に関する概念 ………………… 200

9.2　衝動購買を規定する要因 …………………………………… 206

9.3　セールス・プロモーションと消費者行動 ………………… 215

目　次 | vii

第10章　消費者の満足 ── 230

10.1　顧客満足の重要性 ································ 230
10.2　顧客満足とは何か ································ 232
10.3　顧客満足の規定要因 ···························· 235
10.4　顧客満足の成果要素 ···························· 240
10.5　まとめ ·· 244

第11章　消費者の感情 ── 247

11.1　感情の定義 ······································ 247
11.2　感情研究の系譜 ·································· 248
11.3　学際的な研究としての感情研究 ·················· 254
11.4　感情・情動はどのようにして起こるのか ·········· 258
11.5　感情・情動の伝達と理解 ························ 261
11.6　良さと好ましさ ·································· 264
11.7　好みの形成 ······································ 266

第12章　消費者にとっての自己 ── 274

12.1　自己概念 ·· 274
12.2　現在の自分と，ありたい自分 ···················· 275
12.3　自己表現 ·· 277
12.4　自己評価維持と社会的比較 ······················ 280
12.5　社会的比較に伴う感情と消費者行動 ·············· 282
12.6　心理的所有感と消費者行動 ······················ 286

第13章　消費者と集団 ── 291

13.1　準拠集団 ·· 291
13.2　家族と消費 ······································ 303

索　引　315

第1章

消費者行動研究の特徴と本書の構成

　近年では経営学部や商学部のカリキュラムにおいて，消費者行動論の科目が設置されることが多くなった。この消費者行動論の隆盛は素直に喜ばしいことである一方で，筆者が大学で消費者行動論の授業やゼミを行うにあたり，教科書の選択は悩ましいものとなっている。近年では消費者行動論の教科書の出版も相次いでおり[1]，選択肢が多いからというだけではない。ある教科書は社会心理学アプローチ，ある教科書はマーケティングのインプリケーションを強調するアプローチというように著作によってアプローチや特徴が大きく異なり，どの教科書を使うべきかという悩みが生じているからである。つまり，消費者行動研究には多様なアプローチが存在するがゆえの難しさがある。

　そこで本章では，消費者行動研究のアプローチの特徴を述べ，消費者行動研究における本書の位置づけおよび構成と特徴について述べていきたい。

1.1　消費者行動論の研究のアプローチ

1.1.1　経済学と経営学の違い

　消費者行動論とは，どのような学問分野なのであろうか。その前に，消費者行動論は基本的には経営学の中の一分野と考えられるので，まずは経営学の特徴について，特に経済学との比較から述べたい。経済学と経営学の違いは何であろうか？　一般的には「経済学部は理論的なことを学ぶ，経営学部は実際的なことを学ぶ」，「経済学部はマクロ的なことを学ぶ，経営学はミクロ的なことを学ぶ」などと言われているようである。しかしながら，このような説明は適

切ではない。経済学と経営学ではともに理論的なことや実際的なことを学ぶし，マクロ的なことやミクロ的なことを学ぶからである。それでは，経済学と経営学の本質的な違いは何か。

　この問いに対する筆者の答えは，経済学という固有のディシプリンであらゆるものを対象に研究するのが経済学であり，固有のディシプリンはなく他の学問分野のディシプリンを拝借しながら対象をマネジメントに固定しているのが経営学である，というものである（図表1－1）。ディシプリンとは，その学問固有の方法論のことである。

　経済学のディシプリンは，社会現象を経済的な要因（経済合理性）の面から説明しようとすることである（丸山, 2017）。そして経済学には，誰もが読むべき教科書というものが存在している（入山, 2012）。誰もが学ぶべき内容が共有されており，その共通言語で議論がなされている。対象はもちろん経済活動が中心であるが，経済的な要因による活動であればどんなものでも対象になり得る（結婚の経済学，教育の経済学，大相撲の経済学，・・・）。その意味で，対象フリーで経済学というディシプリン固定の学問であると言える。

　これに対して経営学には，誰もが読むべき教科書というのは存在しない（入山, 2012）。経営学にはディシプリンは存在せず，経済学や心理学や社会学などの他の学問分野からその都度方法論を拝借して，マネジメントに関する分野を研究するからである。つまり対象は（マネジメント分野に）固定で，ディシプリンフリーの学問であると言える（図表1－1の右）。この意味で，経営学というのはそもそも学際的な学問分野なのである。

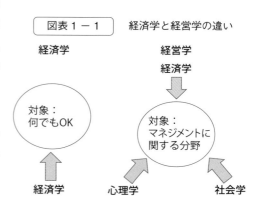

（出所）入山（2012）をもとに著者作成。

1.1.2　消費者行動研究のアプローチ

　消費者行動研究のアプローチも経営学と同様のものになる。すなわち図表1－2のように，対象は消費者に固定で，ディシプリンフリー，すなわちディシプリンは心理学や経済学や社会学や文化人類学などから拝借して研究を行っているという特徴がある[2]。どのディシプリンを中心に用いるかは研究者によって異なるが，現在の消費者行動研究の主流は心理学，特に認知心理学と社会心理学である。

　また，どの学問分野のディシプリンを用いるかという分類とは別に，研究目的による分類も存在し大きくは実証主義と解釈主義に大別される（守口・竹村編，2012）。**実証主義**とは，普遍的な法則によって現象を説明することを目的とし，理論の予測的な機能を重視することである。消費者行動研究においては，消費者の意思決定と行動の記述・予測が主な目的である。消費者行動研究のアプローチとしては，心理学や経済学，および社会学の一部は，実証主義のアプローチであると言える。心理学における質問紙調査や実験，ミクロ計量経済学における数理モデリングはその代表的方法である。これに対して**解釈主義**は，時期や文脈と結びついた動機，意味，理由その他の主観的体験を探求することを重視する。消費者行動論の文脈では，消費者の消費行動の理解が主な目的である。文化人類学や社会学の一部は解釈主義のアプローチであると言える。文化人類学におけるインタビュー調査はその代表的方法である。

　さらに言えば，科学方法論として**方法論的個人主義**と**方法論的全体主義**がある（稲葉，2009）。方法論的個人主義とは，実在するのは個人のみであり，したがって基本的には個人の行動原理を理解すればよく，社会はたくさんの個人の行動の組み

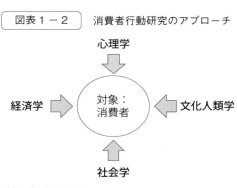

図表1－2　消費者行動研究のアプローチ

（出所）著者作成。

4 |

合わせで理解可能だ，という立場である。経済学の合理的経済人はこの典型的なモデルである。対照的に方法論的全体主義とは，社会科学における分析の基本単位は個人ではなく社会である，という立場である。社会とは互いに役割が異なる個人の相互依存の複雑なシステムであり，この水準の固有性は，一人ひとりの個人から出発して積み上げただけでは充分理解できない，と考える。経済学アプローチ（特にミクロ経済学）と心理学アプローチは方法論的個人主義を取る場合が多く，社会学アプローチは方法論的全体主義を取る場合が多い。

　現在の消費者行動研究の主流は心理学であるがゆえに，実証主義および方法論的個人主義のアプローチが主流であると言える。特に現在の消費者行動研究においてパラダイム（学問分野における支配的規範）となっているのが，消費者情報処理アプローチである（青木，2010）。

1.1.3　消費者情報処理モデル[3]

　消費者情報処理アプローチとは，認知心理学の**情報処理モデル**に依拠する形で，消費者を1つの情報処理システムと捉え，情報を探索・取得・解釈・統合する内的なプロセスに焦点を当てた研究アプローチのことである。この基本的特徴は，消費者行動を能動的な問題解決行動として捉え，問題解決の手段として行動（購買）するために，消費者が自ら必要な情報を探索・取得・統合するプロセスに焦点を当てている点にある（青木，2010）。

　図表1-3は，消費者情報処理プロセスの概略図である。消費者の外にある外部情報は，五感などの感覚器官を通して体内に取り込まれる。そしてそのなかで一部の情報が短期記憶に取り込まれる。短期記憶では，追加情報の取得が行われる情報取得プロセスや，取り込まれた情報を統合する情報統合プロセスがなされる。その結果，最終的な選択・購買といった行動がなされる。このプロセスにおいて，長期記憶と動機づけが重要となる。すなわち，長期記憶において記憶量が多ければ短期記憶へ取り出しやすくなり，さらには動機付けを高めたりする。また，動機づけが高ければ感覚器官も活発化し，短期記憶の活動水準も向上し，長期記憶の活動も活発になる。

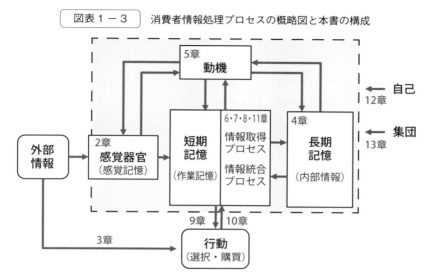

図表1-3 消費者情報処理プロセスの概略図と本書の構成

(出所) 青木 (2010) をもとに一部修正。

1.2 本書の構成と特徴

　本書の構成も基本的にはこの消費者情報処理アプローチに沿った内容になっている。第2章では消費者の知覚・感覚に関する研究，第3章で外部情報と行動の対応関係を（内的プロセスを捨象して）みる消費者の学習に関する研究，第4章で消費者の記憶（長期記憶），第5章で消費者の動機づけ，第6章・第7章・第8章・第11章で消費者の情報取得および情報統合のプロセスに関する研究，第9章で短期記憶におけるプロセスが購買行動に結びつくプロセスに関する研究，第10章で購買行動後の顧客満足を中心としたメカニズムに関する研究について説明を行う。第12章と第13章では主に社会心理学アプローチとして，自己および集団の影響に関する研究について説明する。

　本書の特徴としては，認知心理学・社会心理学・行動経済学の観点からみて，主要な消費者行動研究のトピックを最新の研究成果を踏まえて，エビデン

スとともに紹介することである。また，可能な限り実証研究で使用されている
尺度を紹介するようにしている。したがって授業の教科書としてはもちろんの
こと，卒論・グループ論文やレポートを書く際の，トピック探しや尺度探しと
して使える実践的なものとなっている。さらには，各章に練習問題とケースを
付与して，反転学習や復習が可能となっている。この本を手に取った学生諸君
が，本書を通じて消費者行動研究の面白さを感じ，紹介されている論文を読ん
で自ら仮説を作り出し，実証研究を行うための道しるべとなれば幸いである。

1.3　本書において前提となっている重要な概念

　各章に入る前に，本書において大前提となっている理論の概念について説明
したい。**理論的記述**（theoretical argument）とは，「一般理論を活用して，現実
の様々な事象や概念をつなぎ合わせて独自の理論的な法則を組み立てる」（入
山，2019）ことである。消費者行動論の文脈では，心理学や社会学などで検証
されて一般化されてきた「理論」を用いて，消費行動に関する現実からユニッ
ト間の関係を見いだすことである。ここで理論を構成するユニットと関係性の
法則について説明する。

1.3.1　ユニット

　ユニットとは，さまざまなモノやコト（事象）のことである。そしてさまざ
まなモノ・コト（事象）の関係性を示すのが理論である。ユニットには2種類
あり，一つは**構成概念**（construct）であり，普遍化のために事象を抽象化した
ものである。図で表す場合には，通常は○を用いる。もう一つは**観測変数**
（variable）であり，目で見ることができない構成概念に対して，何らかの測定
をして見えるものにすることである。図で表す場合には，通常は□を用いる。
　一例をあげよう。時間圧力（タイムプレッシャー）が衝動購買を高めるという
仮説（詳細は第9章のコラム「購買時の時間圧力」参照）を考える場合，時間圧力
も衝動購買もそれ自体は構成概念であり，それを検証するためには観測可能な

観測変数に変換する必要がある。そこで時間圧力の観測変数として知覚時間圧力（早く買物を済ませなければならないというプレッシャーを感じる：5件法）などを用い、衝動購買の観測変数として衝動購買の頻度（買物リストにないものを購入する頻度：4件法）という測定尺度を用いることになる。実験室実験の場合には、時間圧力は状況変数（例えば「制限時間が無い場合」「制限時間を●分に設ける場合」）とすることもある。

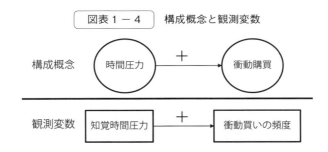

図表1－4　構成概念と観測変数

1.3.2 関係性の法則

ユニット間の関係性に関する法則は、大きく4つある。**線形の関係、U字型（逆U字型）の関係、調整効果（モデレーティング効果）、媒介効果（ミディエーティング効果）**である。

線形の関係とは、AがBに直線的な関係で影響を与える関係のことである。「Aが増加すれば、Bも増加する」、「Aが増加すれば、Bは減少する」などの比例的な関係を意味する。前者は正の関係、後者は負の関係という。Zhao et al.（2019）の例をあげれば、時間圧力が衝動購買に正の影響があることを明らかにしている。

U字型の関係とは、「Aが増加するとある一定の水準まではBも比例的に増加するが、Aがある水準を超えると、Aが増加するとBはかえって減少する」というものである。逆U字型の関係はその反対で、「Aが増加するとある一定の水準まではBは比例的に減少するが、Aがある水準を超えると、AがBも増加する」というものである。Suri & Monroe（2003）の例をあげ

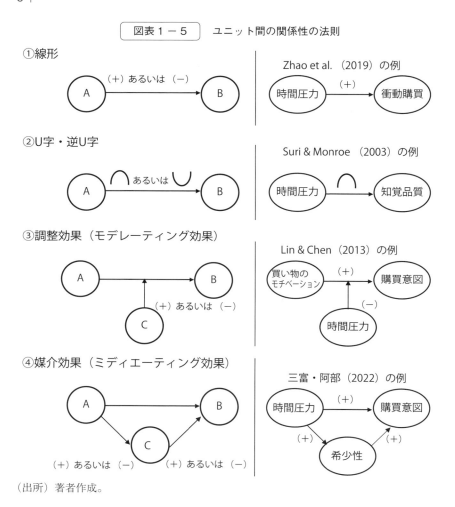

図表1−5　ユニット間の関係性の法則

（出所）著者作成。

れば，（低価格商品の場合には，）時間圧力をある程度知覚している場合は品質を高く評価するものの，時間圧力をあまり知覚していない場合，もしくは時間圧力を強く知覚している場合には，品質を低く評価する傾向があるという。すなわち，時間圧力が知覚品質に対して逆Ｕ字の関係にある。

　調整効果（モデレーティング効果）とは，ＡとＢの線形の関係性（A → B）に

対して，別のユニットが与える影響のことである。AとBが線形の関係があるときに，調整変数CがそのA→Bの効果をより強化するのであれば，「CはA→Bの関係に対して正の調整効果がある」というものである。AとBが線形の関係があるときに，調整変数CがそのA→Bの効果を弱めるのであれば，「CはA→Bの関係に対して負の調整効果がある」という言い方をする。A→Bの関係が正の関係であっても負の関係であっても，それをより強化するか弱めるかで調整効果の正負が決まる。

　Lin & Chen（2013）を例にとると，買物のモチベーションが高いほど空港内での購買を高めるという正の効果に対して，時間圧力はその効果を弱めることを確認している。「時間圧力が空港内購買に負の影響を与える」というモデルではないことに注意されたい。

　媒介効果（ミディエーティング効果）とは，A→Bの関係に，Cが媒介するというものである。消費者行動研究では媒介変数の親和性が高く，よく使われる。ある現象が存在することの背景にある心理学的構成概念があると考えるときに，検証しやすいからである。三富・阿部（2022）は，時間圧力が購買意図に正の影響があることの背景に希少性が介在するという仮説を検証し，時間圧力が希少性を高めることによって購買意図を高めるという媒介効果があることを確認している。

　このように，本書の各章で述べられている理論的記述における変数間の関係が，①線形，②U字・逆U字，③調整効果，④媒介効果の関係なのかということを，ぜひ念頭において読まれたい。

【注】

1）代表的なものとして，青木・新倉・佐々木・松下（2012），杉本編（2012），守口・竹村編（2012），田中（2015），松井・西川編（2020），高橋・高嶋（2024）などがある。

2）この歴史的な発展段階については，青木・新倉・佐々木・松下（2012）の第3章を参照されたい。

3）ここでの説明は青木（2010）に依拠している。

参考文献

青木幸弘（2010）.『消費者行動の知識』. 日本経済新聞出版社.

青木幸弘・新倉貴士・佐々木壮太郎・松下光司（2012）.『消費者行動論』. 有斐閣.

稲葉振一郎（2009）.『社会学入門』. 日本放送出版協会.

入山章栄（2012）.『世界の経営学者はいま何を考えているのか』. 英治出版.

入山章栄（2019）.『世界標準の経営理論』. ダイヤモンド社.

Lin, Y.H. & C.F. Chen. (2013). Passengers' shopping motivations and commercial activities at airports – The moderating effects of time pressure and impulse buying tendency. *Tourism Management*, *36*, 426-434.

丸山雅祥（2017）.『経営の経済学（第3版）』. 有斐閣.

松井剛・西川英彦編（2020）.『1からの消費者行動（第2版）』. 碩学舎.

三富悠紀・阿部誠（2022）. 期間限定商品における残り時間の影響.『高崎経済大学論集』, 第64巻第2号, 101-115.

守口剛・竹村和久編（2012）.『消費者行動論』. 八千代出版.

杉本徹雄編（2012）.『消費者理解のための心理学』. 福村出版.

Suri, R. & K.B. Monroe (2003). The Effects of Time Constraints on Consumers' Judgments of Prices and Products. *Journal of Consumer Research*, *30*(1), 92-104.

高橋郁夫・高嶋克義（2024）.『入門・消費者行動論』. 有斐閣.

田中洋（2015）.『消費者行動論』. 中央経済社.

Zhao, Z., X. Du, L. Fan & X. Zhu (2019). Effect of product type and time pressure on consumers' online impulse buying intention. *Journal of Contemporary Marketing Science*, *2*(2), 137-154.

（中川宏道）

第2章

消費者の知覚・感覚

　私たち人間は，感覚器官からの情報を脳内で統合することで状況の判断を行い，その先の意思決定や行動選択をしている。つまり，すべての判断は**感覚**の入力から始まるということである。感覚器官の中には見る・聴く・味わう・嗅ぐ・皮膚で感じるという感覚を代表する視覚・聴覚・味覚・嗅覚・触覚の5つがある。しかし，例えば私たちの視覚はカメラで外界の世界の写真を撮るときのように，外界の世界をそのまま知覚しているのだろうか。実は私たちが見聞きしている知覚世界と外界の物理世界には，乖離が存在することがある。それでは外界からの情報をどのように処理しているのだろうか。本章では，この基礎的な人間の認識の仕組みやその性質について説明したい。

2.1　視　覚

　視覚とは光の刺激を受けて生じる感覚のことである。外界からの光はそれぞれさまざまな波長を持っており，波の頂点から次の頂点までの長さを波長と定義する。人間が知覚することのできる光（可視光線）の波長はおおよそ 360 〜 830 ナノメートル（1メートルの1億分の1 = 0.0001 ミリメートル）の範囲である。可視光線[1] の範囲内では波長の違いによって情報として入力される色が異なり，虹のように7色で表現されることが多い。文化によって異なるものの，一般的に赤・橙・黄・緑・青・藍・紫の順で波長が長い。この光は，角膜→瞳孔→水晶体→硝子体を通り，網膜に投射することで像を結ぶ。この像はそのまま視細胞によって電気信号に変換され，網膜から視神経を通じて脳内に送られる

ことで知覚が完成する。

2.1.1 視細胞

　網膜には外界からの光を受容することに特化した細胞（視細胞）として、それぞれ異なる機能を持つ2種類の視細胞が存在する。その内の一つが**桿体細胞**である。桿体細胞は明るさを感知することに特化しており、僅かな光でも感知できるため、暗い場所でも機能する。もう一つが**錐体細胞**である。錐体細胞は色を認識することに特化している一方で、明るい場所と比較して暗い場所ではその機能が低下する。そのため、私たちは暗い場所にいるとき、物体の形を認識することはできても色をはっきりと認識することは難しい。また、この錐体細胞は受容できる光の波長が長い順にL (Long) 錐体、M (Middle) 錐体、S (Short) 錐体の3種類に分類される。網膜には中心窩と呼ばれるくぼみが存在するが、桿体細胞は視角17度の位置をピークに中心窩を囲むように網膜全体と広い範囲にわたり分布し、中心窩には存在しない。一方で、錐体細胞は周辺視野にも僅かながら存在するものの、中心窩に集中して存在するため、注視している範囲（中心視野）で色の情報を受け取り、脳内で認識している。これらの情報が集約されるのが、眼球の外の視神経へ繋がる出口である視神経乳頭であり、そ

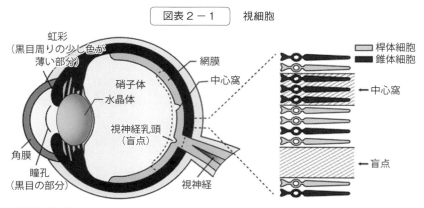

図表2−1　視細胞

（出所）著者作成。

こから眼球の外の視神経を通じて脳へと情報が送られる。この視神経乳頭は視神経の束を通すための穴の役割であることから，光を感じる細胞が存在しないため，このために光を感じる細胞が存在しないことから，外界における網膜座標の視神経乳頭に対応する部分を私たちは目で見ることができない。そのため視神経乳頭は盲点とも呼ばれる。

2.1.2 視覚野

網膜から入力された情報は視神経を通って脳に送られる。この時，両眼からの視神経が交叉する視交叉と呼ばれる部位で，右視野の網膜情報は左視覚野，左視野の網膜情報は右視覚野へと交叉して伝達される（半交叉）。この理由としては，左視野に物体が存在する場合に左眼の網膜と右眼の網膜の右半分のどちらにも物体の光が投射されるため，物体の知覚や認知のためには同じ箇所での情報をまとめる必要があるからである。このような視野依存的な仕組みのた

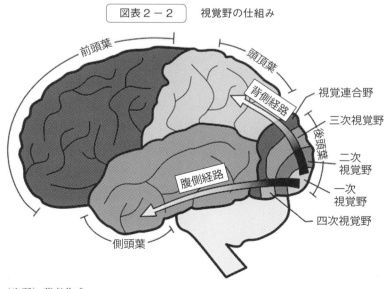

図表2－2　視覚野の仕組み

（出所）著者作成。

め，脳卒中などによって脳の右半球が損傷した場合には自身の左視野の空間にあるものを見落としてしまう症状（半側空間無視）が現れる。つまり両眼の網膜まで情報が伝達されているにもかかわらず，右半球の脳で情報処理される左視野にある物体のみ認識できないのである。視交叉を経た情報はその後，外側膝状体などを経由して後頭部周辺にある一次視覚野まで届き，そこから2つの経路に分かれる（Mishkin, 1983; Goodale, 2004）。主に対象の色と形状を認識する腹側経路は，一次視覚野からは二次視覚野を経由して側頭葉に向かう。一方で主に対象の位置や運動を認識する背側経路は，一次視覚野から二次視覚野に向かった後，頭頂葉に向かう。

2.1.3 色の知覚

色の情報は網膜の錐体細胞によって電気信号に変換され，色を認識する腹側経路を通って処理される。それらの視覚処理によって色の知覚が成立する。知覚される色の仕組みは主に2つの仮説が存在する。

ヤングおよびヘルムホルツによって提唱された**三色説**は，赤・緑・青の別々の波長を受け取る3種類の錐体細胞が存在し，それぞれへの反応の割合で色を

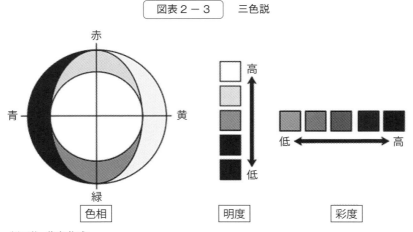

図表2－3　三色説

（出所）著者作成。

識別するというものである（Helmholtz, 1852; Young, 1802）。波長の長さは赤＞緑＞青の順で長い。さまざまな波長の強度を持ち合わせる自然光に対して，3種類の錐体しか持たないことで区別できない光の強度の組み合わせが存在するが，アウトプットの形によって色の表現方法は変化する。例えば，コンピューターの画面などにおいては，自然画像の色を再現するためにレッド（R），グリーン（G），ブルー（B）を同時に光らせることで光量を調節している。色を重ねるほど明るさが増す（白に近づく）ことから，加法混色と呼ばれる。一方，プリンターでの印刷などにおいては，紙に反射される光量を調節することから，シアン（C），マゼンダ（M），イエロー（Y）を用いる。それぞれがレッド，グリーン，ブルーの補色であることから，これらの特定の波長のみを反射する特性を持っている。例えば青を表現したい場合には，赤を反射するシアンと緑を反射するマゼンダを加えることで可能である。これらの組み合わせによって新しい色が生成されることで，本来の特性は失われる。この方法は色を重ねるほど明るさが減る（黒に近づく）ことから，減法混色と呼ばれる。他にも，複数の配色をしたコマを回転させるとその中間色に見えるが，これはコマの回転が早い場合に錐体の応答速度が追いつかないことで，同じタイミングで複数の色が入力されていると判断されるためである（継時混色）。さらに，市松模様のように交互に配色されている図柄が非常に細かい時には，その配色の中間色として全体が認識される。これも位置的な区別ができないほどに細かい場合，同じ場所から複数の色が入力されていると判断されるためである（並置混色）。

　その後，ヘリングによって提唱された**反対色説**（四原色説ともいう）は，赤−緑・黄−青・白−黒の3つの組み合わせ（色相環）の中で，組み合わせのどちらに振れているのかによって色の知覚が決定するというものである（Hering, 1961）。つまり，色相環の中で向かい合う色は同時に存在しないため，例えば赤っぽい緑は成立しない。三色説と反対色説の2つの仮説は色の知覚を説明するものとして実証されている一方で，単独では説明できない現象が存在する。例えば，視細胞の節で登場した色を感知する錐体細胞は波長の長い順にL, M, Sの3種類の錐体が存在することから，視細胞レベルでは三色説を支持する一

方で，反対色説では説明できない。また，特定の色を長時間観察後に色がない
ところにも色が知覚される色の残像現象がある。この時知覚した色は観察した
色の色相環の反対側にくる補色（例えば赤なら緑）となることから，反対色説
を支持する一方で，三色説では説明できない。そのため現在のところ網膜処理
段階では三色説，その後，脳内処理段階では反対色説に情報が変換され，色の
知覚が決定されると説明する**段階説**（Schrödinger, 1925）が最も受け入れられて
いる。ここで色は，色の違い（色相），色の明るさ（明度），色の鮮やかさ（彩
度）の 3 要素から決定される。薄明視となる夕暮れ時には色によってその彩度
が異なって知覚されるプルキンエ現象（Purkinje phenomenon; Jan Evangelista
Purkinje）が生じる。この時，暗い場所でも機能する桿体細胞と暗い場所では
機能が低下する錐体細胞の働きが同等になるためである。つまり，青などの短
い波長への感度が高い桿体細胞の働きが強くなる一方で，赤などの長い波長へ
の感度が高い錐体細胞の働きが鈍くなる。このことから，草木が明るく見える
のに対して，赤い物体は暗く感じる。この現象から，一定の視認性を保つため
に明るい場所・暗い場所のどちらで使われる場面なのかを考慮して，商品の色
を決定する必要がある。

2.1.4　視覚の効果

　視覚において，色が与える心理的な効果は非常に多く存在し，暖かいなどの
感情的な印象だけでなく，大きさや重さの知覚にも影響を与える。例えば，明
度が低い（暗い）色よりも高い（明るい）色の物体の方が大きく知覚される。
実際に囲碁で使われる碁石は，白の碁石を黒の碁石よりも数ミリ小さく設計す
ることで知覚的な大きさを揃えている。また，暖色系で彩度の高い色は実際の
位置よりも近くにあるように見え（進出色），寒色系で彩度の低い色は実際の
位置よりも遠くにあるように見える（後退色）。例えば，インテリアでは奥に
寒色の壁紙，手前に暖色系の家具を配置することによって，実際の部屋の大き
さ以上に奥行きがある広い部屋であるように見せることができる。さらに，文
字の見やすさ（視認性），理解のしやすさ（可読性），目につきやすさ（誘目性），

第2章 消費者の知覚・感覚 | 17

図表2－4　視覚の効果（単眼性）

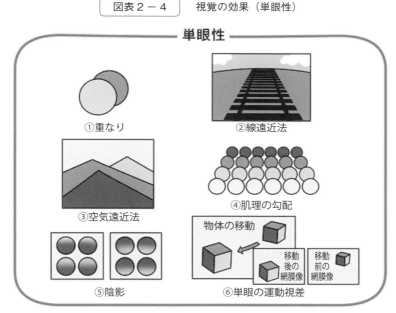

（出所）著者作成。

　認識しやすさ（識別性）においても色は大きく貢献している。例えば，背景色と文字色の間に明度差をつけることで，視認性を上げることができる。また，誘目性を高めるためには赤など暖色や高彩度の色でより効果が高い。このような色の効果は，広告デザインなどにおいて非常に有効な手段となる。

　実際の店舗デザインに応用されている例として，ファーストフードチェーンのマクドナルドがあげられる。マクドナルドの店内は，暖色系で鮮やかな配色が使われている。これは，暖色系は寒色系よりも血圧が上がるなどエネルギーを消耗させることから，結果的に時間の流れを早く感じ，顧客の回転率を高くするためにデザインされている。また店舗デザインだけでなく，商品パッケージなどでも色の効果が活用されている。例えばカゴメの野菜生活などのジュースのパッケージデザインにおいて，野菜はパッケージの下部に配置されている。重さの知覚においては，物体が枠の下部に配置されている方が上部に配置

されているよりも，重く知覚される（Vicovaro & Dalmaso, 2021）。そのため，野菜をパッケージの下に配置することで，野菜がたっぷり入っている栄養価の高いジュースであるイメージを付加することを意図している。

2.1.5 奥行き知覚

　前節までからもわかるように，感覚器官から入力された情報は脳内に送られてからさまざまな情報処理過程を経ている。このような複雑な処理構造の理由の一つとして，実際の世界は3次元であるにもかかわらず，網膜に入力される情報は2次元であるという視覚の不良設定問題があげられる。2次元情報から3次元の世界を再構築・知覚するため，私たちの脳は単眼性・両眼性の手がかりを利用している（**奥行き知覚**）。単眼性の手がかりには線遠近法や空気遠近法，運動視差がある。線遠近法とは奥に伸びていく平行線は一点に収束することから，道路のように平行線の幅を観察すると手前よりも奥が狭く見えるとい

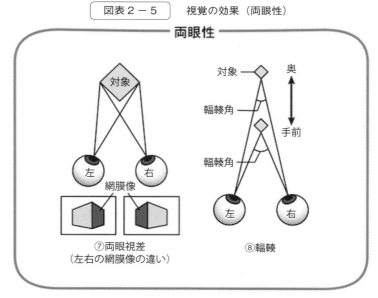

図表2－5　視覚の効果（両眼性）

（出所）著者作成。

うものである。空気遠近法はドットなどの模様を観察すると肌理の大きさや密度は手前よりも奥で小さく密になる肌理の勾配，遠くにある物体は明瞭度が低下することでぼやけて見える。他にも陰影は物体の上から光が注ぐ前提から，物体の上部よりも下部が暗い場合には凸状，反対の場合は凹状に知覚されやすいというものである。運動視差とは，観察者もしくは物体の移動による網膜像の差の大きさは同じ速度で動いている場合，手前より奥の方で小さくなることである。両眼の手がかりとしては両眼視差や**輻輳角**（ふくそうかく）がある。両眼視差では，左右の網膜に投影される像のずれが手前よりも奥で大きくなる。輻輳角とは左右の目の位置からのずれから同じ位置を観察した時に交わる線の角度のことで，近くを見た時に大きく，遠くを見ると小さくなる。

2.2　聴　覚

2.2.1　聴覚の仕組み

　聴覚とは耳からの情報を取り入れ，音を受け取る感覚である。音は空気の振動によって発生し，1秒間に振動する回数（速さ）を数値で示したものが周波数（単位：ヘルツ）である。人間の耳に低い音と認識されるものは振動が遅く，数値としては小さいものである。一方で，高い音として認識されるものは振動が速く，数値が大きいものである。私たち人間が聞くことができるのは一般的に20ヘルツ〜20,000ヘルツの音であり，人間が聞き取ることができない20,000ヘルツ以上を「超音波」，20ヘルツ以下を「超低音波」という。人間が最も聞き取りやすいのは2,000ヘルツ〜4,000ヘルツの音域だといわれており，これに当てはまるのが赤ちゃんの泣き声や女性の悲鳴，家電製品等に採用されている警告アラームである。

　しかしながら，加齢などの理由によって周波数が高い音から聞こえる周波数の幅（**可聴域**）が狭くなることがある。例えば，17,000ヘルツ前後の高い音であるモスキート音（蚊の羽音）は高齢者には聞こえないが，若者には聞こえるといわれている。また，日本語のaiueoの母音以外を示す子音や，S, H, F, K,

T などの摩擦音は高い周波数に位置するため，高齢者においては「ひろい」と「しろい」を聞き間違えることが多い。このような聴覚処理を介して知覚させる音の集合体である音楽も，視覚と同様に人間の感情に影響を与える要因の一つであるため，実際のマーケティングの場面でも重視されている。

2.2.2 聴覚の効果

　聴覚は，犬の鳴き声が高い周波数であれば小型犬に，低い周波数であれば大型で獰猛な犬に関連づけられるように，発生源であるものの物理的特徴を強く認識させる。このような音における物理的特徴の期待の役割を応用することで，ブランド名がその商品のカテゴリへの期待に一致する場合，ブランド評価が向上することがわかっている（Lowrey & Shrum, 2007）。インテルなどのブランドでも，消費者が聴くとそのブランドであることがすぐにわかるようなシグネチャーサウンドを持っている。

　音のリズムによっても人の行動が変容することが知られている。例えば，レストランではテンポの遅い音楽を使用した時は速い音楽の時よりも食事の速度が遅くなり，ドリンクの注文量が増えることが報告されている（Milliman, 1986）。また，ワインの販売店ではランダムなジャンルの音楽を流すよりもクラシック音楽を流した時に売り上げが向上したという実験もある（Areni & Kim, 1993）。つまり，商品に合った音楽を流すということも商品のマーケティングには必要であると推察される。

　また，ブランド名が有する音によって消費者の知覚に影響を与えることが知られている。例えば，子音を含むブランド名は医薬品の効能が高いと評価される（Park, 2021; Pathak et al., 2020）。さらに，日常会話で頻繁に使用される子音は，具体的な心的印象を持ちやすいため，日常的な場面で使用される製品のブランド名に適している。これは子音の中で早期に獲得される声帯振動を伴わない無声子音を含むことが多いためである。一方で，日常会話でほとんど使用されない子音は，抽象的な心的印象を与えることでブランド名に高級感を感じさせることから，高級ブランドに適している。このように後期に獲得される音

は，有声子音を含むことが多い（Pathak et al., 2017）。

2.3　触　覚

2.3.1　触覚の仕組み

　触覚は，皮膚を通じて感じる感覚のことで，温度や痛みなどを司る器官である。人間の体は皮膚が外側を覆っているため，他の感覚よりも範囲の広い感覚と言える。その中でも受容体（外界や体内からの刺激を受け取る構造）の量や情報を処理する脳内の範囲の大きさに違いがある。このような部位による感度の違いを視覚的に表しているのがカナダの脳神経外科医ペンフィールド氏らによって作成された**ホムンクルス**である。ホムンクルスでは，唇や手が非常に大きく描かれている一方で，脚などの部位は比較的小さく作られている。このことは唇・手を支配している脳部位の面積が大きく，特に感度が高い一方で，脚などを支配している部位の面積は比較的小さく，感度がそこまで鋭敏でないことを示している（Penfield & Rasumussen, 1950）。

2.3.2　触覚の効果

　触覚の効果はさまざまな場面で大きいことが知られている。例えば，猿の乳児を対象とした非常に有名な研究では，暖かさを与える布で作成した偽物の母親と，ミルクを与える針金で作成した偽物の母親を比較すると，暖かさを与える布製の母親の近くにいることを好むことが明らかとなっている（Harlow & Zimmermann, 1958）。商品との接触に関しては，接触欲求自体には個人差があるものの（Peck & Childers, 2003），接触欲求が高い人の方が実際の接触によって商品に対する自信や満足度を高めることがわかっている。一方で，商品が携帯電話とセーターの場合，接触の有無で満足度が高まるのは携帯電話の重さのみで，セーターの柔らかさという具体的ではない性質には生じない。同様に，実際に共同募金などの案内で色付きの羽根が添付されているものが多いよう

に，接触要求の高い人は寄付の場合も同じく，触覚要素が加わることによって寄付傾向が高まることが知られている。これらの結果には個人差があるものの，マーケティング場面において触覚が重要な役割を果たすことを示唆している。

　このような触覚の効果は商品の購買だけに限らず，対人のマーケティング場面においても重要であることがわかっている。チップ文化が広まっている北米では，ウェイターが来店客に物理的に触れるとサービスの評価自体は変わらないものの，チップの金額が増える（Crusco & Wetzel, 1984）。さらに興味深いことに，スーパーマーケットなどで販売員が来店客に軽く触れることで，新商品のお菓子の試食やインタビューに参加するなど，未知なものに対する行為が増える（Hornik, 1992; Hornik & Ellis, 1988）。脳の視床下部で作られるホルモンの一種であるオキシトシンは，他者との接触により分泌されるといわれているが，この仕組みについて調べた研究では，参加者はマッサージを受けるグループと金銭の授受を含む信頼ゲームを行うグループに分けられたところ，マッサージと信頼ゲームの両方を行ったグループは信頼ゲームのみでマッサージを受けなかったグループに比較して，平均243%も多く寄付する。さらに信頼ゲームの前後に血液を採取したところ，マッサージの後に信頼ゲームの両方を行ったグループのみでオキシトシン濃度が上昇し，マッサージのみや信頼ゲームのみのグループでは上昇しなかった（Morhenn et al., 2008）。したがって，触れるだけではオキシトシン濃度は上昇しないが，触れてから信頼関係を築く，つまり接触と信頼が一緒になることで，オキシトシン濃度が上昇し，見知らぬものや人への寛大さが増すということである。

2.4　嗅　覚

2.4.1　嗅覚の仕組み

　嗅覚とは匂いに刺激を受けて生じる感覚である。感覚器官は一般に成長とともに完成していくものであるが，実は大人よりも赤ちゃんの時に非常に敏感で

あるのが匂いを認識する嗅覚である。赤ちゃんは生後2日時点ですでに母親の匂いを認識することができるといわれている。一般的にイヌの嗅覚は人間の何万倍ともいわれていたが、近年、嗅覚情報を処理する神経細胞の数は動物と人間の間にほとんど差がなく、人間の嗅覚もイヌと同程度の1兆種類もの匂いを嗅ぎ分けることができることが明らかとなっている（McGann, 2017）。

2.4.2　嗅覚の効果

　食べ物の香りは唾液分泌などの生理的反応のみならず、食べたい気持ちと実際に食べる量のいずれも高めることがわかっている。さらに写真やイラストなどで対象物を視覚的に確認できる場合、必ずしも食べ物そのものがなくとも、想像するだけで実際に香りを嗅いだ場合と同様の効果をもたらすことが知られている。つまり、写真がある場合には対象物がどんな匂いかを想像するだけで、その商品を欲しいという気持ちがより高まると言える。

　その他の研究では、香りが記憶へ与える影響に焦点が当てられることが多い。絵の記憶精度は観察直後の99%から4ヵ月後には58%に低下しているが（Shepard, 1967; Ebbinghaus, 1913）、香りは接触直後の70%から1年後には65%と、他に感覚で獲得した情報の記憶と比較して、時間の経過とともに平坦な忘却曲線を描く（Engen & Ross, 1973）。同様の効果はマーケティング場面においても観察されている。例えば、保湿剤を宣伝する折込チラシを用いた研究では、香りと絵の有無を操作してから、5分後と2週間後の両方でチラシの言語情報を思い出す課題を行った。参加者は絵がある折込チラシは言語記憶の成績を向上させ、香りがあるものはさらに成績が高くなることがわかっている。加えて、視覚情報だけの時とは異なり、香りの効果は2週間の時間経過後も持続した。これらの研究から嗅覚の情報については他の感覚よりも時間経過後も記憶が持続しやすいことがわかっている（Lwin et al. 2010; Wyer et al., 2008）。このような嗅覚の特性から、いくつかの高級ホテルチェーンでは香りが顧客の気に入ったホテルの特徴を想起することによる再訪を期待して、特徴的な香りを採用している。例えば、ウェスティンホテルチェーンではホワイトティーとゼラ

ニウム，フリージアを使用した心落ち着く香りをシグネチャーとしており，ロビーのディフューザーやバスアメニティの香りとして採用されている（Krishna，2012）。

2.5 味 覚

2.5.1 味覚の仕組み

　五感の最後に味覚について説明する。味覚を認識するために必要不可欠な舌の表面には凸凹している味覚受容体が存在する。4つの成分（甘味，塩味，苦味，酸味；Ackerman，1990）が中枢神経を通り脳内に運ばれることで，味を知覚すると考えられている。これらは味覚の豊かさを表現するだけでなく，人間が生存するための必要不可欠な生得的な機能も持ち合わせている。例えば，甘味は身体に好ましい栄養であることを示す信号である一方で，苦味・酸味は腐敗や毒など避けなければならない危険な信号として働く。大人と比較して子供は酸っぱいものや苦いものが苦手な人が多いが，これは味を検知する味蕾の数が子供の時に一番多いことから味に敏感であるためで，大人になるとともに減る。

　前述の通り，基本的には4つの成分のみが化学物質に基づく味覚を構成しているが，私たちが感じる味を高度に区別することができるのは，食べ物の匂いや温度，色などの見た目といった他の五感すべてが味に影響を与えるからである。

2.5.2 味覚の効果

　テレビコマーシャルや街中の看板など限られた時間の中での宣伝文句は簡潔な表現が必要となるが，ファストフードなどの食品の宣伝で使われるのは「サクサクジューシーで美味しい」など複数の感覚に訴えかける表現が多い。理由としては，そもそも味覚は成分的な美味しさのみならず，視覚や聴覚，嗅覚など複数の感覚が合わさって味を構成しているからである。つまり，「美味しい」

と味にのみ言及する場合よりも,「サクサク」や「ジューシー」などいわゆる
シズル音のような他の感覚に訴えかける表現も用いることが重要であると言え
る(Elder & Krishna, 2010)。特に視覚は非常に大きな影響を及ぼすことが報告
されている。Hoegg & Alba(2007)は2種類のオレンジジュースを用意し,そ
れぞれ異なる色と味をつけたものに分けた。つまり同じ色味の異なる味のペア
と異なる色味の同じ味のペアを用意したところ,参加者は異なる色味の同じ味
のペアよりも,同じ色味の異なる味のペアについてより類似した味だと評価す
ることがわかっている。

2.6　感覚知覚特性

2.6.1　恒常性の仕組みと効果

　色や大きさなどの物体の特徴の網膜情報は物体の置かれている環境によって
大きく変化するが,実際に物体の情報自体は変化しているわけではない。この
ようにさまざまな環境においても同一のものであると認識できるように知覚を
一定に保つ仕組みが,恒常性である。例えば,目の前と50メートル先にある
車を比較すると,網膜像は当然目の前の車の方が大きいが,実際の大きさは
(同じ車であれば)等しい。このように大きさ推定する場合に,奥行き知覚の仕
組み(2.1.5を参照)から物体までの距離を推測し,大きさの推定の上で加味す
る。また,明るい部屋にあっても暗い部屋にあっても苺が同じ赤であると認識
できることも,恒常性によって,周辺の明るさを加味した物体の知覚を行って
いるためである。

2.6.2　順応の仕組みと効果

　恒常性の他に感覚器官が持つ性質の一つが**順応**である。順応とは感覚器官の
細胞への刺激入力が続くことによって,その刺激に対しての応答性が減衰して
いく現象である。基本的にはすべての感覚において生じるが,痛覚では生じに
くい。視細胞における順応の特性をよく示すのが,暗順応と明順応である。

真っ暗な部屋に入った場合に，時間が経つにつれてその暗さに慣れていくことで周囲が見えるようになることを暗順応という。一方，強い日差しで明るい場所に行った際，時間につれてその明るさに慣れていくことで周囲が見えるようになることを明順応という。

　前述の通り，暗い場所でも活動できる桿体細胞と明るい場所で活動する錐体細胞は，外界の明るさによって活動が切り替わる。暗順応の場合には錐体細胞から桿体細胞に切り替わり，明順応では桿体細胞から錐体細胞に切り替わる。わずかな光でも活動できる桿体細胞は光に対する感度が錐体細胞と比較して高いことから，明順応は暗順応と比較して早く完了する。例えば，車を運転している時にトンネルを通ることがある。トンネルの内外の明るさの急激な変化から，トンネルに入った時は暗順応，トンネルから出る時には明順応が生じる。特に暗順応については見えるようになるまでの時間を要することから，トンネルの出入り口付近では運転操作の誤りなどが誘発されやすいと考えられるため，注意を払う必要がある。また，明順応における対策として，実際にトンネルの出口付近には照明が強く多めに設置されている場合がある。

2. 6. 3　錯覚の仕組みと効果

　恒常性など，外界の世界を速く正確に知覚するための仕組みによって，物理的な情報と知覚的な内容の乖離が生じる（錯覚）。このような乖離は視覚の場合は錯視，聴覚の場合は錯聴と呼ばれる。例えば，長さ知覚の代表的な錯視として知られる**ミュラー・リヤー錯視**は，図表2－6のように網膜上での線分の長さは同じであるにもかかわらず，外向きの矢羽が付いている線分は内向きの矢羽が付いている線分よりも長く知覚される（Muller-Lyer, 1889）。一説では，単眼性奥行き手がかりの1つである線遠近法に従い，外向きの矢羽が付いている線分が奥に，内向きの矢羽が付いている線分が手前にあるように見えるために生じると説明されている。

　また，斜塔錯視は，傾いている塔の写真を横に2つ並べると，塔が右に傾いている場合には右側の写真の塔がより傾いて知覚されるという現象である。そ

図表2−6　ミュラー・リヤー錯視

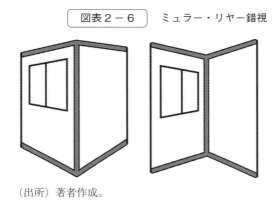

（出所）著者作成。

の理由の1つとして，平行ではない2つの直線はいつか収束する点（消失点）が存在するが，平行して並ぶ2つの塔はそれぞれ別の消失点があるにもかかわらず，1つの風景にあるということは消失点が1つであると誤解するためである。さまざまな知覚における錯覚現象はさまざまな場面で応用されている。例えば建築業界では，基礎となる図面や家具の配置，使用する色などに錯覚現象を用いることで空間をより広く見えるように工夫がなされている。他にもメイクの手法は影や色を加えることで，目を実際より大きく見せるなどの錯視現象を利用した例の1つであると言える。

2.7　精神物理学（心理物理学）

2.7.1　精神物理学の仕組み

　五感の仕組みからもわかるように人間の知覚は非常に曖昧で，外界の物理量とは異なって感じられることが多い。例えば，光の量（単位はルクス）が一定に大きくなる場合，明るさの知覚も一定に明るくなっていくように感じられるわけではない。このような物理的な刺激量と心理的な感覚量の関係について，数値や数量など定量的に測定を行うのが精神物理学である。

　感覚を認識することができる最小限の刺激量は**閾値**と呼ばれる。刺激量が閾

値を超えている場合は認識できる（**閾上知覚**）一方で，閾値を下回る場合は認識できない（閾下知覚）。人間の聴覚を例にあげると，先に述べたように周波数が20ヘルツより低い音を聞くことができない。つまり，20ヘルツ〜20,000ヘルツの範囲は認識できる閾上知覚，20ヘルツ以下，20,000ヘルツ以上は認識できない**閾下知覚**（**サブリミナル**）となる。

　2つの刺激量の違いを感じる最小の刺激量は**弁別閾**（丁度可知差異ともいう）と呼ばれる。例えば，周波数の100ヘルツの音を徐々に高くしていく場合に，その音の違いを認識できる最小限の周波数が110ヘルツであった時，弁別閾は10ヘルツとなる。

　2つの刺激を比較した時にある一定の刺激量である方を標準刺激とし，もう一方の比較刺激の刺激量を変化させ続け，標準刺激と知覚的に同じであると感じた時の比較刺激の刺激量を，標準刺激の主観的等価点と呼ぶ。音の大きさ（単位はデシベル）を例にあげると，1メートル先から流した60デシベルの音を参照刺激，5メートル先から流した音を標準刺激とする。標準刺激の音の大きさと同じように聞こえるために必要な参照刺激の音の大きさが，主観的等価点となる。

　最初に感覚の程度を定量化したウェーバーは，標準刺激と比較刺激間の最小の差異が，標準刺激の量に比例することを発見した（ウェーバーの法則，Weber, 1834）。後にウェーバーの弟子であるフェヒナーは，刺激量に対して感じる感覚の大きさは刺激量の対数に比例することを示した（フェヒナーの法則，Fechner, 1850）。このように，ウェーバーとフェヒナーによる2つの法則の発見から，人間が感じることができる刺激の変化量は，刺激の強度の対数に比例するというのが，**ウェーバー・フェヒナーの法則**である。

$$S = k \log I + c \qquad (1)$$

S：感覚の大きさ，I：物理的刺激量，kとc：定数

　例えば光の量が一定に変化する時，明るさの知覚は一定には変化せず，その刺激の強さの対数（log）に比例することを示している。具体的には，100gと

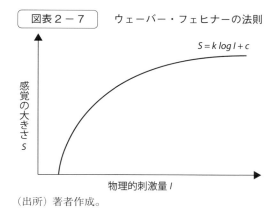

図表2-7　ウェーバー・フェヒナーの法則

(出所）著者作成。

110gの重りを手の上に乗せた時の重さ（差分の10g）の感じ方の違いは，1,000gと1,010gを乗せた時の10分の1であるということである。したがって，変化の感じ方は刺激の強度が増加するにつれて非線形に変化する。

これらの感覚量を直接的に調べることができるのが，**マグニチュード推定**である。ある刺激量に対する感覚量を基準に，その他の刺激量の場合が基準と比較してどの程度異なるかを数値化して回答する方法である。例えば，基準となる刺激量の感覚を10とした時に，他の刺激量の感覚量はどの程度になるか，といったものである。感覚の大きさを直接測定することが重要であると提唱したスティーブンスら（Stevens & Galanter, 1975）によって考案された。この感覚量を数値化したマグニチュード推定を用いて導かれたのが**べき法則**である。これは，「人間の感覚量は，その刺激の強さのべき乗に比例する」というものである。(1) 式と同様に，感覚の大きさをS，物理的刺激量をIとすると，べき法則は (2) 式のように表される。

$$S = k I^n \qquad (2)$$

べき乗とは同じ数を繰り返し掛け合わせたものを指す。より馴染みのある「累乗；るいじょう」とはべき乗の一部で指数が自然数のみの場合であるが，べき乗は指数が小数やマイナスの場合を含む。指数と対数は表現が異なるだけ

でコインの裏表のような関係であるため，ウェーバー・フェヒナーの法則とべき法則は本質的には同義であるが，より広い範囲の感覚（面積，輝度，長さ等）に一般化されたものである。

2.7.2　精神物理学の効果

　弁別閾は知覚レベルでの違いを認識できる最小の単位であるが，これを認識レベルでうまく利用しているのが，企業のブランドロゴの変遷である。長い歴史を持つ企業ではブランドロゴがたびたび変更されている一方で，批判が相次ぎ撤回されている場合もある。実際に GAP が一度に大きなロゴ変更を行った際は批判が相次ぎ，1週間で撤回となる事例があった。一方で，小さな変更を続けている花王，ポッカなどの企業のロゴでは，消費者がロゴの変化に違和感を抱かない，変わらず消費者に受け入れられているようである。

2.8　時間感覚

2.8.1　時間感覚の仕組み

　時間の流れは常に一定であるにもかかわらず，楽しい時間が過ぎるのは早く感じ，退屈な時間が過ぎるのは遅く感じるという経験が，誰しもあるのではないだろうか。外界から入力されるあらゆる情報に対して，私たち人間はそれぞれに対応した感覚器官や脳内の処理領域を有している。例えば，光や音であれば，目や耳を通して外界の情報を受容し，それらの感覚情報を視覚野や聴覚野で処理することによって，安定的な知覚経験を構築している。一方で，時間の経過を判断する（**時間知覚**）特定の感覚器官や脳領域は存在しない。そのため時間知覚の仕組みについては，視覚や聴覚をはじめとした感覚処理や記憶や注意などの認知処理と密接な関連があることが知られている（Fraisse, 1984）。例えば，ある一定の期間内に体験する出来事の数が多くなるほど，時間が長く感じられるということがいくつかの研究によって明らかにされてきた（Poynter, 1989）。さらに，出来事そのものの数だけでなく，体験した出来事によって生

じた認知的な負荷に起因することもこれまでの研究で明らかとなっている。このように，時間感覚はさまざまな感覚・認知処理の結果として生じる心的概念であると考えられる。

2.8.2　時間感覚の効果

　時間感覚そのものも，多種の認知的な過程に影響を及ぼすことが知られている。Sackett らの研究では，参加者に認知課題に一定の時間取り組むよう求めた。その際，実際の課題の遂行時間は 10 分であったが，課題の時間が 5 分と伝えられた群よりも課題の時間が 20 分と伝えられた群の方が課題をより楽しいと評価することを示し，このことは時間感覚が楽しさ評価などの認知的な過程に影響を及ぼすことを示唆している（Sackett et al., 2010）。このような時間感覚の特性はマーケティングの場面においても適応できる。例えば，スーパーのレジで並んでいる時に，サービスを受けるまでの物理的な待ち時間よりも，知覚的な待ち時間を短縮することで顧客満足度の向上に貢献することがいくつかの研究で報告されている（Hornik, 1984）。経過時間に対する予測や環境音のテンポなどが知覚的な時間に影響を与える要因として知られているため，予測される待ち時間を提供することや店内に音楽を流すことが多く検討されている。ただし，実際のサービス内容や設定された物理的時間の長さによって知覚的な時間を短くする結果（待ち時間の提供：Antonides et al., 2002，音楽：Hui et al., 1997）とむしろ長くする結果（待ち時間の提供：Hui & Tse, 1996，音楽：Tom et al., 1997）の両方が得られており，一貫した結果は得られていない。マーケティング場面における時間感覚の効果については，さまざまな環境下における検討が必要である。

2.9　多感覚統合

2.9.1　多感覚統合の仕組み

　複数の感覚から入力された刺激を一つのものとして知覚することを，多感覚

統合という。聴覚・視覚が受容体で受け取った情報に比較的忠実に知覚を決定する一方で，味覚・嗅覚は感情や情動などの高次の認知的な処理の影響を受けて知覚を決定している。さらに効率的な認知を行うために，私たち人間は複数の感覚間で情報を共有・統合している。例えば，音声知覚において視覚と聴覚の相互作用的処理が行われていることを示す現象の一つが，**腹話術（マガーク）効果**である（McGurk & MacDonald, 1973）。具体的には「ぱ」という音声に「か」と発音している口元の映像を流すと，「た」に聴こえるというものである。まったく同じ映像の口元を隠した状態にすると，音声に忠実に従い「ぱ」と認識することができる。この現象が生じる程度は，観察者の年齢，性別や言語によっても異なる。例えば，子供は大人よりも聴覚に依存した音声知覚がなされやすいため，マガーク効果が生じにくい（Massaro & Thompson, 1986）。

聴覚と視覚の相互作用の例は他にも見られる。例えば曲線で作成された図形と直線で作成された図形のどちらに「ブーバ」「キキ」という言葉が当てはまるか尋ねると，ほぼ 100％の人が「ブーバ」を曲線で作成された図形，「キキ」を直線で作成された図形と回答する（Köhler, 1967）。このような聴覚情報に基づいた視覚情報の推定は**ブーバ・キキ効果**として知られている。その機序については未だ議論されている部分も多いが，例えば対象に触った時などに生じるであろうと想像される接触音など，形態への共通象徴が存在することによって生じるといわれている。実際のマーケティングの場面においても，商品に対するイメージを一貫させるために，パッケージと商品名のデザインを対応させるといった応用がなされている。さらに，視聴覚統合を示すダブルフラッシュ錯視は点滅する円とともに短い音が提示される場合に，円の点滅回数が音の呈示回数に引きずられる（Shams et al., 2000）。例えば円は一度しか点滅していないにもかかわらず，音が 2 回連続呈示される場合には，円も 2 回点滅したと錯覚される。これは視覚と聴覚が異なる時間分解能（1 秒間に何回の信号を検知できるか）を有するためと考えられている。視覚と聴覚の時間分解能を比較すると，聴覚は視覚の時間分解能よりも高い。そのため聴覚の情報の精度の方が高く信頼性が高いため，それらの情報を下に視覚の情報を補っていると考えられている。

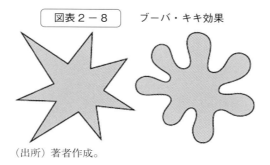

図表2-8　ブーバ・キキ効果

（出所）著者作成。

　次に身体所有感に関する視覚と触覚の相互作用を示す**ラバーハンド錯覚**がある。ラバーハンド錯覚では，視覚的に隠された自分の手と目の前に置かれた作り物の手が同時に繰り返し筆で触られると，徐々に偽物（作り物）の手が自分の手であるように錯覚するという現象である。つまり視覚と触覚からの情報が一致することで，偽物の手のみに触れた場合でも，偽物の手が自己に帰属している感覚（身体所有感）を示すことを表している（Botvinick & Cohen, 1998）。上記の4つの現象からもわかるように，感覚間で相互に与える影響は非常に大きい。

2.9.2　多感覚統合の効果

　実際の例として，東京と大阪に店舗を構えるダンシングクラブというレストランでは主にシーフードを扱っているが，手掴みで食べるというコンセプトで人気を集めている。またスーパーマーケットにおいて果物の「新鮮さを体験してみて」と接触を促す場合とそうでない場合を比較すると，接触を促す場合に売り上げが上がったという報告がある（Peck & Childers, 2006）。視覚と味覚の統合の例では，ポテトチップスに隣接して生理用品を配置すると，ポテトチップスの魅力が低下することがわかっている。ただし，近くに配置しても商品同士が触れない場合にはポテトチップスの魅力は低下しない。さらに犬のフンの形をしたチョコレートはチョコレートと認識していても40％以上の参加者が食べることを拒否したという結果もある。また，完全に殺菌されたゴキブリが触れた飲み物に対しても強い拒否が確認された。しかしながら，どちらの参加

者も理由を明確に説明することができなかった（Rozin et al., 1986）。

2.10　注　意

2.10.1　注意の仕組み

　前節までで述べたとおり，私たちの脳内にはあらゆる感覚器官を通じて，さまざまな情報が絶えず入力されている。しかしながら，人間の脳が一度に処理できる情報量には限りがある。そこでどの情報が重要であるかを瞬時に判断・選択する必要があり，その際に重要な役割を果たすのが**注意**である。注意の過程は感覚入力から脳への情報伝達に際しフィルターとしての役割も担うため，知覚や認知などに限らず，その後の意思決定や運動制御の基本となる情報の構築へ非常に大きな影響を持つ。

　注意はその駆動因によって2種類に分類される。これまでの経験や知識に基づいて優先的に処理するべき対象を見つけ出す場合には概念駆動型（トップダウン）の注意と呼ばれる。これは眼球運動を伴うことから，視線と同じ位置へ向かう顕在的注意である。一方，あらゆる対象の中から顕著な違いを持つ対象を比較的自動的に見つけ出す場合は，データ駆動型（ボトムアップ）の注意と呼ばれる（Nakayama & Mackeben, 1989）。この場合，眼球運動を伴わないことから，視線とは独立した位置へ向かう潜在的注意と呼ばれる（Posner, 1980）。このように視線とは必ずしも一致しない注意の位置を実験的に証明したのが，損失利得法である（Posner & Raichle, 1994）。十字などの視線を向ける（注視）点の左右に四角形の枠を配置し，左右どちらかの枠内にターゲットを提示する課題において，参加者がターゲットを検出するまでの反応時間を測定するものである。ターゲットの提示前に手がかりがターゲットの位置と同じ方向に提示される場合は，ターゲットの位置とは反対の方向に手がかりが提示される場合よりも反応時間が速くなる。これは先行して提示される手がかりが注意を誘導することにより，ターゲットの検出を促進または遅延させるためである。

　駆動因による分類だけでなく，処理様式の違いによる分け方も存在する。例

図表２－９　　単一特徴探索と結合特徴探索

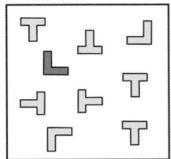
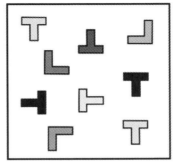

（出所）著者作成。

えば視覚探索の場面では，シンプルな単一の特徴が手がかりとなる対象を探す場合は，複数の特徴が手がかりとなる対象を探す場合と比較して非常に速い。これはそれぞれの場合の処理過程の違いによるものである。単一の特徴が手がかりとなる場合は複数の対象を一度に処理するため，対象が目立って知覚される（**ポップアウト**）ことから非常に速い。例えば，単一の特徴を探索する時には目標以外の対象が増えても探索時間は同じである（並列処理）。一方で，複数の特徴が手がかりとなる対象に対しては，一つ一つの対象を順番に処理するため，複数を組み合わせた特徴を探索する時には，目標以外の対象が増えるほど探索時間が増える（**逐次処理**）。

注意の特性としては次の２点があげられる。前述の通り，注意は情報の選択を行う役割を担っているが（**選択的注意**），人間の注意は基本的に自分に関連のあるものや，同じ生き物へ向かう傾向がある。例えば，パーティーなどの騒がしい状況においても，自分の名前や興味のある会話などを自然と選択的に聞き取ることができる（カクテルパーティー効果：Cherry, 1953）。また，対象が生き物である時にはそうでない時（例，車）と比較すると，変化に気づきやすい（New et al., 2007）。その一方で，視野内の物体の変化であっても見落としが生じることがある（変化盲）。代表的な実験では，大学内で仕掛け人が道を聞くために通

行人（参加者）に話しかける。何も知らない参加者は道案内を仕掛け人に向かって続けている間に，途中で2人の間に大きな看板を持った人たちが通りすぎる。一瞬，参加者の視界から仕掛け人が外れた隙に，仕掛け人は別人に入れ替わるのだが，約50%の参加者は入れ替わったことに気づかないことがわかっている（Simons & Levin, 1998）。つまり，気づきのためには物体が視野内に入っているだけでなく，注意を向けることが必要であることがわかる。このように，視野内で効率的に注意を向ける必要があることから，視野内の一度注意を向けた位置周辺に対して抑制が生じるという特徴も持ち合わせている（復帰の抑制；Posner & Cohen, 1984）。この抑制のために同じ位置での変化は見落としが生じることがある。ほかにも，ターゲットを2つ連続して提示した場合，2つ目のターゲットの検出率は1つ目よりも下がる（注意の瞬き；Raymond et al., 1992）。つまり，注意は時空間的な制約を持っていることがわかる。

2.10.2　注意の効果

　マーケティングの場面においても注意は重要な役割を果たす。消費者が購入に至るまでの過程を説明する購買行動のモデルは，消費者行動研究の歴史とともに移り変わっている。初期のAIDA（Attention（注意），Interest（関心），Desire（欲求），Action（行動））をはじめとして，近年のAISAS（Attention（注意），Interest（関心），Search（探索），Action（行動），Share（共有））まで常に注意は重要な段階の一つとして研究されている。前述した顕在的注意では眼球運動を伴うことから，視線を向けた対象と注意を向けた対象は一致していると考えられる。例えば広告デザインや商品のレイアウトを作成する場合，視線移動の異方性を考慮する必要があると考えられる。情報が均一に配置された箇所では左上→右上→左下→右下の順に視線が向けられるという法則（Gutenberg Diagram；グーデンベルク・ダイアグラム）を応用することで，デジタル新聞のような情報量が多い場合にはFの法則，オンラインショッピングサイトのような写真などのデザインが多い場合はZの法則に従って作成されている。さまざまなマーケティング場面において応用されている一方で，飲料メーカーのダイドー

ドリンコ株式会社が自動販売機における視線移動を測定した実験では，最初に視線を向けられる先は左上からではなく左下であることが明らかとなった。これに伴い，Zの法則からデータに基づいた自動販売機の商品配置を変更したところ，売り上げが数十パーセント増加したといわれており，それぞれの状況における最適化された法則は現在も研究が進められている。

2.11　ゲシュタルト心理学による知覚の体制化

2.11.1　ゲシュタルト心理学[2]

　ゲシュタルト（Gestalt）とはドイツ語で「形状」「姿」「全体」を意味する語であるが，心理学（とりわけ知覚領域）の文脈では，要素に還元できない，まとまりのある全体が持つ構造特性を意味する。すなわち，ゲシュタルトとは個々の要素や部分の総和を超えた形態または構造のことであり，この形態や構造は，それぞれの要素や部分を説明する方法では表現できない，とする。したがってゲシュタルトは，「ある事象について，その要素に分解してそれぞれの本質的なメカニズムを導き出し，それらを足し上げれば全体構造の本質が導き出せる」とする要素還元主義とは反対の概念であり，全体を全体のまま，そのまま捉えようとする全体主義の概念に近いものである。

　一例をあげよう。正月の遊びの一つである「ふくわらい」は，目隠しをして目，眉毛，鼻，口，ほっぺのパーツを顔に当てはめていく遊びである。ふくわらいでうまく再現した顔と，うまく再現できなかった顔とでは，顔を構成するパーツはまったく同じであるにもかかわらず，まったく違う顔にみえる。そして顔がうまくいかなかった理由を，構成する要素に還元することはできない。このように，知覚された全体は，部分部分を足し上げたものよりも大きな何かを人間は知覚し，体制化（organization；個々の認知要素が互いに関連性を持って構造化すること）をしている。「全体は部分の総和よりも大きい」のである。ついでに言えば，ゲシュタルト崩壊とは，全体性を持ったまとまりのある構造が失われ，構成要素がバラバラに認識されることである。

このように，要素に還元できない，まとまりのある全体が持つ構造特性に焦点を当てた心理学を**ゲシュタルト心理学**という。それでは，消費者はメッセージや感覚刺激の解釈をどのように体制化しているのであろうか。本節では，ゲシュタルト心理学の例として，プレグナンツの法則を取り上げる。

2. 11. 2　プレグナンツの法則

　プレグナンツの法則のプレグナンツ（Prägnanz）とはドイツ語で「簡潔」を意味し，体制化が簡潔・単純な方向に向かって起こる傾向をいう。ここでは，近接の法則，類同の法則，閉合の法則，図と地の法則を取り上げる。

▌近接の法則

　他の条件（例えば黒色）が等しければ，視野の中で近い距離にあるものがまとまり，群をつくる傾向があることを**近接の法則**という。夜空の1つ1つの星ではなく星座をみるのは，この例である。コンビニエンスストアの缶コーヒー売場では，ブラック，微糖，など同じサブカテゴリーは近く固めて陳列することが多いのは，近接の法則の応用例である。

▌類同の法則

　性質の異なる刺激が共存している場合，他の条件（例えば距離）が等しければ，類似した性質（例えば色）のものがまとまる傾向を**類同の法則**という。スーパーの食品売場では，同じカテゴリーでは同じような色や形状のものが固まるため（例えば乳酸飲料，食用油・・・など），カテゴリーを認識しやすくなるのはこの応用例である。

▌閉合の法則

　不完全な，または分断された形状やパターンを，完成形として知覚しようとする傾向を，**閉合の法則**という[3]。三角形のうち一辺が途中で切れてつながっていないと三角形にはならないが，この欠けた部分を補って三角形を読み取ろ

第2章 消費者の知覚・感覚 | 39

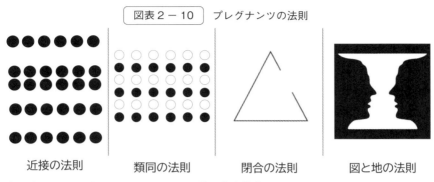

図表2－10　プレグナンツの法則

近接の法則　　類同の法則　　閉合の法則　　図と地の法則

（出所）図と地の法則はPIXTA，それ以外は著者作成

うとするのがその例である。

　図表2－11はIBMのロゴマークである。実際には長さの異なる横線の組み合わせであるが，私たちはここからIBMという文字として認識する。

図表2－11　IBMのロゴマーク

（出所）IBMホームページより。

■図と地の法則
　視野の中で，形をもって浮き出て見える領域を図（figure）とし，その背景の領域を地（ground）として観察する傾向を**図と地の法則**という。図と地の両方を同時に見ることはできず，どちらを図と捉えるか，あるいは地と捉えるかによって異なる解釈がなされることになる。ルビンの壺は，壺を図とすればその背景が地となり，壺しか見えない。しかし向かい合った顔を図とすればその背後が地となり，2つの顔しか見えない。壺と顔を同時に見ることができない。

| 図表 2 - 12 | 三越のロゴマーク |

MITSUKOSHI

（出所）三越ホームページより。

図表 2 - 12 は百貨店の三越のロゴであるが，U を読むときは U が図となり，K が地となる。K を読むときには K が図となり，U が地となる。

【注】

1）可視光線は私たちの目で見える一方で，私たちの目には見えない波長の光も存在する（不可視光線）。その一つの例が赤外線である。赤外線は可視光線の赤の波長より長い波長の光であるために私たちの目で見ることはできないが，テレビなどを非接触で操作することを可能にすることからリモコンなどあらゆる場面で使用されている。また，紫の波長よりも短い波長の光が紫外線である。

2）本節でのゲシュタルトおよびプレグナンツの法則の定義は，主として中島ら（1999）による。

3）閉合の法則は，本来は「互いに閉じ合い，一つの面を取り囲むものは，そうでないものよりもまとまりやすいことをさす」（中島他，1999）が，ここではより一般化して説明している。

ケース CASE　シンデレラ城を大きくみせるには？

　東京ディズニーランドにあるシンデレラ城。実はこの城はフロリダにある本家のシンデレラ城と比較してサイズが小さいことをご存じであろうか。フロリダのシンデレラ城がおよそ 58 メートルなのに対して，東京のシンデレラ城は約 51 メートルしかない。小さくなった理由としては，日本国内の航空法が影響しているという都市伝説もあるが，東京ディズニーランドでは小さくなった城を少しでも大きく見せるために，人間の知覚特性を利用したさまざまな工夫がなされている。例えば，塀の石垣やタイルの大きさが城の上部に行くにしたがって極端に小さくなっているが，これは人の奥行き知覚の絵画的手掛かり（網膜像の大きさ）を利用している。皆さんがシンデレラ城を大きく見せる担当者なら，どのような工夫をするだろうか？

第2章 消費者の知覚・感覚 | 41

練習問題

1. ウェーバー・フェヒナーの法則を説明しなさい。また，この法則にしたがえば，ブランドのロゴマークの変更はどのようにするべきかを述べなさい。
2. カラープリンターのインクの色が，シアンとマゼンダ，イエローなのはなぜか。その理由を説明しなさい。
3. ブーバ・キキの現象を説明しなさい。これを考慮する時に，商品パッケージを作成する時にはどのようにすべきであるかを述べなさい。
4. 注視と固視とは必ずしも一致するものではないが，その理由を損失利得法を用いて説明しなさい。
5. プレグナンツの法則を4つあげ，それぞれについて説明しなさい。

引用文献

Ackerman, D. (1991). *A natural history of the senses*. Vintage.

Antonides, G., Verhoef, P. C., & Van Aalst, M. (2002). Consumer perception and evaluation of waiting time: A field experiment. *Journal of consumer psychology*, *12*(3), 193-202.

Areni, C. S., & Kim, D. (1993). The influence of background music on shopping behavior: classical versus top-forty music in a wine store. *ACR North American Advances*.

Botvinick, M., & Cohen, J. (1998). Rubber hands 'feel' touch that eyes see. *Nature*, *391*(6669), 756-756.

Cherry, E. C. (1953). Some experiments on the recognition of speech, with one and with two ears. *The Journal of the acoustical society of America*, *25*(5), 975-979.

Crusco, A. H., & Wetzel, C. G. (1984). The Midas touch: The effects of interpersonal touch on restaurant tipping. *Personality and Social Psychology Bulletin*, *10*(4), 512-517.

Ebbinghaus, H. (1913). Memory: A contribution to experimental psychology. (H. A. Ruger & C. E. Bussenius, Trans.). *Teachers College Press*. https://doi.org/10.1037/10011-000

Elder, R. S., & Krishna, A. (2010). The effects of advertising copy on sensory thoughts and perceived taste. *Journal of consumer research*, *36*(5), 748-756.

Engen, T., & Ross, B. M. (1973). Long-term memory of odors with and without verbal descriptions. *Journal of experimental psychology*, *100*(2), 221.

Fechner, G. T. (1860/1966). *Elemente der Psychophysik* [*Elements of psychophysics*] (H. E. Adler, Trans.; Vol. 1, Holt, Rinehart, & Winston). Breitkopf & Härtel.

Fraisse, P. (1984). Perception and estimation of time. *Annual review of psychology*, *35*(1), 1-37.

Goodale, M. A., & Westwood, D. A. (2004). An evolving view of duplex vision: separate but interacting cortical pathways for perception and action. *Current opinion in neurobiology*, *14*(2), 203-211.

Harlow, H. F., & Zimmermann, R. R. (1958). The development of affective responsiveness in infant monkeys. *Proceedings of the American Philosophical Society, 102*, 501-509.

Helmholtz, H. V. (1852). LXXXI. On the theory of compound colours. *The London, Edinburgh, and Dublin Philosophical Magazine and Journal of Science*, *4*(28), 519-534.

Hoegg, J., & Alba, J. W. (2007). Taste perception: More than meets the tongue. *Journal of Consumer Research, 33*(4), 490-498.

Hornik, J. (1984). Subjective vs. objective time measures: A note on the perception of time in consumer behavior. *Journal of consumer research, 11*(1), 615-618.

Hornik, J. (1992). Effects of physical contact on customers' shopping time and behavior. *Marketing Letters, 3*, 49-55.

Hornik, J., & Ellis, S. (1988). Strategies to secure compliance for a mall intercept interview. *Public Opinion Quarterly, 52*(4), 539-551.

Hui, M. K., & Tse, D. K. (1996). What to tell consumers in waits of different lengths: An integrative model of service evaluation. *Journal of Marketing, 60*(2), 81-90.

Hul, M. K., Dube, L., & Chebat, J. C. (1997). The impact of music on consumers' reactions to waiting for services. *Journal of retailing, 73*(1), 87-104.

Köhler, W. (1967). Gestalt psychology. *Psychologische Forschung, 31*(1), XVIII-XXX.

Krishna, A. (2012). An integrative review of sensory marketing: Engaging the senses to affect perception, judgment and behavior. *Journal of consumer psychology, 22*(3), 332-351.

Lowrey, T. M., & Shrum, L. J. (2007). Phonetic symbolism and brand name preference. *Journal of Consumer Research, 34*(3), 406-414. https://doi.org/10.1086/518530

Lwin, M. O., Morrin, M., & Krishna, A. (2010). Exploring the superadditive effects of scent and pictures on verbal recall: An extension of dual coding theory. *Journal of Consumer Psychology, 20*(3), 317-326.

Massaro, D. W., Thompson, L. A., Barron, B., & Laren, E. (1986). Developmental changes in visual and auditory contributions to speech perception. *Journal of experimental child psychology, 41*(1), 93-113.

McGann, J. P. (2017). Poor human olfaction is a 19th-century myth. *Science, 356*(6338), eaam7263.

McGurk, H., & MacDonald, J. (1976). Hearing lips and seeing voices, *Nature, 264*(5588), 746-748.

Milliman, R. E. (1986). The influence of background music on the behavior of restaurant patrons. *Journal of consumer research, 13*(2), 286-289.

Mishkin, M., Ungerleider, L. G., & Macko, K. A. (1983). Object vision and spatial vision: two cortical pathways. *Trends in neurosciences, 6*, 414-417.

Morhenn, V. B., Park, J. W., & Piper, E. (2008). Monetary sacrifice among strangers is mediated by endogenous oxytocin release after physical contact. *Evolution and Human Behavior, 29*(6), 375-383.

Müller-Lyer, F. C. (1889). Optische Urteilstauschungen. *Archiv fur Anatomie und Physiologie, Physiologische Abteilung, 2*, 263-270.

中島義明・安藤清志・子安増生・坂野二・繁桝算男・立花政夫・箱田裕司 (1999). 『心理学辞典』. 有斐閣.

Nakayama, K., & Mackeben, M. (1989). Sustained and transient components of focal visual attention. *Vision research, 29*(11), 1631-1647.

New, J., Cosmides, L., & Tooby, J. (2007). Category-specific attention for animals reflects ancestral priorities, not expertise. *Proceedings of the National Academy of Sciences, 104*(42), 16598-16603.

Park, J., Motoki, K., Pathak, A., & Spence, C. (2021). A sound brand name: The role of voiced consonants in pharmaceutical branding. *Food Quality and Preference*, *90*, 104-104.

Pathak, A., Calvert, G. A., & Lim, L. K. (2020). Harsh voices, sound branding: How voiced consonants in a brand's name can alter its perceived attributes. *Psychology & marketing*, *37*(6), 837-847.

Pathak, A., Calvert, G., & Velasco, C. (2017). Evaluating the impact of early-and late-acquired phonemes on the luxury appeal of brand names. *Journal of Brand Management*, *24*, 522-545.

Peck, J., & Childers, T. L. (2003). Individual differences in haptic information processing: The "need for touch" scale. *Journal of consumer research*, *30*(3), 430-442.

Peck, J., & Childers, T. L. (2006). If I touch it I have to have it: Individual and environmental influences on impulse purchasing. *Journal of business research*, *59*(6), 765-769.

Penfield, W., & Rasmussen, T.(1950). The cerebral cortex of man. *A Clinical Study of Localization of Function*. New York: The Macmillan.

Posner, M. I.(1980). Orienting of attention. *Quarterly journal of experimental psychology, 32*(1), 3-25.

Posner, M. I., & Cohen, Y. (1984). Components of visual orienting. *Attention and performance X: Control of language processes*, *32*, 531-556.

Posner, M. I., & Raichle, M. E. (1994). *Images of mind*. Scientific American Library/Scientific American Books.

Poynter, D. (1989). Judging the duration of time intervals: A process of remembering segments of experience. In *Advances in psychology*, *59*, 305-331. North-Holland.

Raymond, J. E., Shapiro, K. L., & Arnell, K. M. (1992). Temporary suppression of visual processing in an RSVP task: An attentional blink?. *Journal of experimental psychology: Human perception and performance*, *18*(3), 849.

Rozin, P., Millman, L., & Nemeroff, C. (1986). Operation of the laws of sympa- thetic magic in disgust and other domains. *Journal of Personality and Social Psychology*, *50*(4), 703-712.

Sackett, A. M., Meyvis, T., Nelson, L. D., Converse, B. A., & Sackett, A. L. (2010). You're having fun when time flies: The hedonic consequences of subjective time progression. *Psychological science*, *21*(1), 111-117.

Schrödinger, E. (1925). Die Erfüllbarkeit der Relativitätsforderung in der klassischen Mechanik. *Ann. Phys.*, *382*, 325-336.

Shams, L., Kamitani, Y., & Shimojo, S. (2000). What you see is what you hear. *Nature*, *408*(6814), 788-788.

Shepard, R. N. (1967). Recognition memory for words, sentences, and pictures. *Journal of verbal Learning and verbal Behavior*, *6*(1), 156-163.

Simons, D. J., & Levin, D. T. (1998). Failure to detect changes to people during a real-world interaction. *Psychonomic Bulletin & Review*, *5*, 644-649.

Stevens, S. S., & Galanter, E. H. (1957). Ratio scales and category scales for a dozen perceptual continua. *Journal of experimental psychology*, *54*(6), 377.

Tom, G., Burns, M., & Zeng, Y. (1997). Your life on hold: The effect of telephone waiting time on customer perception. *Journal of Direct Marketing*, *11*(3), 25-31.

Vicovaro, M., & Dalmaso, M. (2021). Is 'heavy' up or down? Testing the vertical spatial representation of weight. *Psychological Research, 85*(3), 1183-1200.

Weber, E. H. (1834). De subtilitate tactus [On the sensitivity of the touch sense]. In E. H. Weber, De pulsu, resorptione, auditu et tactu, *Annotationes anatomicae et physiologicae*, 44-174. Leipzig: Koehler.

Wyer, Jr. R. S., Hung, I. W., & Jiang, Y. (2008). Visual and verbal processing strategies in comprehension and judgment. *Journal of Consumer Psychology, 18*(4), 244-257.

（高尾沙希）

（ケース：松田　憲）

第3章

消費者の学習

　夜中に，どうしてもアイスクリームが食べたくなったとしよう。アイスクリームを好きなのは生まれつきの先天的なものなのか，それとも育った環境による後天的なものなのか。あなたはなぜ今アイスクリームを食べたくなったのか。ついさっきアイスクリームの CM を見たからか，その CM に登場していたのが好きなタレントだったからか。家にアイスクリームがない。コンビニエンスストアに行こう。コンビニエンスストアにある数多くのアイスクリームの中から，なぜその製品を選んだのか。前回食べた時の幸せな気分を思い出したのか，先ほどの CM で見た製品だったからか。また，帰ろうとするとふと雑誌コーナーに立ち寄りたくなった。今月はお気に入りの雑誌についてくる付録が豪華らしい。そこであなたは雑誌を買うか買わないか。本章では，まず嗜好や行動様式に関して，先天か後天かといった視点から説明し，その後，客観的に把握することができない「こころの中」を考察するのではなく，科学的な測定による「行動」に着目しようとした行動主義的な視点である，レスポンデント条件づけ，オペラント条件づけの視点から説明する。

3.1　先天か後天か

　子どもが成長するにつれて少しずつ親に似てくる，遺伝子には逆らえない様子を表す「蛙の子は蛙」ということわざがある一方で，環境や関わる人間によって性格が変化することを表す「朱に交われば赤くなる」ということわざも存在する。性格や体質，能力や嗜好などの中で，遺伝の影響を受けていること

を遺伝的要因と呼び，生まれてからの育ち方や環境の影響を受けていることを環境的要因と呼ぶ。「氏か育ちか」という言葉にあるように，ヒトの性格や体質や能力や嗜好などが，遺伝的要因と環境的要因のどちらに左右されるのかについては，古くから議論の対象になっていた。

ゲゼル（Geseell, A.：1880～1961年）は一卵性双生児に着目した。なぜなら，一卵性双生児は一つの受精卵から生まれることにより遺伝子が完全に一致するため，環境的要因のみを操作することができるからである。彼は，乳児2人に対し，階段上りの訓練を行った。一方の乳児には，生後45週目から51週目までの6週間，もう片方の乳児には，生後53週目から55週目までの2週間訓練をさせた。つまり，一方の乳児が片方の乳児に比べて，早くから長い期間訓練を行ったわけである。その結果，遅くから短期間訓練した乳児は，あっという間に階段を駆け上がれるようになった。つまり，早くから長い期間訓練した乳児よりも，遅くから短期間訓練した乳児の方が，短い期間で階段を上れるようになったのである。ここからゲゼルは，いかなる学習も，その学習が成立するために十分に成長・成熟できた状態でなければ効果がないことを説き，この十分に成長・成熟できた状態のことをレディネスと呼んだ。一人一人の発達に決定的に影響を持っているのは遺伝的要因であるという「成熟優位説」を主張したのである。

一方で，ワトソン（Watson, J. B.：1878～1958年）は，哲学者のジョン＝ロックが「ヒトは生まれた時はタブラ・ラサ（白紙状態）である」という言葉で表したように，ヒトには生得的な遺伝的要因の違いはなく，知性は経験による学習によってのみ習得されていくという経験重視の立場にあった。彼は，自分に子どもを預けてくれるならばどんな職業にでもしてみせると言ったことで有名である。その後，シュテルン（Stern, W.：1871～1938年）は，すべての特性は遺伝と環境の2つの要素が加算されて決まるという輻輳説を，ジェンセン（Jensen, A. R.：1923～2012年）は，特性によって環境要因から受ける影響の大きさが異なり，環境がある一定の閾値に達した時にその特性が発現するという環境閾値説を唱えた。さらには，各特性が環境要因から受けうる影響の大きさ

は遺伝によって決まっている（例えばＡ子さんは，適切な練習法によりピアノが大幅に上達したが，ドッジボールはいくら練習しても苦手なままであった。一方，Ｂ子さんは，いくら練習してもピアノの才能は開花しなかったが，ドッジボールは練習すればするほど上達した）という反応レンジ説も存在する。

　結論から言えば，遺伝的要因も環境的要因もどちらも関わっている。このことを示す例として，第二次大戦が始まる少し前，1933年に生まれた一卵性双生児ジャックとオスカーの話をしよう。彼らは，ドイツに生まれたのだが，生後6ヵ月で離れ離れの人生を送ることになった。ジャックは，ユダヤ人の父と一緒に戦争が終わるまでトリニダード・トバゴ共和国，さらには，イスラエルに移住し「キブツ」というイスラエル独特の社会主義コミュニティーで兵士をし，後，アメリカカリフォルニア州で電気器具商を営んだ。一方，オスカーは，ナチス時代のドイツで，カトリック信者の母のもとで成長し，ヒットラー・ユーゲントの一員になった。彼は，ナチスドイツの第三帝国の崩壊と戦後の連邦共和国の成立を体験した後，ドイツで工業エンジニアとして働いていた。両極端な政治的背景を持つ2人は，青年期に再会した際にはウマが合わず，しばらくお互い連絡を取ることを避けていたが，40代半ばでミネソタ州にて大学の双生児調査に協力するため再会した際，2人の間にさまざまな共通点が存在することが明らかになった。まず，調査協力のために訪れた際の外見が，服装や生やしている髭や髪型も含め，似通っていた。身体的特徴としては，身長も体重もまったく同じであった。趣味・嗜好に関しては，それぞれの自宅には大柄の模様の壁紙が目立っており，家具調度の趣向もよく似かよっていた。行動としては，雑誌は左手で持って終りのページから，前の方へとめくっていく，朝食時にトーストをコーヒーの中にひたしてバターを極端に厚めにつける，トイレは使用前と後に流すなどの癖が共通していた。さらに，手首にゴム輪をはめる，ライターにゴムひもをまくといった生活習慣における癖も共通していた。性格としては，目立ちたがり屋で，わざと大きな音を立ててくしゃみをして居合わせる人をびっくりさせるといった悪戯をするところも同じであった。しかし，ジャックは離婚歴があり，4人の子どもと新しい妻とで生

活をしているのに対し，オスカーは長い間連れ添った妻との間に2人の子ども
をもうけていた。2人の配偶者は似ておらず，配偶者との生活の様子も異なっ
ていた。ジャックは貸家に住み，オスカーは一戸建て住宅を所有していると
いった住居に関しての共通点もみられなかった。寿命においても，オスカーは
1997年，ジャックは2015年に亡くなったことから違いが見られている。こう
いった相違点については，それぞれが育った環境要因が影響を及ぼしている可
能性が高い。

　現在では，能力や特性を細分化し，それぞれがどの程度，遺伝的要因と環境
的要因の影響を受けているのかということが議論の対象の1つとなっている。
双生児法を用いた行動遺伝学研究を行っている安藤（2000, 2016）によると，
身長や体重といった身体的特性や音楽やスポーツの能力は遺伝的な要因のほう
が大きいこと，空間性知能や論理的推論能力については遺伝的な要因が大きい
一方で，言語性知能については環境的な要因が非常に大きいことが明らかに
なっている。性格特性においても「協調性」「外向性」「開放性」「神経質」「誠
実性」，さらには「反社会性」「自己志向」「うつ傾向」など，細分化した検討
がなされているが，往々にして，4割から5割が遺伝的要因，5割から6割が
環境的要因の影響を受けていることが明らかになっている。

　遺伝的要因と環境的要因の影響の受け方の程度についても，置かれている環
境が大きく関わることが明らかになっている。例えば，一緒に過ごしている一
卵性双生児は，周囲から比較されることが多い。その際，お互いがアイデン
ティティ確立のため，周囲から指摘されたほんの少しの違いをより意識し，強
調する形での生活を送る可能性が高い。性格特性について，「Aさんの方が活
発で，Bさんの方が大人しい」と指摘されることにより，本人たちがその差異
を意識した形での生活を送り，その結果，Aさんの性格がより活発，Bさんの
性格がより大人しくなるという具合である。趣味・嗜好に関しても，「Aさん
はピンク好きで，Bさんは水色が好き」と周囲から言われることにより，実際
にAさんがピンクを，Bさんは水色を選ぶことが多くなるかもしれない。他
にも，遺伝的要因と環境的要因のどちらの影響を受けやすいかという程度につ

第3章 消費者の学習 | 49

いては，置かれている環境が関わることもある。女性が独身の時の飲酒の遺伝率は60％くらいなのに対して，結婚すると遺伝率が30％くらいに減るといったように，個人内でもライフステージによって，遺伝的要因と環境的要因の影響の受けやすさに違いがみられることがある。この場合は，「結婚した女性，もしくは子どもがいる女性はお酒を飲むべきではない」という社会的圧力や，妊娠した場合，妊娠中は飲酒ができないといった制限，つまり，環境的要因が遺伝的要因に勝る形になったと考えられる。また，社会的圧力が少なく自由度の高い都会の方が，地方よりも，飲酒や喫煙において，遺伝的要因の影響が環境的要因よりも強く出ることがわかっている（Dixion & Chertier, 2016）。さらには，前述した遺伝的な要因の影響を大きく受けると言われている音楽において，Hambrick & Tucker-Drob（2015）の研究によると，楽器の練習時間が長くなればなるほど，その才能における遺伝的要因の影響が大きくなることが明らかになっている。つまり，環境が整えば整うほど，遺伝的要因の影響力が大きくなるということである。このことは，身長や体重といった身体的特性においても言えることかもしれない。例えば，現在，日本国内において，衣食住が整った環境に置かれているヒトが比較的多いことから，身長や体重といった身体的特性に関わる環境要因は整っており，その結果，遺伝的要因の影響が大きくなっている可能性が考えられる。これが貧富の差が大きい地域，衣食住の環境が整っていない地域では異なる結果になる可能性は高い。

3.2 古典的条件づけ（レスポンデント条件づけ）

　ここからは，環境的要因と大きく関わる学習についての話である。古典的条件づけは，1900年代にパブロフ（Pavlov, I. P.: 1849 ～ 1936）が発見したことで知られている。「パブロフの犬」という言葉を聞いたことがある人は多いだろう。

　図表3－1左側を参照してほしい。犬は，エサ（肉）を見ると，自然に唾液を分泌する。こういった反応は生理的なものであり（不随意運動），刺激に対し

図表3-1　古典的条件づけ（左：パブロフの犬，右：動画CM）

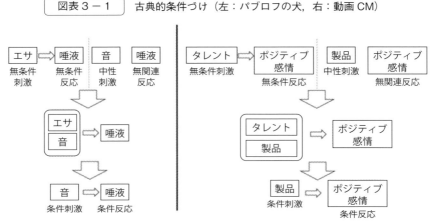

（出所）著者作成。

て無条件に反応を示すことから，エサは**無条件刺激**，唾液は**無条件反応**と呼ばれる。対して，ベルの音はどうだろう。ベルを鳴らされただけで唾液が分泌されることはない。ベルの音はそれだけでは犬の唾液を分泌させるような刺激ではないため，ベルの音は中性刺激と呼ばれる。しかし，エサと同時にベルを鳴らすことを繰り返すことで，ベルを鳴らされただけで唾液が分泌するようになる。このように同時に2つの刺激を呈示することを**対呈示**という。つまり，エサとベルを繰り返し対呈示する条件のもとで，中性刺激であったベルの音が**条件刺激**になり，ベルの音に対する唾液の分泌という**条件反応**を引き起こすようになるのである。古典的条件づけにおいては，刺激と反応の結びつきが強まることを強化というため，ベルの音という条件刺激に対して，唾液の分泌という条件反応が強化されたということができる。なぜ「古典的」と呼ばれているのかというと，単に，条件づけの中で，発見されたのが歴史的に古いからという理由である。後に，**レスポンデント条件づけ**とも呼ばれるようになる。これは，中性刺激に対する生理的反応（respondent）の学習という，条件づけの本質を表した呼び名である。

前述した古典的条件づけは，条件づけの成立のために「繰り返し」対呈示を

第3章 消費者の学習 | 51

行う必要があるということであったが，たった一度の呈示で条件づけが生じる場合がある。例えば，大好物の牡蠣を食べたことで，数時間後，下痢や嘔吐で苦しい思いをし，その後，牡蠣をみるだけで気分が悪くなる，もしくは嫌悪感を抱くようになったということがある。こういった**味覚嫌悪条件づけ**は，一度のみの食事の後の経験で十分成立し，繰り返し経験する必要がない。また，条件刺激と条件反応の間隔が数時間後であるといった点も，前述した条件づけとは異なる点である。**味覚嫌悪学習**（味覚嫌悪条件づけ）は，発見した人物の名にちなんで，**ガルシア効果**とも呼ばれている（Garcia & Koelling, 1966）。彼らは，味覚（甘い溶液）と嘔吐剤は，他の感覚器官（クリック音などの聴覚や，光刺激などの視覚）と嘔吐剤と比較して，対呈示することによる条件づけが成立しやすいこと，一方で，聴覚や視覚は，味覚と比較して，電気ショックと対呈示することによる条件づけが成立しやすいことを発見した。進化学的に，味覚と嘔吐感は結びつきやすく，視覚や聴覚と電気ショックによる痛みは結びつきやすいことはうなずけるが，このように条件刺激と条件反応の結びつきやすさは先天的に決まっているということを，**学習準備性**，もしくは**生物的制約**と呼ぶ。

消費者行動研究においても，消費者を製品に惹きつける手法の1つとして古典的条件づけが用いられている。例えば動画CMで，ターゲットとする製品とともに，好感度の高いタレントを登場させたり，好感度の高い音楽を流したりするシーンを想像してほしい（図表3－1右側を参照）。この場合，もともと，製品は中性刺激であり，タレントや音楽は無条件刺激，好感度の高いタレントや音楽に触れた際に抱くポジティブな感情が無条件反応となっている。製品と好感度の高いタレントや音楽が繰り返し呈示されるうちに，製品が条件刺激となり，製品を見るだけでポジティブな感情が条件反応として喚起されることが期待されている。つまり，古典的条件づけが成立することにより，日常生活において製品を見かけた時に，無条件刺激である好感度の高いタレントや音楽がなくとも，ポジティブな感情が喚起され，購買意欲が高まることが期待されているのである。古典的条件づけの視点から見ると，不祥事やスキャンダルにより，タレントが動画CMを降板するのは致し方ないことだと言える。そのタ

レントのイメージが低下し，ネガティブな感情を持つ人が多くなることによって，繰り返し一緒に呈示される製品に対してもネガティブな感情が条件反応としてうまれる可能性が高まるからである。

　ここで考えていただきたいのが，タレントそのものももともとは中性刺激である可能性である。タレントがメディアに登場した当初は，そのタレントに対して，ポジティブな印象もネガティブな印象も受けない場合がある。しかしそのタレントが，ドラマでいい人の役柄を演じたり，そのタレントに関するポジティブなニュースが発表されたり，TV番組でタレントのポジティブなエピソードが披露されたりすることで，好感度が上がる。この場合，ポジティブなエピソードが無条件刺激であり，それに対するポジティブな感情が無条件反応となる。その後，いい人としてのタレントの振る舞いを繰り返し視聴することにより，タレントを見ただけでポジティブな気分になる，つまり，中性刺激であったタレントが，ポジティブな感情という条件反応を引き起こす条件刺激となるのである。さらに，ポジティブな感情を引き起こす条件刺激であるタレントを動画CMに起用することで，製品にポジティブな感情が引き起こされる場合，これを**高次条件づけ**と呼ぶ。高次条件づけとは，すでに形成されている条件反射を（この場合，タレントに対するポジティブな感情）用いて，新たに中性刺激（この場合，ターゲットとなる製品）を条件づけることである。

　この古典的条件づけにおいて，中性刺激と無条件刺激の呈示タイミングに焦点を当てた分類の仕方が存在する。分類の結果，1つ目は**同時条件づけ**と呼ばれるものであり，中性（のちの条件）刺激（例えばターゲットとする製品）と無条件刺激（例えば好感度の高いタレント）を同じタイミングで呈示することをいう。2つ目は**遅延条件づけ**と呼ばれるものであり，中性（のちの条件）刺激を呈示した後にやや遅れて無条件刺激を呈示することをいう。なお，遅延条件づけは，中性刺激とやや遅れて呈示された無条件刺激の呈示時間に重なりがあることが必須である。一方，中性刺激呈示の後，重なることなく完全に遅れて無条件刺激を呈示することを，3つ目の**痕跡条件づけ**と呼ぶ。さらに，4つ目として，中性（のちに条件）刺激より前に無条件刺激を提示する**逆向条件づけ**があげら

れる。一般的に，逆向条件づけは成立しづらいと言われている。つまり，エサ（無条件刺激）を呈示した後にベルの音（中性刺激）を鳴らすということを繰り返しても，ベルの音を聞いただけで唾液が分泌されるという条件づけは成立しづらいということである。しかし，多くの動画 CM において，好感度が高いタレント（無条件刺激）が登場したのちに製品（中性刺激）が登場しており，つまり，逆向条件づけのパターンが多く見られている。本来成立しづらいと考えられている逆向条件づけが成立する条件として，良くも悪くも情動に訴えかける，つまりショッキングな無条件刺激を使うことがあげられている（Spetch, Wikie, & Pinel, 1981）。この視点に立つと，一般的な動画 CM における好感度の高いタレント登場後の製品登場は，ショッキングな無条件刺激とは言い難く，逆向条件づけとしては成立していないことになる。つまり，動画 CM が時として，製品のプロモーションではなく，タレントや音楽のプロモーションで完結してしまっている可能性は否めない。もしくは，15秒間という CM の枠組みは，逆向条件づけさえ成立してしまうような，強化が起きやすい状況である可能性もあり，今後さらに検討する余地がある。

　他にも，古典的条件づけで明らかになっていることを，「般化」「消去」「自発的回復」の順に，消費者行動研究の視点で紹介する。まずは，般化について，前述した，発達における環境的要因の影響の大きさについて唱えたワトソンが1900年代に行ったアルバート坊やの実験を紹介しよう。彼は，生後9ヵ月のアルバートに対し，白ネズミが出るたびに雷の音を再現し恐怖を喚起させることを繰り返すことによって，白ネズミを条件刺激，恐怖反応を条件反応という形での学習を行わせた。その結果，白ネズミだけでなく，ウサギやその他の小動物を怖がるようになり，さらには，白い脱脂綿に対しても恐怖反応を示すようになった。このように，条件づけされた刺激（中性刺激であったはずの白ネズミが恐怖を喚起させる条件刺激となった）以外の類似した別の刺激（小動物や白い脱脂綿）においても，同様の反応（恐怖反応）が生じる場合を，**般化**と呼ぶ。般化を消費者行動研究に適用すると，ある製品を動画 CM で魅力的な音楽やタレントとともに登場させることで，その製品に対してもポジティブな感

情を喚起させる条件づけに成功した結果，類似したライバル会社の製品についてもポジティブな感情を喚起させることになる可能性があるということになる。次に，消去について説明する。一度，古典的条件づけで条件刺激と条件反応を学習しても，無条件刺激と付随せずに条件刺激ばかりが単独で呈示され続けると，条件反応を起こさなくなる。これを**消去**と呼ぶ。消去を消費者行動研究に適用すると，動画 CM で好感度の高いタレントや音楽と呈示することにより好感度を上げた製品が，動画 CM の放映がなくなることで，その好感度も下がるといった具合である。しかし，消去手続きに伴って条件反応が完全に消失した後，ある程度の時間が経過すると，再び条件反応がある程度生起するという**自発的回復**と呼ばれる現象が見られることがある。このように考えると，古典的条件づけによって植え付けられた製品に対する好感度の高さは，ゼロになることはないと考えることもできる。つまり，動画 CM を視聴しなくなることで製品の好感度が一旦下がるとしても，しばらく経つと再び盛り返すことが期待されるのである。

　最後に，動画 CM は古典的条件づけだけでは説明できない可能性も念頭に置いておくべきである。例えば，もともと興味がなかった物事や人物に対して繰り返し接すると好意度や印象が高まるという**単純接触効果**が働いている可能性がある。単純接触効果の視点で考えると，接触そのものにより好感度が高まるため，一緒に登場しているタレントも音楽も，製品と同様，初期は感情的にニュートラルでよいし，逆向条件づけの順序による呈示でも問題ない。動画 CM で繰り返し流されることにより，タレントも音楽も製品も，すべての好感度が上がるというわけである。他にも，観察学習の効果を狙っていると考えられるものもある。**観察学習**とは，自分が実際に体験せずとも，他者の行動を観察するだけで模倣し学習が成立することをいう（Bandura, 1965）。Bandura（1965）が行ったボボ人形実験は，大人がボボ人形を攻撃的に扱っている様子を幼児に見せた後，幼児をボボ人形が置いてある部屋に連れて行き，その幼児の行動を観察するというものであった。攻撃的にボボ人形を扱った大人が，賞賛されている様子を見せた場合は，罰を受けている様子を見せた場合よりも明

らかに幼児のボボ人形への攻撃頻度が高かったという実験結果となった。観察学習成立のためには，注意過程，保持過程，運動再生過程，動機づけ過程の4つの過程が必要である。まずは，他者に行動に対して注意を向け（注意過程），その行動を記憶の中に保持せねば（保持過程）ならない。つまり，注意を向けたくなるような他者である必要があり，かつ，記憶に残るような行動である必要がある。さらに，その行為を自身でやってみること（運動再生過程），それには自身でその行為をやってみたいと思う動機づけが必要（動機づけ過程）ということである。例えば，飲料水の動画CMで登場するタレントたちが楽しそうにその飲料水を飲んでいる様子を視聴したり，化粧品の動画CMで登場するタレントがその化粧品を身につけることで美しくなる様子を視聴したりする場面を想定する。動画CM内のタレントは注意を向けるのに十分な魅力なりインパクトなりがあるべきである。また，そのタレントの行為は，記憶に残りやすいものであるべきである。タレントを自身に投影させ，自分もこの製品を使用することでポジティブな経験ができるに違いないという動機づけにより，その製品を使用するために購入するのである。実際には，上記にあげたさまざまな学習が複合的に消費者の心理にかかわっている可能性が大きい。動画CMを視聴しながら，それぞれの動画CMがどういった効果を狙っているのか考えてみるといいだろう。また，ソーシャルメディアで紹介されている体験を視聴することで，自分も同様の体験をしたくなる場合，観察学習という視点から自己の願望について掘り下げて考えてもいいかもしれない。

3.3　道具的条件づけ（オペラント条件づけ）

　こちらも同じく1900年前後に，ソーンダイク（Thorndike, E. L.: 1874 ～ 1949）によって発見され，スキナー（Skinner, B. F.: 1904 ～ 1990）によって精緻化された学習である。ソーンダイクは，猫を問題箱と言われる小さな箱の中に入れ，さまざまな仕掛けの中で特定のレバーを押した時にのみ問題箱から脱出できるようにした。この問題箱は，箱の中から外の餌が見える仕組みになっている。

外の餌が欲しくてたまらない猫は，初め，外に出るためのさまざまな行動を試す**試行錯誤**と呼ばれる動きを示したが，徐々に特定のレバーを押す頻度が高まるようになった。つまり，そのレバーを押すことのみにより問題箱から脱出できることを学び，その結果レバー押しの行動頻度が高まったのである。その後，スキナーは，餌を報酬として与えたり，電気ショックを罰として与えたり，さらに，行動の頻度を自動的に記録できたりするスキナー箱と呼ばれる箱を開発し，マウスやハトを入れ，さまざまな仕掛けの中からある特定の反応をした時だけ餌が出たり，もしくは電気ショックを与えられたりする仕組みを作った。道具的条件づけにおいては，反応頻度の増加を**強化**，反応頻度の減少を**弱化**と呼び，反応頻度の増加を促す機能を持つ刺激のことを強化子と呼ぶ。また，ある状態から追加することを**正**，ある状態をなくすことを**負**と表現し，4種類に分類できる（図表3－2参照）。

　例えば，何もない状態で，あるレバーを押すと餌が出てくる場合は（正の強化子・好子の出現），そのレバーを押す頻度が上がり，あるレバーを押すと電気

図表3－2　オペラント条件づけ

	強化（頻度が上がる）	弱化（頻度が下がる）
正（出現）	何もない状態で，あるレバーを押すと餌が出てくることにより（正の強化子・好子の出現），そのレバーを押す頻度が上がる。 あるファッションブランドの洋服を着て褒められることにより，そのファッションブランドでの衣類購入頻度が上がる。	何もない状態で，あるレバーを押すと電気ショックを与えられることにより（正の罰，嫌子の出現），そのレバーを押す頻度が下がる。 あるファッションブランドの洋服を着て貶されることにより，そのファッションブランドでの衣類購入頻度が下がる。
負（消失）	電気ショックを与えられ続けている状態で，あるレバーを押すと電気ショックが止まることにより（負の強化子・嫌子の消失），そのレバーを押す頻度が上がる。 体型にコンプレックスを持っている状態で，あるファッションブランドの洋服を着てコンプレックスが解消されることで，そのファッションブランドでの衣類購入頻度が上がる。	餌がある状態のところで，あるレバーを押すと餌が全て取り上げられることにより（負の罰・好子の消失），そのレバーを押す頻度が下がる。 体型に自信を持っている状態で，あるファッションブランドの洋服を着て他者からの褒めが減ることにより，そのファッションブランドでの衣類購入頻度が下がる。

（出所）著者作成。

ショックを与えられる場合は（正の罰・嫌子の出現），そのレバーを押す頻度が下がる。もともと餌がある状態のところで，あるレバーを押すと餌がすべて取り上げられる場合は（負の罰・好子の消失），そのレバーを押す頻度が下がり，もともと電気ショックを与えられ続けている状態で，あるレバーを押すと電気ショックが止まる場合は（負の強化子・嫌子の消失），そのレバーを押す頻度が上がる。反応そのものが強化子を獲得させるための，あるいは罰を失くすための道具としての役割を果たすという意味から**道具的条件づけ**と呼ばれるようになった。その後，スキナーが，自発的（オペラント）な行為という部分に焦点をあて，**オペラント条件づけ**と呼ぶようになった。

　ちなみに，古典的条件づけにおける強化とは，条件刺激（ベルの音）と条件反応（唾液の分泌）の結びつきが強まることを言うが，道具的条件づけの場合，先行条件（何もない状態）に対して，何かしら行動（レバーを押す）をとり，強化子（餌）を与えられた場合，その行動頻度が増すことを強化という。この先行条件（Antecedent），行動（Behavior），結果（Consequence）の三要素を道具的条件づけによる**三項随伴性**と呼ぶ。

　次に，上記4種類の道具的条件づけを，消費者行動研究の立場から例にあげてみよう。あるファッションブランドで服を購入し，着てみたところいつになく周囲の人々に褒められたとする。この場合，褒められるという報酬（正の強化子・好子の出現）が得られたため，今後そのブランドの衣類を購入するという行為が強化されると考えられる。購入において失う金額が気にならないぐらい，褒められるという報酬が正の強化子となるのである。一方，せっかく購入した服を「似合わない」と貶されたとしよう。この場合は，貶された言葉が罰（正の罰・嫌子の出現）となり，今後そのブランドの衣類の購入という行為は弱化されることになる。また，例えば少し肥満気味であることをコンプレックスに思っている人がいたとしよう。あるファッションブランドで購入した服を着ることで周囲の人々から「痩せた？」と言われるとする。この場合は，そのブランドの服を購入することで肥満気味であるというコンプレックスが消失（負の強化子・嫌子の消失）し，そのブランドでの衣類の購入という行為は強化され

ることになる。逆に，日頃から「スタイルがいい」と周囲に言われ，自身の体型に誇りを持っている人がそのファッションブランドで購入した服を着ることで，周囲の人々から何も言われなかったとしよう。この場合は，何も言われないということが体型への誇りを失わせること（負の罰・好子の消失）となり，そのブランドでの衣類の購入という行為が弱化されることになる。

　購買促進という視点で考えれば，正の強化子・好子の出現と，負の強化子・嫌子の消失の2種類をあげることができる。正の強化子・好子の出現としては，お菓子についてくる人気キャラクターのシールや雑誌についてくる付録など，製品購入の際に手に入れることができる「おまけ」が正の強化子・好子の役割を果たしている。さらに，購入の際に毎回「おまけ」が手に入らずとも，買い物をするとポイントが貯まり，一定のポイントが貯まると商品や金券と交換できる**トークン（代理貨幣）エコノミー**というシステムが存在する。飛行機のマイル，ヘアサロンやスーパーマーケットのポイントをはじめ，トークンエコノミーは社会における購買行動が生じるあらゆる場面で浸透していると言える。目標達成に近づくにつれ，やる気が促進されることを**目標勾配**と呼ぶ。長距離走で，ゴールが近づくにつけ，落ちていたスピードが上がる，ラストスパートもこれにあてはまる。この目標勾配は，トークンエコノミーの場面においてもみられる。つまり，喫茶店においてポイントを 10 個貯めればコーヒー無料券と交換できる場合，ポイントが 8 個あたりになると，喫茶店に訪れる頻度が高くなるといった具合である。負の強化子・嫌子の消失としては，「現代社会における成人の鉄分摂取量は理想より圧倒的に低い」といった現在の状況がマイナスであるという不安を煽る広告によりサプリメント購入頻度が高まる場合が例としてあげられる。

3.4　強化スケジュール

　オペラント条件づけ（道具的条件づけ）において，強化子をどのような間隔や時間で与えると，どのような強化のされ方になるのかについて，スケジュー

ルとして分類を示したもののことを，**強化スケジュール**と呼ぶ。スキナーが開発したスキナー箱には，**累積記録器**という装置がついている。累積記録器は，どの期間にどのような頻度で反応したか，強化スケジュールごとの反応パターンの特徴が視覚的にわかるようにデータを記録するもので，具体的には横軸が時間経過，縦軸が累積反応数となっている。反応するたびに強化子が与えられるものは**連続強化**，強化子が特定の頻度で与えられるものは**部分強化**と呼ばれる。連続強化の例としては，自動販売機に指定された金額を入れてボタンを押すとドリンクが出てくる状態があげられる。連続強化は部分強化と比較して，条件づけが消去されやすいと言われている。例えば，自動販売機に金額を入れてボタンを押してもドリンクが出なかったとしよう。何度かボタンを押して確かめるかもしれないが，本来押すと必ず出てくるべきものなので，やがて「この自動販売機は故障しているのだろう」と諦めることになるであろう。一方で，部分強化の場合は，出てこない状態も想定されているため「次こそ押したら出てくるかもしれない」という期待でもって，連続強化の際より多い回数押すことになると考えられる。

　部分強化については，4つの基本的な強化スケジュールについて紹介する（図表3－3参照）。

　固定比率スケジュール（Fixed Ratio：FRスケジュール）は，特定回数の反応ごとに強化子を与えるものである。10回反応したら1回強化子を与えるスケジュールの場合は「FR10」と表す。パンを購入するごとに1ポイントもらえるトークンエコノミーにおいて，10ポイント貯めたら食器などのギフト（強化子）がもらえるといった事例があげられる。固定比率スケジュールでの累積反応記録は，階段状の特徴的な反応パターンを示す。強化子（例の場合はギフト）を得た後はしばらく反応がない状態（パンを購入しない状態）が見られ，これを**強化後反応休止**と呼ぶ。強化後反応休止は，どの程度反応すれば強化子が得られるかがわかっている場合に生じやすく，しばらくすると再び反応が始まる。

　変動比率スケジュール（Variable Ratio：VRスケジュール）はいくつかの比率のリストの中からランダムに選択し，その平均的な比率が数値として表わされ

図表３－３　強化スケジュール

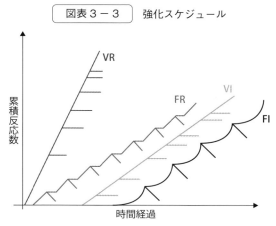

（出所）Myers & Dewall (2019).

たものである。例えば、10回に１回の確率で当たりが出る（「VR10」と表す）自動販売機がそれにあたる。この場合、当たりが出た次に再び当たりが出る可能性もあるし、その後、20回購入しても当たりが出ない可能性もある。当たりが出るのが３回目、25回目、33回目、40回目となった場合、その平均は10回なので、VR10である。変動比率スケジュールの例としては、上記の自動販売機の当たりの他に、スロットマシーンやパチンコなどのギャンブルがよくあげられる。典型的な累積反応記録は、一本の直線に近い傾斜となる。ギャンブルの依存性の高さがこの傾斜からもうかがえるであろう。固定比率スケジュールと比べると、強化子が与えられるタイミングを予測できないため、強化後反応休止は極端に短い傾向にある。

　固定時隔スケジュール（Fixed Interval：FIスケジュール）は、一定の時間が経過した後に反応すると強化子が得られるものである。例えば、FI10秒の場合、10秒間はいくら反応しても強化子が与えられず、10秒経ってから反応すると強化子が与えられる。固定比率スケジュールと同様に強化後反応休止が見られ、その後、徐々に反応が増えていき、強化子が得られる直前になると急激に反応が増える。累積反応記録には扇形のパターンとなり、ホタテ貝の縁の形に

似ているため FI スキャロップと呼ばれる。固定時隔スケジュールの例としては，スーパーマーケットにおける食品の閉店間際セールや，パンの焼きあがり時間を狙って訪れる人々があげられる。彼らは，閉店間際セール直前，もしくはパンの焼きあがり時間直前になると訪れ，割引されている食品，もしくは焼きあがったパンを購入する。購入が終わった後は，次の日の閉店間際セール，もしくは次のお目当てのパンの焼きあがり予定時間まで，訪れない。

変動時隔スケジュール（Variable Interval：VI スケジュール）は，強化された後に次の強化子が得られるまでの時間間隔が強化子ごとに変動するものである。例えば，VI30 秒では時間間隔が 5 秒の時もあれば 55 秒の時もあり，平均すると 30 秒になるといった具合である。変動時隔スケジュールの典型的な累積反応記録では，一本の直線に近い傾斜となる。反応の頻度は安定しており，変動比率スケジュールと比べると反応率はやや低く，反応率が上がっても強化率を上げるのにはあまり役に立たない。その理由として，変動比率スケジュールの場合，自身の反応の頻度を上げれば上げるほど，強化子を得る確率が高くなるのに対して，変動時隔スケジュールの場合，自身の反応の頻度と強化子を得る確率の間に何の関連もみられないからだと考えられる。変動時隔スケジュールの例としては，待っている郵便通知を確認するために郵便受けに見に行く行動や，釣りの最中に魚がかかっているかどうかを確認する行動があげられる。また消費者行動の視点からだと，1 週間に 1 回，いずれかの日で卵が安いとなっているスーパーマーケットに立ち寄る頻度を考えると，その行動頻度が理解しやすいかもしれない。

> ### ケース CASE ファッション誌の売り上げアップ戦略
>
> あるファッション誌（月刊誌）が売り上げダウンにより廃刊の危機に瀕している。どのように盛り返そうか，企画会議が行われた。以下 2 つの案について，どのような学習理論が使われていると考えられるのか？　案を実行すると，どのような結果が得られると予想されるか？
>
> 案①
> 今，読者層に人気の高いタレントを看板モデルとして雇い，今後 1 年間，彼女が表紙を飾る。
>
> 案②
> 毎月の付録は小さいが，3 ヵ月分のスタンプを集めると大きな付録と交換できるというシステムを適用する。

練習問題

1. ゲゼル（Geseell, A.：1880 〜 1961 年）が行った双生児実験について述べ，その結果から彼が出した結論について「レディネス」という言葉を用いて説明しなさい。
2. シュテルン（Stern, W.：1871 〜 1938 年）とジェンセン（Jensen, A. R.：1923 〜 2012 年）による，発達における遺伝要因と環境要因の影響について違いがわかる形で説明しなさい。
3. 動画 CM の効果について古典的条件づけの視点から述べなさい。
4. オペラント条件づけについて，「正と負」「強化と弱化」の 2 つの軸で計 4 種類を説明しなさい。
5. 強化スケジュールの中で，一番強化づけが顕著に行われやすい強化スケジュールをその名とともに説明し，例をあげなさい。

参考文献

安藤寿康（2016）.『日本人の 9 割が知らない遺伝の真実』. SB 新書 .

安藤寿康（2000）.『心はどのように遺伝するか—双生児が語る新しい遺伝観』. 講談社ブルーバックス .

Bandura, A.（1965）. Influence of models' reinforcement contingencies on the acquisition of imitative responses. *Journal of personality and social psychology*, *1*(6), 589.

Dixon, M. A., & Chartier, K. G.（2016）. Alcohol Use Patterns Among Urban and Rural Residents:

Demographic and Social Influences. *Alcohol Research*, *38*, 69-77.

García, J., & Koelling, R. A. (1966). Relation of Cue to Consequence in Avoiding Learning. *Psychonomic Science*, *4*, 123-124.

Hambrick, D. Z., & Tucker-Drob, E. M. (2015). The genetics of music accomplishment: Evidence for gene-environment correlation and interaction. *Psychonomic Bulletin & Review*, *22*, 112-120.

Myers, D. G., & DeWall, C. N. (2019). *Psychology in Everyday Life, Worth*; 5th ed.

Reed, J., McCarthy, J. M., Ltif, N., & DeJonglh, J. (2002). The role of stimuli in a virtual shopping environment: A test of predictions derived from conditiong models of marketing firm. *Journal of Economic Psychology*, *23*, 449-468.

Spetch, M. L., Wilkie, D. M., & Pinel, J. P. J. (1981). Backward conditioning: A reevaluation of the empirical evidence. *Psychological Bulletin*, *89*, 163-175.

（杉森絵里子）

第4章

消費者の記憶

4.1 記憶のモデル

　ある商品を売り出したい時，何らかの広告を出すのはよく使われる手法である。テレビコマーシャル，インターネット上の動画コマーシャルやバナー広告，雑誌や新聞の広告や街中の看板，ポスター，電車の中吊り広告……。さまざまな手段があるが，その目的は何だろう。商品の存在を知ってもらうこと，商品や会社の印象をよくすること，などもあるだろうが，「商品のことを覚えてもらうこと」も大きな目的ではないだろうか。ある商品の存在を知って，「いいな」と思ってもらっても，購入の機会が訪れる時までに忘れられてしまっては意味がない。「こんな商品があった」ということは覚えてもらっていても，いざ買おうと思ったら商品名を覚えていない，ということになると，競合他社の別商品を購入されてしまうかもしれない。2つの対象があり，1つの対象については聞き覚え，見覚えがある一方，もう1つの対象については記憶にない場合，人は記憶にある対象の方が価値が高いと考えることがある（Goldstein & Gigerenzer, 2002）。つまり，商品名や社名を覚えてもらっているだけで，聞き覚えのない名称や社名の商品よりも購入してもらえる可能性が高まることは十分に期待できる。

　このように考えると，消費者に自社名や自社の商品名を記憶してもらうということは非常に重要であると言えるだろう。そこで本章では，人の記憶のしくみについて理解していく。

第 4 章　消費者の記憶　|　65

4.1.1　記憶のプロセス

　今，新しい清涼飲料水を売り出すことになり，テレビコマーシャルを放映するとする。それを見たある人が，「へぇ，『A』っていう名前の飲み物が新しく発売されるんだ。今度買ってみよう」と考える。この時，多くの人は，これで“記憶する”という作業が完了したと思うかもしれない。しかし，実際は，“記憶する”という行為はこれで終わりではない。

　一度，脳内に『A』という商品名の情報を入れたとしても，次にコンビニに行ってその商品を買おうと思った時に，「あれ，この前 CM で見て買おうと思った飲み物，なんて名前だっけ？」となってしまっては，記憶できているとは言えないだろう。つまり，脳内で情報を記憶し続けなければならないのである。最初に情報が頭の中に入ってきて記憶しようとする，その作業を**記銘**，もしくは**符号化**と呼ぶ。そしてその情報をずっと脳内に保ち続けておくことを**保持**，もしくは**貯蔵**と呼ぶ。そして，コンビニに入った時に，「この前 CM で見て買おうと思っていた飲み物の名前は『A』である」と，脳内に保持されている情報を適切に探し出してくること，このことを**想起**，もしくは**検索**と呼ぶ。

　CM を見た時にその商品に興味がなく，CM にまったく注意を払っていなかった人は，そもそも記銘（符号化）ができていなかったかもしれない。きちんと CM を見て一度は商品名を覚えても，その後忘れてしまって，コンビニに行った時にはその商品名がまったく思い出せない場合は，記銘はしたけれど保持（貯蔵）に失敗したと言える。そして，「あれ，商品名が喉まで出かかっているのに，絶対に覚えているはずなのに，今出てこない…」という状態に陥ってしまった人は，想起（検索）に失敗しているのである。なお，記銘，保持まではできているのに想起ができない場合は，商品名の選択肢を与えられれば，「これだ！」と思い出せるものである。このように，選択肢の中から，記憶したものを選ぶ思い出し方を再認，選択肢がない状況で自分の力で記憶したものを思い出さなければならない思い出し方を再生という。コンビニで，先日 CM で見た新発売の『A』を買おうと思ったがその商品名を思い出せない時，飲料コーナーへ行き，そこに並んでいる商品名を順に見れば「あ，これだ！」

と思い出せる（再生はできないが再認はできる）場合は，記銘，保持まではできているが想起に失敗していたと言える。商品名を見ても，「これだったかなぁ…，いや，これだったかもしれない…」と一向に思い出せない（再認もできない）場合は，保持ができていないのだろう。

このように，"記憶する"という行為は記銘（符号化）→ 保持（貯蔵）→ 想起（検索）の3つのプロセスで成り立っており，このプロセスすべてをクリアできた場合に「記憶できている」と言えるのである。

4.1.2　感覚記憶

前節では記銘（符号化）→ 保持（貯蔵）→ 想起（検索）という記憶のプロセスについて説明したが，この保持（貯蔵）をおこなう場所が脳内に複数あると考えるモデルが，**マルチストア・モデル**（二重貯蔵モデル，もしくは**多重貯蔵モデル**とも言う）と呼ばれるものである（Atkinson & Shiffrin, 1968）。

見たり聞いたりした情報は，まず，感覚登録器に保持され，**感覚記憶**となる。感覚登録器では，目や耳から入った情報のほぼすべてを記憶するが，その保持時間は視覚情報で1秒以下（Sperling, 1960），聴覚情報で5秒程度（Glucksberg, & Cowan, 1970）と非常に短い。見たり聞いたりしたものを一瞬で大量に覚えて，非常に短い時間でほとんど忘れてしまうという記憶が感覚記憶なのである。

この感覚記憶の存在を実験によって示したのがスパーリング（Sperling, G.）である。スパーリングは，実験参加者たちに50ミリ秒（20分の1秒）という非常に短い時間アルファベットを見せ，直後に，何のアルファベットがどの位置にあったかを報告させた。その結果，見せる文字数がどれだけ増えても，報告できたのは4.5文字程度であった。ところが実験参加者たちは，「本当はもっとたくさんのアルファベットが見えていたのに，報告をしているうちに忘れてしまい，見えたアルファベットをすべて報告することができなかった」と訴えたのである。本当にそんな一瞬の間にたくさんの情報を記憶することができるものだろうか？　そして，せっかく覚えた情報をそんな一瞬の間に忘れてしま

第4章 消費者の記憶 | 67

うことがあるのだろうか？　この問題を解決するためにスパーリングがおこなった工夫は，非常に巧妙なものであった。例えば3文字×3列のアルファベットを提示する際に，アルファベットが消えると同時に音を鳴らす。音は，高い音・中程度の高さの音・低い音の3種類で，高い音が聴こえれば一番上の列の3文字を，中程度の音が聴こえれば真ん中の列の3文字を，低い音が聴こえれば一番下の列の3文字だけを報告してもらう。アルファベットが消えてから音が鳴るので，参加者たちは，アルファベットを見ている時には，どの列を報告しなければいけないかはわからない。どの列への回答を求められても答えられるようにするためには，すべてのアルファベットを見て覚えておくしかないのである。

　この実験の結果，9文字見て3文字報告する場合，正答率はほぼ100%であった。つまり，50ミリ秒の間に9文字のアルファベットがすべて見えていたことになる。すべてのアルファベットを報告しなければならない時は，9文字のアルファベットすべてが見えていたのに，4〜5文字程度報告している間に，残りのアルファベットを忘れてしまったのだろう。このスパーリングの実験により，見えたものをほとんど瞬時に記憶し瞬時に忘れるという感覚記憶の存在が明らかになった。

4.1.3　短期記憶

　感覚記憶となった情報のうち，ほとんどが瞬時に忘れられるのであるが，意識を向けた（選択的注意を向けた）情報だけが，忘れられることなく短期貯蔵庫へと転送され，**短期記憶**となる。

　短期記憶はその名の通り短期間しか保持されることがなく，その期間は数十秒である（Peterson & Peterson, 1959）。見聞きした情報のほとんどを記憶する感覚記憶とは違って，短期記憶には容量があり，それは7±2といわれている（Miller, 1956）。電話番号や携帯番号を見て覚えて電話をかける時，なんとか覚えられるがこれ以上桁が増えると難しいと感じた経験がある人もいるだろう。7桁，8桁という電話番号や郵便番号くらいの情報量が，私たちの短期記憶の

容量なのである。だが，短期記憶の容量は，7 ± 2 "桁" ではなく，7 ± 2 **"チャンク"** という単位で言い表される。例えば「8773162379」という 10 桁の数字を覚えるとする。これを数字 1 つずつ覚えようと思うと，短期記憶の容量を超えてしまい，覚えるのはなかなか難しい。そこで，「87 ＝ 花」「73 ＝ 波」「16 ＝ 色」「23 ＝ 兄さん」「79 ＝ 泣く」という言葉に置き換えて，「花，波，色，兄さん，泣く」とするとどうだろうか。10 個の数字を 1 つずつ覚えるよりもずっと覚えやすくなるだろう。チャンクというのは，"意味のあるまとまり" という意味で，ここでの「87 ＝ 花」というのが 1 つのチャンクである。つまり，10 チャンクの数字を 2 つずつまとめてチャンクを作り，5 チャンクに減らして覚えやすくしているのである。さらに，「花（87）と波（73）の色（16）が美しくて兄さん（23）は泣く（79）」という 1 つのストーリーにすれば，1 チャンクということになり，さらに短期記憶の少ない負担で記憶することができるだろう。よく看板やコマーシャル等で，電話番号を語呂合わせしているものを見かけるが，これは電話番号をチャンク化することで短期記憶の負担を減らし，覚えやすくする工夫であると言える。

　現在では，短期記憶は**ワーキングメモリ**（作業記憶とも言う）という概念に置き換えられている（Baddeley, 2007）。私たちはテレビコマーシャルを見る時に，その内容を暗記しようと集中しているわけではない。何か別のことを考えながら見ていることもあるだろうし，人と会話しながら見ていることもあるだろう。料理をしながら，メールチェックをしながら，片手間に見ていることもあるかもしれない。例えば料理をしながら清涼飲料水『A』のテレビコマーシャルを視聴している時は，「へぇ，『A』っていう清涼飲料水が出るんだ。今度買ってみよう」と『A』の名前を記憶しつつも，料理の手順を考えたり，包丁で指を切らないように気をつけたり，火加減に気を配ったりしているのである。このように，私たちは日常生活の中で，一時的に何かを覚えておくと同時に別の知的作業もおこなっている。そこで，ただ一時的に情報を保持するだけの短期記憶という考え方から，情報を保持しつつ別のこともおこなうワーキングメモリという考え方へと変わってきたのである。先ほど短期記憶の容量は 7

±2チャンクであると説明したが，それは頭（ワーキングメモリ）を記憶することだけに使った場合であり，何か別の知的作業をしながら記憶する場合は，もちろん7±2チャンクよりも少量の情報しか記憶することができない。宣伝をする時，自社やその商品について消費者に伝えたいこと，覚えてもらいたいことはたくさんあるだろうが，短期記憶，ワーキングメモリの容量を考えると，そんなに多くの情報を一度に記憶することは不可能である。情報を絞ったり，チャンク化をするなどの工夫が必要だろう。

4. 1. 4　長期記憶

　短期貯蔵庫から長期貯蔵庫へ転送された情報は，**長期記憶**となる。これまでの感覚記憶・短期記憶と異なり，長期記憶はその容量も保持期間も無限である。保持期間が無限というのは，一度長期記憶になった情報はすべて一生忘れないということではない。一度長期記憶となっても忘れてしまうことはあるが，感覚記憶や短期記憶のように決まった期限があるわけではなく，一生覚え続けておくことも可能，という意味である。また，容量が無限と言うと信じられない人もいるかもしれないが，脳に損傷がある人は別にして，いまだかつて，脳の容量がいっぱいになってもうこれ以上何一つ覚えられないという状態に陥ってしまった人はいない。何ヵ国語をも理解して操り，たくさんの知識を持った博学な人であっても，まだまだ新しい知識を頭に入れることができるのである。

　それでは，短期記憶はどうすれば長期貯蔵庫に転送されて長期記憶となるのだろうか。クレイク（Craik, F. I. M.）とタルヴィング（Tulving, E.）は，実験参加者に英単語を短時間見せ，その時に3種類の課題をおこなってもらった（Craik & Tulving, 1975）。1つは，「出てくる単語は大文字で書かれているか？」を判断してもらう形態条件，2つ目は，「○○という語と韻を踏んでいるか？」を判断してもらう音韻条件，3つ目は，「・・・という文章の空欄に当てはまるか？」を判断してもらう意味条件である。課題後，見た単語を覚えているかテストしたところ，意味条件でもっとも成績がよく，形態条件の成績がもっと

も悪いという結果であった。単語を見て「大文字か小文字か」を判断する程度であれば，わざわざその単語が何と書いてあるのかを読まなくても，見ただけで判断できるだろう。一方，「韻を踏んでいるか」を判断しなければならない場合は，必ず書かれている語を読む必要がある。そして，「文章の空欄に当てはまるか」を判断する場合は，その語を読んだ上で，意味まで考えなければならない。このように，頭の中でおこなった作業の程度（これを**処理水準**と言う）が異なると，記憶への残り方も異なるのである。

　つまり，処理水準が深いほど，記憶に残りやすいことになる。情報を頭の中で何度もくり返すことを**リハーサル**と言い，このリハーサルをおこなうことで記憶に残りやすくなることが知られている。日常生活の中で，忘れたくないことを頭の中で何度かくり返し唱えたり，実際に口に出して何度か唱えたりした経験のある人も多いだろう。これがリハーサルである。例えば商品名や社名を覚えたい時，処理水準の浅いまま，ただ単純にその名前だけを無機質にくり返すやり方を**維持リハーサル**と言う。維持リハーサルをおこなっている間は，情報は短期記憶内にとどまることができる。テレビコマーシャルを見て清涼飲料水『A』を購入したいと思った人が，そのまますぐにコンビニへ向かい，その道中ずっと頭の中で「A，A，A…」と唱えていれば，購入するまで商品名を忘れることはないだろう。また，このような単純な維持リハーサルをくり返すだけでも，情報は長期貯蔵庫に送られやすくなる。商品名や社名をコマーシャル内で何度もくり返せば，その分，視聴者に記憶される確率は高くなるし，そのコマーシャルを何度も流せばさらに確率は上がるのである。さらに，リハーサルの際に処理水準を深くする**精緻化リハーサル**をおこなえば，より少ない回数のリハーサルでも記憶に残りやすくなる。商品名とその内容や意味，イメージなどが関連づけられるように工夫したコマーシャルを作成すれば，精緻化リハーサルにつながり，記憶に残りやすくなると考えられる。

第4章 消費者の記憶 | 71

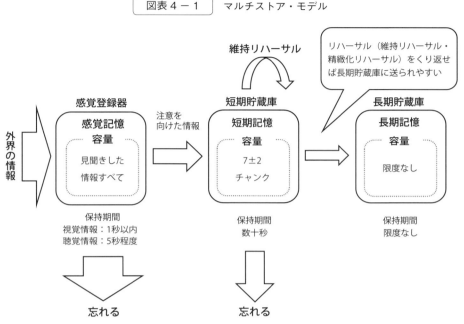

図表4-1　マルチストア・モデル

（出所）Atkinson & Shiffrin (1968) 等をもとに著者作成。

4.1.5　マルチストア・モデル

　感覚記憶から長期記憶までのプロセスをまとめると，図表4-1のようになる。

　清涼飲料水『A』のテレビコマーシャルを視聴する時，そこにはさまざまな情報が含まれているだろう。商品名が映像，画像だけでなく音声でも提示されたり，商品の説明情報やキャッチコピー，出演するタレント・モデルや俳優が『A』を飲んでいる様子，その時の表情，セリフ，ストーリー仕立てのコマーシャルであればそのストーリーなど，非常に多くの情報がコマーシャルの中には存在する。その中で，視聴者が選択的注意を向けた情報だけが，短期記憶となる。注意を向けなかった情報は感覚記憶にはなるが，すぐに忘れられてしまう。もしもコマーシャルを見ながら考え事などをしていれば，コマーシャルが

目に映ってはいたけれど何も記憶に残らないということもあるかもしれない。まずは，記憶してもらいたい情報に注意を向けてもらう工夫が必要である。

　注意を向けられた情報は短期記憶になるが，そのままでは数十秒で忘れられてしまう。情報を長期記憶として定着させるためには，何度もくり返し情報に触れてもらう必要がある。テレビコマーシャルを何度も放映するほか，テレビコマーシャルだけでなく，街中の広告や電車の中吊り広告，インターネット上での広告なども併せて展開し，目に触れる機会を増やす工夫も効果があるだろう。また，処理水準を深くする精緻化リハーサルがおこなわれれば，情報に触れる回数が少なくても長期記憶として定着しやすくなるため，コマーシャルを見ながら視聴者が何か考えさせられたり，深い理解につながるような工夫がほどこされているとよいだろう。

4.2　長期記憶の種類

　脳内に限度なく保持することのできる長期記憶は，いくつかの種類にわけることができる（Squire, 2004）。まず，大きく**宣言的記憶**と**非宣言的記憶**に分けられる。宣言的記憶とは言葉で言い表すことのできる記憶であり，非宣言的記憶とは言葉では言い表すことのできない記憶のことである。

　宣言的記憶は，さらに**意味記憶**と**エピソード記憶**に分類される。意味記憶とは，いわゆる知識のことで，例えば「スポーツ飲料は，体液に近いイオンバランスなので，汗をかいた時などに飲むのに適している」，「スポーツ飲料の中で，アクエリアスはコカ・コーラ社の製品である」といったものである。もちろん，「平安京遷都は794年の出来事である」，「三角形の内角の和は180度である」といった学校で習うような知識も意味記憶であるし，「この道具の名前ははさみである」，「この色を水色と呼ぶ」といった，日常生活の中で身につける知識もまた意味記憶である。

　エピソード記憶とは，過去に起こった出来事についての記憶である。「小学生の時に盲腸を患って入院した」，「昨日，仕事帰りにコンビニに寄り，ビール

を買おうと思ったが高かったので発泡酒で我慢した」などのように，子どもの頃の思い出から昨日の出来事まで，私たちの頭の中にはたくさんのエピソード記憶が保持されている。ちなみに，意味記憶はエピソード記憶から形成される。知識には，それを初めて知った時のエピソードがあるはずである。例えば「アクエリアスはコカ・コーラ社の製品である」という知識も，それをはじめて知った時に，「近所の自動販売機にスポーツ飲料を買いに行ったら，その自動販売機がコカ・コーラ社のもので，アクエリアスが売っていたので，アクエリアスはコカ・コーラ社の製品なんだなと知った」という出来事があったかもしれない。そのようなエピソード記憶から，「アクエリアスはコカ・コーラ社の製品である」という意味記憶が生まれるのである（そして具体的なエピソードの記憶は失われることも多い）。

　言葉で言い表すことのできない非宣言的記憶には，**手続き的記憶**というものがある。これは例えば，「プルタブ式の缶ジュースの開け方」などの身体の動かし方についての記憶を指す。プルタブ式の缶ジュースを開ける時，タブに親指をかけるのか人差し指をかけるのかそれとも別の指をかけるのか，具体的に，指のどの部分にタブを引っかけるのか，どのくらいの力をかけてどの方向にタブを引っ張るのか，それぞれの人にそれぞれのやり方，コツのようなものがあるだろう。子どもの頃は試行錯誤したかもしれないが，今はもう身についていて，特に開け方について頭で考えなくても，別のことを考えながらでも自動的に身体が動いて，プルタブを開けることができるに違いない。そして，自動的に身体が動くようになった今となっては，プルタブ式缶の開け方のコツを言葉で表現するのは難しいだろう。このような記憶のことを手続き的記憶という。

　また，記憶というと過去のことを覚えておくものというイメージが強いかもしれないが，私たちの頭の中には，「今度買い物に行った時に○○を買わなければいけない」などといった未来におこなうべき行為を覚えておく記憶もある。これを，**展望的記憶**という。この展望的記憶の通りに行為を遂行できなかった，という経験をしたことのある人も多いだろう。友人に会ったら伝えよ

うと思っていたことがあったのに，その時になったらすっかり忘れてしまった，洗剤が切れているから買わなければと思っていたのに，スーパーで他の物を買っているうちに忘れてしまった…。こんなことは，私たちの日常生活の中で頻繁に起こっている。展望的記憶の難しさは4.1.1で説明した記憶のプロセスの中の「想起（検索）」の難しさにある。「今度買い物に行ったら○○を買おう」と考えた時，次に買い物に行くまでの間そのことをずっと意識して考え続けるわけにはいかない。「○○を買おう」という意図は，一度意識しなくなるのである（とはいえ，もちろん忘れ去ってしまったわけではなく，長期記憶として脳の中に保持はされている）。そして，次に買い物に行ったその時に，タイミングよく自発的に思い出さなければいけないわけだが，この「タイミングよく」「自発的に」ということが難しいのである。季節ものの商品など，多くの人が「買おう」と考えているであろう商品は，店内の目立つところに配置したり，POP等で目立たせるなど，想起のきっかけを作る工夫が有効であると言える。

4.3　知識構造

4.3.1　消費者の知識構造

　帰宅する途中，今日は夕飯を買って帰るか食べて帰るかしなければならないことに気づいたとする。ここから家までには，大手コンビニS，大手弁当チェーン店H，大手牛丼チェーン店Y，大手ファミリーレストランGがある。あなたならどの店に立ち寄るであろうか。おそらく多くの人が，それぞれの企業について売られている商品の味や値段，量，種類の多さ，ひいては満足できるかどうかを考えたうえで決定を下したと思われる。これは一見すると些細に思われるかもしれない。しかし，実はある重要な特徴を示している。それは，消費者の「今日は○○で弁当を買おう」などの決定は，その消費者が「○○の弁当は全体的に味が良い」「値段は××円ぐらいになる」「家で弁当を食べれば独り静かな時間が得られる」などの知識を持っているからこそ下せるものであり，そのために，消費者の判断はその人が持つ知識に強く影響されうるという

ことである（Alba, Hutchinson, & Lynch Jr., 1991）。

　これらの知識は，商品や企業という事物の意味についての記憶となるため，意味記憶に該当する。これまでの研究から意味記憶は，「果物ジュースとはミカンなどの果汁飲料で，紙パックやペットボトルのものは250mlから400ml前後で200円未満が多い」などのように知識が体系的に貯蔵されていること，それが対象の理解や予測などを促すこと（スキーマ，スクリプト），「果物ジュースはミカンやリンゴが典型的で，パパイヤやメロンは珍しい」などのように典型性を軸に事例が記憶されていること（カテゴリー），「果物ジュース－果物－健康」などのように概念どうしが結びついていること（意味ネットワーク）などが想定されている。本節ではこれらの知見をもとに，企業や商品などに関する知識が消費者の中でどのように蓄えられ，そして消費者の判断にどのような影響を及ぼすと考えられるのかを説明する。

4.3.2　スキーマ

　心理学の研究では，私たちの記憶の中には**スキーマ**と呼ぶべきものがあると想定されている（Bartlett, 1932）。スキーマとは辞書的に定義すると，"知識に導かれて進行する能動的でトップダウンな過程"で効果を発揮するような，"抽象的で一般化された知識のかたまり"となる（三宅，1999）。この意味をより理解するために，以下の文章（Bransford & Johnson, 1972より一部抜粋，訳）を読んでほしい。

　手続きは簡単だ。まず，モノをいくつかの山に分ける。モノの量が少ない場合はこの作業は不要だが，その量が多い場合はこれが重要になる。一度に多くをやり過ぎると効率は落ちるのである。家に機械があれば楽だが，そうでない場合には外に出かけることになる。作業が終われば機械からモノを取り出してぶら下げる必要がある。頃合いを見てモノは適当な場所にしまわれる。

　おそらく一文一文はわかっても，それらが何を指しているのかはわからなかったはずだ。では，「上記の文章は洗濯について述べたもの」と知らされれ

ばどうであろうか。今度はそれぞれの文の意味が良くわかったはずだ。

　この読みやすさの向上は，私たちの意味記憶の中に「洗濯する際には何をどのような順番で行い，それらは何のためなのか」という抽象的で体系的な知識があるためと想定されている。このような知識がスキーマである。スキーマは，個人がそれまでの経験から培った知識，洗濯であれば「洗剤を溶かした水を機械で撹拌させる」「撹拌させた水の中に衣類を入れることで衣類の汚れを落とす」「洗剤を溶かした水を使うため，きれいな水ですすぐ必要がある」などから構成されている。そして「洗濯に関する文章」と知らされることで，その知識が利用可能になる。結果，提示された情報を「洗濯」に結び付けて記憶・解釈したり，次に来るべき情報を予測したりすることが可能になる。これが，「洗濯について述べた文章」と知らされることで読みやすさが向上した理由と説明される。また，スキーマには対象を理解する際に欠落している情報を自動的に補う作用もある。例えば，現在の標準的な洗濯では水と洗剤を入れるが，上記の文章では水や洗剤への言及はない。それでも「洗濯に関する文章」と聞かされれば，水や洗剤の情報をいつの間にか補い，問題なく文章全体を理解できる。このようにスキーマと呼ぶべき体系的知識があるおかげで，情報を処理する際の羅針盤が得られ，処理に伴う負荷が低減されると言われている（Anderson, 1994）。

　また，スキーマは記憶の形成にも関与すると言われる。いま，20代または70代の参加者のそれぞれに，220円または880円という値札のついた1ℓのパック牛乳の写真といった価格－商品の対を多数見せ，覚えてもらうとする。220円は相場（2023年12月現在）の価格で既有知識に合うもの，880円はその4倍の価格で既有知識に合わないものとなる。その後，1ℓのパック牛乳（商品）の写真を見せ，それに付いていた価格を思い出してもらうとする。では，価格が220円の時と880円の時ではどちらが価格を正確に思い出せるであろうか。一見すると，牛乳1ℓに880円は高いため，880円と表記されていたほうが正確に想起できるように思われる。確かに，既有知識に反する情報はその予測困難性から学習されやすいことが指摘されているが（Van Kesteren, Ruiter,

Fernández & Henson, 2012)，この実験では，相場に合致した 220 円のほうが正確に想起され，特にそれは 70 代で顕著であった。この結果は，消費者が自身の「1ℓのパック牛乳は 220 円程度」という既有知識（スキーマ）に合わせて情報を覚えたことで生じたと考えられており，記憶形成における既有知識の重要性を示唆している（Castel, 2005）。

消費者行動の研究ではこのようなスキーマについて，複数の種類がこれまで提案されてきた。具体的には，商品カテゴリースキーマ，ブランドスキーマ，広告スキーマなどである（Halkias, 2015）。これらはそれぞれ順に，「コーラはソフトドリンクの一種であり，ソフトドリンクは飲料の一つである」などの商品カテゴリーの上位／下位関係に関する知識，「MacBook は macOS で走り，リンゴを模したブランドロゴがあり，革新性を示す」などの特定のブランドに関する知識，「自動車メーカー A の広告では挑戦がテーマになることが多い」などの特定ブランドの広告に関する知識から構成され，それぞれが消費者の商品評価や購買意向に影響を与えることが報告されている。

商品カテゴリースキーマについては，現行の商品知識（スキーマ）と新商品とのズレの重要性が言われている（Meyers-Levy & Tybout, 1989）。実験では，説明文として「大手食品会社の調査の一環で，【炭酸飲料】の新商品を評価することが求められている。当該商品はアルコールを含んでおらず，ほのかに甘い味で，冷やすと最高においしくなる。炭酸と刺激感が味覚を刺激する。『保存料が多く入っている』ため，冷蔵庫で新鮮に保つことができる。」といった文が提示された。炭酸飲料には保存料が入っていても不思議ではないが，説明文ではこのようにして『　』内に記された新商品の特徴と【　】内に記された商品カテゴリースキーマとのズレが操作された（括弧自体は実験では記されていない）。具体的には，新商品の特徴とスキーマが合致する場合として「炭酸飲料＋保存料が多く入っている」「フルーツジュース＋すべて天然成分である」，両者がやや合致しない場合として「炭酸飲料＋すべて天然成分である」「フルーツジュース＋保存料が多く入っている」で，参加者にはそのいずれかが提示された。その後，全員が同じ新商品を試飲し，美味しさや満足度などの観点から

商品評価を行うように求められた。一見すると，ある情報が自身のスキーマと合致していれば違和感なくそれを受け入れることができるため，スキーマと合致する形で説明されたほうが新商品は肯定的に評価されるように思える。だが実際には，「フルーツジュース＋保存料が多い」など，商品カテゴリースキーマとやや合致しない情報，つまりスキーマから中程度にずれた情報をもとに説明されたほうが，商品は肯定的に評価された。同様の結果はブランドスキーマや広告スキーマからも得られており，例えばブランドイメージと少しずれる有名人が商品広告に使われると，広告やブランドへの評価や購買意向が向上することが報告されている（Harmon-Kizer, 2014）。

　では，なぜスキーマとの中程度のズレが肯定的評価につながるのであろうか。私たちは，「フルーツジュースとはかくなるもの」という体系的な知識を持っている。この知識と完全に整合する情報は既有知識で対処できるため，認知的な不和や混乱を引き起こさず，それが肯定的な評価につながる。ただそれは想定の範囲内でもあるため，何か新たな情報が得られるものでもない。一方でスキーマと少しずれる情報は，「フルーツジュースの保存料，，，通常とは違う新たな保存料ということ ??」など，両者のズレを解消すべく頭を働かせることになったり，それで新たな情報が得られたりする。このようにスキーマとのズレが一種のパズルとして働くために，スキーマと中程度にずれた情報が高く評価されると考えられている（Mandler, 1982）。

　以上は，「新たに入力される情報（例：新商品の説明文）を既存のスキーマをもとに処理する」という視点であった。だが，スキーマは経験を通じて獲得される体系的知識であるため，入力情報に合わせてスキーマ側が変化することもある（Piaget, 1950）。例えば現在の洗濯スキーマには，「洗濯した衣類は濡れているため，洗濯機から出して干す必要がある」といった知識が含まれると考えられる。しかし洗濯機の乾燥機能が広く利用され，自宅でも乾燥まで終えてから衣類を取り出すことが当然になれば，洗濯スキーマからは当該知識が消失すると同時に，「洗濯終了直後の衣類は温かい」「洗濯では電気代がかさむ」などの知識が新たに加わると思われる。これは，乾燥機能という情報・経験に合わ

せて既存の知識が変化したことを意味している。

　このようなスキーマの経験依存性は，熟達による処理の違いにもつながる。大学入学とともに初めて自分でパソコンを買う者は少なくないが，パソコンを扱っている企業は多数あり，それぞれが複数の商品を展開している。新入生はそれらの中から，自身がパソコンを使う場面と目的，CPU や RAM，SDD，グラフィック，サイズ，重さ，ワープロなどのソフトといったスペック，そして値段を総合して考え，満足できるものを選ぶことになる。しかしこれらの事項のいくつかは「スペックが上がれば値段は上がる」というトレードオフの関係にあるため，新入生にとってパソコン選びは少々認知的な負担が大きい。また，そもそも新入生は「自身の利用場面・目的に鑑みた場合，不可欠な機能は何か」「それらの機能として最低限どれほどのスペックが必要か」「どの企業のどの機種がそれに見合うか」「その機種の値段はそのスペックに見合うか」などを把握していない。つまり，商品情報を処理するための知識（スキーマ）が充分ではない。結果，商品のスペック情報だけを伝えられても，それがもたらす便益を推測できないために商品の良さを認識しにくかったり（Maheswaran & Sternthal, 1990），「有名企業のパソコンや大学推奨のもの，最新のもの，売れ筋のものをとりあえず買う」など，認知的負担の小さい判断，すなわちヒューリスティック性の強い判断になりやすかったりする（Chaiken & Ledgerwood, 2012）。これに対してパソコン販売員は上記の情報を熟知しており，商品情報を処理するための体系的な知識（スキーマ）を獲得している。結果，パソコン選びにかかる認知的負担も小さいため，「その目的とその予算であればこれくらいのスペックが穏当になるので，この機種が良いのではないか」などの系統的な判断になりやすい（Chaiken & Ledgerwood, 2012）。このように対象について熟知・熟達すること，対象に関するスキーマを獲得することで，下される判断の内容だけでなく判断の下され方まで変わりうるとされている。

　ただしスキーマは，情報処理を促進させるが故に，時として記憶の変容を引き起こす（Bartlett, 1932）。例えば，先ほどの洗濯に関する文章を思い出す作業を繰り返したとすると，「頃合いを見てモノは適当な場所にしまわれる」とい

う文がいつの間にか「頃合いを見てモノは適当な場所にしまわれ，また使われる」などの文として思い出されるようになりうる。つまり，私たちは洗濯されて乾燥された衣類は再度着用されることを知っており，スキーマにもこの内容が含まれている。そのようなスキーマをもとに情報を処理した結果，文章の記憶側がスキーマに整合するように変化することがある。

4.3.3 スクリプト

　以上のように，対象に関する体系的な知識（スキーマ）があることで，その対象に関する記憶，理解，評価などが促される。このようなスキーマと近い概念に，**スクリプト**がある。例えば世の中には多数のレストランがあるが，私たちはそこでどのように行動するのかを知っている。すなわち，まず店のドアを開け，店員に何名での利用であるか，予約客か否かなどを告げた後，席に案内され，必要に応じてメニューを渡され，メニューをもとに注文するものを決め，店員を呼び，注文を告げ，しばし待ち，料理が届けられ，それらを食し，店員を呼ぶなりして会計を行い，店を出るなどである。スクリプトとは，このような特定の状況（特に日常場面）を構成する出来事や行動の系列に関する知識であり，類似の状況でどう行動すれば良いかという指針となる知識である（Schank & Abelson, 1977）。私たちは初めて行くレストランでもある程度戸惑わずに食事をすることができるが，その理由は，私たちがレストランのスクリプトを持っており，それを適用できたためと考えることができる。スクリプトは，スキーマと共通する部分も多く同義に扱われることも少なくないが（Abelson, 1981; Fiske & Linville, 1980），出来事や行動の系列性，すなわちどのような順番でどのような出来事や行動が生起するのかに特に焦点があてられる。

　スクリプトもまた「売る」という営みに関係しうる。実際の保険外交員を参加者として行われた研究（Leong et al., 1989）では，保険加入を検討している顧客の自宅を訪れて営業を行うという設定で，典型場面と非典型場面が用意された。典型場面は，顧客は既婚者で子持ち，健康体で保険に加入済みなど，保険の営業でよく遭遇する場面であった。一方の非典型場面は，顧客は独身で持病

があり，保険に未加入など，保険の営業であまりない場面であった。参加者の保険外交員は，これらの場面で顧客に保険への加入を検討してもらう場合に，生じるであろう出来事と自身と顧客が取るであろう行動を順に述べるように，すなわち各場面のスクリプトを答えるように求められた。その結果，営業成績が上位の者は，あげられた行動や出来事の数，典型場面と非典型場面のそれぞれに特有なものとしてあげられた行動や出来事の数，「こういう時にはこうする」といった条件性の行動などのすべての基準で，成績下位者を上回った。この結果は，成績上位者は典型場面／非典型場面のそれぞれに特有のスクリプトが豊富であること，そしてそのような豊富なスクリプトにより営業時に採るべき行動がわかり，さまざまな営業場面に対処できるようになった結果，成績が上位になっている可能性を示唆している（Leong et al., 1989）。（ただし，成績上位者は営業回数も多かったため，例えば「営業回数が多いために成績が上がり，知識も豊富になった」などの可能性もある。）

4.3.4　カテゴリー

　世の中には数多くの事物がある。パン屋に行けば，食パンやフランスパン，ロールパンなどから，アンパンやメロンパンといった甘味としての性質が強いパン，カレーパンやピザトーストといった惣菜色が強いパンなど，多種多様なパンが並んでいる。これらはすべて異なるものであるが，私たちはそれらを1つ1つ異なるものとして常に処理しているわけではない。そのような処理をしていれば，私たちの処理容量はすぐに限界を迎える。では，数多ある事物をどのように認識しているのか。それは，細分化する必要がない限り，「パン」のように，似た特徴を持つものたちを1つのグループ，カテゴリーとしてまとめ，それ以外のものと区別することである。このようにある程度似ている事物を一まとめにすることで，ヒトの情報処理能力をはるかに上回る数の事物にもうまく対処しているとされる（Rosch, 1978）。

　ただし，アンパンとウグイスパンのように，区分されるカテゴリーが同じ事例であっても，私たちの知識の中での位置づけまで同じとは限らない。いま，

さまざまなパンについてそれぞれの「パンらしさ」を評定したとする。すると，食パンやロールパンのように多くの人から「パンらしいパン」と評定され，かつお菓子などの他のカテゴリーに属するとは判断されにくいような事例がある一方で，ベーグルやイングリッシュマフィンのようにパンとしての典型性が相対的に低く評定されるもの，さらにはラスクのようにパンとしての典型性が低いばかりかお菓子とも評定されうる事例などが出てくる（Rosch & Mervis, 1975）。このように同じ「パン」に区分されうるものであっても，パンらしいパンとして認識されるものからそうではないものまで幅広く存在している。そして実は，パンらしいパン，つまりカテゴリーの典型性が高いと評定される事例ほど，当該カテゴリーの成員として高い頻度で想起される，当該カテゴリーの成員としてすぐに判断できる，当該カテゴリーの成員として速く学習される，美的に高く評価されるなど，**典型性効果**と呼ばれる優位性が生じる（Rosch, Simpson, & Miller, 1976; Veryzer Jr & Hutchinson, 1998）。例えばパンとしての典型性の高い食パンなどは，「パンと言えば何？」という質問で真っ先にあげられたり，「食パンはパンの一つ？ Yes だ！」と素早く判断されたりするということである。

　典型性効果は，カテゴリーの知識構造を次のように想定するとうまく説明することができる（Dunsmoor & Murphy, 2015）[1]。人は日々の経験から何がパンに区分されうるかを学ぶが，その経験を通じてパンの典型的な姿の表象が意味記憶に形成・貯蔵される。その表象は，当該カテゴリー全体で広く共有されている特徴の集合体，例えばパンであれば「食べられる」「小麦粉を使う」「酵母で発酵させる」「焼く」「外は薄茶色，中は白い」「ふわふわした質感」「丸みを帯びた形状」などの特徴から構成された抽象的な表象（**プロトタイプ**）でもありうるし，プロトタイプが具体化された個別の事例，例えば食パンの表象（**エグゼンプラー**）でもありうる（Elio & Anderson, 1981; Medin et al., 1984）。いずれにしてもこのような当該カテゴリーで最も典型的，あるいは当該カテゴリーを最も代表する表象がカテゴリーのいわば中心部にくる。一方で，フランスパンなどの典型性がやや低い事例たちはその少し外側に，ベーグルなどの典型性がさ

らに低い事例たちはさらにその外側に配置・貯蔵されることになる。つまりカテゴリーの知識は，カテゴリーの中心部に向かうほど当該カテゴリーらしさが高まるというように，典型性による勾配を伴う構造をしていると想定できる。そして，当該カテゴリーの事例を覚える際には中心部の表象が一種のテンプレートとして，また当該カテゴリーの事例について判断・評価する際には中心部の表象が判断・評価の基準として作用するために，カテゴリーの典型性が高いほど学習効率や判断速度，評価が高まるといった"偏り"が生じていると考えることができる。

　以上のようなカテゴリー知識の構造およびそこから生じる典型例の優位性は，消費者行動とも深く関わる。消費者行動では，「パン」などの商品カテゴリーから，「日立」などのブランドカテゴリー，「旅先での楽しみ」などの目標関連カテゴリーなど，複数種のカテゴリーが存在している（Loken et al., 2008）。そのため，前述のカテゴリーにおける典型性は消費者行動においても重要になる。例えばお掃除ロボットを買うことを考える場合，真っ先に検討される商品はおそらく「お掃除ロボット」という単語から最初に思い出される企業名や商品名であろう。このように，商品が購入される際には商品カテゴリーなどを手掛かりに購入候補となる商品が想起され，想起された商品について購入するメリットやコストが吟味されやすい（Shocker et al., 1991）。この結果，「お掃除ロボット」などのように新しい商品カテゴリー（下位カテゴリー）を創った企業は，そのカテゴリーを代表する企業，つまりそのカテゴリーの典型的な企業として認識されるようになり，二番手以降の後発参入組よりも想起されやすくなったり肯定的に評価されやすくなったりすると言われている（Carpenter & Nakamoto, 1989; Kardes & Kalyanaram, 1992）。

　典型例の優位性はブランド拡張でも観察される。「ティッシュで定評のある製紙会社がそのブランド力と技術を活かして紙おむつ事業に参入する」など，企業活動では，自社の経営資源を生かして他の商品やサービスを新たに展開する場合がある（**ブランド拡張**）。だが消費者としては，新たに展開されたブランドが購入に足るのか定かではないため，不安を覚えやすい。それでも，例えば

「革新的なテクノロジーとデザイン性を備えたパソコンメーカーが，革新的なテクノロジーとデザインを備えた携帯電話端末を新たに展開する」など，元ブランドの機能（例：高度情報処理）やコンセプト（例：革新性）などが新ブランドに引き継がれていれば，消費者は受け入れやすい（Park et al., 1991）。つまり新ブランド受け入れの鍵は，機能やコンセプトなどの特徴が両ブランドで似ているか否かにあるのである。ここで典型性が関与しうる。例えば「革新的なテクノロジーとデザイン性のほか，セキュリティ性もお値段も高く，独自端子を持つ」など，元ブランドの特徴は多数ある。そしてその中には，元ブランドを定義づける特徴（つまり元ブランドの典型的な特徴）もあれば，そうでないものもある。これらのどの特徴であっても，似ていれば消費者は同じように新ブランドを受け入れるわけではない。元ブランドの典型的・中心的な特徴で似ているほうが，新ブランドの購入に躊躇しにくくなるのである（Mao & Krishnan, 2006; Park, Kim & Kim, 2002）。反対に，非典型的な特徴で似ている場合や典型的な特徴で矛盾している場合（例えば，薬品で汚れを体内から出すことを特徴とする衛生用品企業が，健康を支えるものを体内に入れることを特徴とする食品業界にブランドを展開する場合など）は，成功のハードルが上がると言われる。

　以上のようにカテゴリーの知識とそれをもとに行われる学習や判断・評価においては，カテゴリーの典型性が重要になる。このことは，パンカテゴリーにおけるベーグルやナンのように典型性の低い事例にとっては，想起されにくかったり高い評価を受けにくかったりするなど，逆風のようにも感じられる。一方で，どれがカテゴリーの典型例となるかは文脈によって変わりうるなど，カテゴリーの知識には一定の柔軟性があることも知られている。例えば「パン」「果物」などは分類学的カテゴリーと呼ばれるが，この他にも「マフィアから逃れる方法」といった特定の目的に関するカテゴリー（Barsalou, 1983）や，「朝食に食べるもの」などのスクリプトカテゴリー（Ross & Murphy, 1999）など，カテゴリーは目的や場面に合わせて随時作成されうる。そしてそのようにして作られたカテゴリーでは，分類学的なカテゴリーでは非典型例とされていた成員が典型例となって典型性の恩恵に与ることもある。例えばベーグルは，「パ

ン」という分類学的なカテゴリーでは非典型例となるため，パンの事例として
想起される頻度は食パンやロールパンよりも少ない。しかし「朝食に食べるも
の」というスクリプトカテゴリーでは比較的典型性の高い事例となり，今度は
当該カテゴリーの事例として想起されやすくなる（Ross & Murphy, 1999）。この
ように，カテゴリーに関する私たちの知識は広く典型性を基準とした構造に
なってはいるものの，カテゴリーは目的や状況に応じて変化しうるため，何が
典型例（あるいは非典型例）となるかもまた目的や状況に応じて変化しうるもの
となる。

4.3.5　意味ネットワーク

　白のトリミング（装飾用の縁取り）がされた赤い上着と帽子に黒のブーツを
見ると，おそらく多くの人がサンタクロースやクリスマスを連想するであろ
う。このように私たちは，ある概念からそれと関係する別の概念を連想するこ
とがある。実際，心理学の実験でも同様の現象が報告されている。いま，
「ケーキ」や「ピアノ」などのさまざまな単語が一つずつ提示され，食べられ
るものか否かをできるだけ速く判断していくとする。ケーキは当然「食べられ
る」と判断すべきものとなるが，同じ「ケーキ＝食べられる」という判断でも
直前に提示される単語によってその速さが変わることが知られている（Meyer
& Schvaneveldt, 1971）。具体的には，ケーキが出される直前に「レタス」が出
された時よりも「イチゴ」が出された時のほうが，たとえその提示が一瞬だけで
あっても，その後の「ケーキ＝食べられる」という判断は速くなる。このよう
に，先行する情報の処理（ここでは「イチゴ」の認識）によって後続の別の情報
の処理（ここでは「ケーキ＝食べられる」という判断）が促進される現象を**間接プ
ライミング**と言い，その中でもイチゴとケーキのように両情報が連想関係にあ
る場合は連想プライミング，アイス−ケーキのように意味的に近い場合は意味
プライミングと呼ばれる（Lucus, 2000）。プライミングは，イチゴに相当する情
報が文字の場合よりも写真の場合に，写真の場合よりも匂いの場合に，それぞ
れより強く生じることから，小売店での販売促進活動とのつながりも議論され

ている（De Luca & Botelho, 2020）。

　このようなプライミングから，意味記憶の中で概念はネットワークを形成して貯蔵されていると想定されている（Collins & Loftus, 1975）。まず，個々の概念は**ノード**（点）で表現される。「イチゴ」で一つのノード，「ケーキ」で一つのノードとなる。各ノードは処理のしやすさを表現した活性値を持っており，活性値が高い概念ほど素早く処理されることになる。また，概念の中にはイチゴとケーキのように連想関係にあるものや意味的に近いものがあるが，これらの関係性はノード間に張られた**リンク**（線）とその短さで表現される。ケーキの場合，ケーキはイチゴやアイスと意味的に近い。そのため「ケーキ」ノードは，「イチゴ」ノードや「アイス」ノードと短いリンクでつながっている。一方でレタスとケーキは，少なくともイチゴとケーキの場合よりも意味的に遠い。そのため「レタス」ノードは，「パン」ノードと長いリンクでつながっている。このように各概念は，意味的な近さを基準としたネットワーク（**意味ネットワーク**）を形成して貯蔵されていると想定される（図表4－2）。

　このネットワークの中である概念が処理されると，当該ノードの活性値が上昇する（これにより当該ノードの処理が可能になる）。さらにその上昇は当該ノードだけでは終わらず，リンクを介して結合している他のノードにも波及する（**活性化拡散**）。「イチゴ」という単語が提示された場合であれば，「イチゴ」ノードの活性値が上がり，単語を「イチゴ」と認識できるようになる。そして上昇した活性値は，リンクを介して「ケーキ」や「アイス」にも波及する。一方，「レタス」も「ケーキ」とつながっているかもしれないが，少なくともそのリンクは「イチゴ－ケーキ」間よりも長い。そのため，「レタス」が提示され活性化されても，その活性値は拡散中に減衰し，「ケーキ」にまで充分な活性値が拡散する可能性は低い。結果，「ケーキ＝食べられる」という判断は，「レタス」を提示した後よりも「イチゴ」を提示した後のほうが，活性化拡散の分だけ速くなる。

　以上のように，概念は意味的な近さを基準としたネットワーク内で貯蔵されており，そこでは活性化拡散と呼ぶべき現象が生じていると想定できる。これ

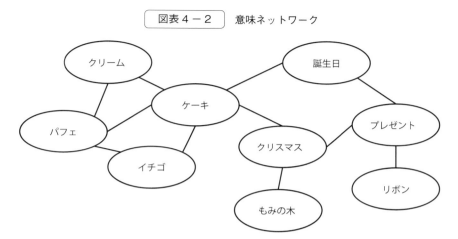

図表 4 − 2　意味ネットワーク

各楕円がノードであり，それぞれが一つの概念を表している。連想関係や意味的に近い関係にあるノードどうしは，リンクでつながっている。いま「イチゴ」が処理されると，同ノードの活性値が上昇する。この活性値の上昇は，リンクを介して他のノードに拡散する。
「ケーキ」は「イチゴ」とつながっているため，「イチゴ」が処理された後では，拡散されてきた分だけ「ケーキ」の活性値が上がる。結果，「ケーキ」の処理が速まる。

（出所）Collins & Loftus（1975）等をもとに著者作成。

に加えて消費者行動で重要になる個別商品の場合は，「当該商品は何円ぐらいか」などの価格情報や「当該商品は主にどのような人たちがどこで何のためにどのように使うか」などの利用者と利用状況に関する情報，「当該商品を消費することで何が得られるか」などの便益に関する情報，当該商品に対する評価に関する情報もノードとして含まれると想定される（Keller, 1993）。これらの情報とそのネットワークは消費者が日々の経験を通じて形成していくものであるため，その内容にはある程度の個人差が存在することになる。例えば「お菓子」であれば，そこから連想される（つまり当該ノードからリンクが伸びている）商品名や価格帯，「準主食として食べるのか，息抜きとして食べるのか」といった利用目的・利用状況の情報が付帯して貯蔵されていると考えられるが，それらの内容は，小学生であれば「100円未満＋準主食」，会社員であれば「200円程度＋息抜き」などのように，連想する主体が誰かによって大きく異

なるであろう。

　ブランドコンセプトマップ（John et al., 2006）はこのような特徴を利用することで，消費者はある商品や企業をどのように認識しているのか，その認識は消費者の層（セグメント）ごとにどのように異なるのか，それらは自社のポジショニングやブランディングと合致しているのかを把握する方法となる。具体的には，まず消費者に特定の商品名・企業名とそこから連想されうる肯定的な情報，否定的な情報，および連想されにくい肯定的な情報のそれぞれを記したカードを提示し，当人が実際に連想する情報をその中から選んでもらう（必要に応じて書き加えてもらうことも行う）。続いて選んだそれぞれの情報について，商品名・企業名から直接連想されるのか間接的に連想されるのか，およびどれほど強く連想されるのかを回答してもらう。場合によっては，それぞれの情報がどれほど望ましいか，および自分がどれほど重視するかも答えてもらう（Schnittka et al., 2012）。ブランドコンセプトマップはこのようにして得た消費者の回答を「小学生」「会社員」などのセグメントごとに集計し比較することで，商品・企業に対する態度とそれを規定する当該消費者の知識構造，例えば「会社員が『お菓子』から最も強く肯定的に連想する情報は『仕事の合間に食べる』であり，本傾向が強い人ほどお菓子を購入している」などを明らかにし，企業活動の指針を得ることを目指している。

4.4　ブランド

　前節のブランドコンセプトマップ（John et al., 2006）からもわかるように，消費者の記憶・知識は**ブランド**と密接に関わっている。ここで言うブランドとは，世界的に有名で高価な商品を扱っている企業やその商品（いわゆるハイブランド）という意味ではなく，特定の企業や商品（またはサービス）を競合他社から区別して指し示す名称やデザイン，ロゴ，キャラクターなどの記号，特にその品質を暗示するもの全般を意味している（Kotler, 1991; Koehn, 2001）。つまりブランドとは，それがどの企業の商品でどの程度の品質があるのか，端的に

言えばそれが他社とは違うことを消費者に伝える記号と言える。ただしこれは企業側の目線に立った定義であり，消費者側の目線に立つと，ブランドには単なる識別子以上の意味を持ちうることが指摘されている。

　例えばコカ・コーラとペプシコーラを用いた脳機能画像研究（McClure et al., 2004）では，被験者に商品名を伏せて飲ませた場合は，コカ・コーラはペプシコーラと同程度に好まれるとともに，この選好には腹内側前頭前野（報酬に関係する領域）の活動が関与していることが示唆された。一方で商品名が記されている場合は，中身は同じにもかかわらず，コカ・コーラと記されたものが（ペプシコーラと記されたものや商品名が伏せられたものよりも）好まれるとともに，海馬や背外側前頭前野（記憶に関係する領域）などの活動が増大した。この結果は，ブランドによってその評価や判断とそれらを支える脳活動は変わりうること，また，商品の評価は商品自体に起因するもの（例えばコーラ自体の望ましさ）とブランドに起因するもの（例えばコカ・コーラのコーラであることの望ましさ）から構成されていることを示唆している（McClure et al., 2004）。

　このように消費者は時にブランドをもとに商品を評価するため，たとえ商品自体は同じようなものであっても，贔屓とするブランドを他社よりも優先的に検討する，金額が高くても購入する，反復購入する，ソーシャルメディアなどを通じて他の人により強く薦めるなどの傾向[2]が強まる（Aaker, 1991; Chen, 2001; Sasmita & Suki, 2015）。つまりブランドは，単に消費者に対して自社を識別させる記号として働くだけでなく，ほぼ同じ商品であってもその価値を異なるように見せる機能も持つ（Calkins, 2019）。これは，消費者がブランドを手がかりに自身が信頼を置く商品や企業を優先的に検討・購入することで，商品を探索する際や選択する際の手間を削減したり，買った後に後悔するリスクを低減したりしていることの表れでもある（Keller & Lehmann, 2006）。

　以上のように，特定のブランドについて消費者が持っているイメージや知識およびそれにより生まれる当該ブランドへの忠誠的な態度は企業に付加的な価値をもたらしうる。そのため，ブランドはそれ自体が一つの資産，特に管理すべき資産となる（**ブランド・エクイティ**；Aaker, 1991）。このような背景から，特

定のブランドに対する消費者の態度とその源泉となる知識構造を測る方法が開発されるとともに（例えばブランドコンセプトマップ），ブランドに対する忠誠的な態度が形成・維持される要因についても検討が行われてきた。その結果，購入額に応じたポイント付与などの販売促進活動はブランドに対する忠誠的な態度の形成と維持にはつながりにくい可能性が指摘される一方で（Dowling & Uncles, 1997; Mattila, 2006），例えば「消費者が自分の姿や考えと合っていると思えたり自分をうまく演出できると思えたりするブランドほど，消費者はそれへの忠誠的な態度を持つ」など，ブランドと自己概念との同一性が忠誠的な態度の形成・維持に重要であることが示唆されてきた（Gladden & Funk, 2001; Mostafa & Kasamani, 2020; Stok-burger-Sauer et al., 2012）。これは，あるブランドに対する消費者の反応（忠誠的な態度を示すか否か）が当該消費者の認識・知識（自己概念と合致すると考えているか否か）によって変わることを意味しており，ここから，企業のブランド管理において消費者の知識を把握したりマーケティング活動を通じてそこに作用したりすることの重要性が伺われる。

【注】

1）他にも特徴比較理論（Smith, Shoben, & Rips, 1974），説明に基づく概念（Murphy & Medin, 1985）などがあるが，本節では消費者行動で特に研究されているプロトタイプとエグゼンプラーに絞って説明を行う。

2）消費者のこれらの態度や行動は，ブランドに対する愛着や忠誠心という意味で**ブランド・ロイヤルティ**と総称される（Mellens, Dekimpe, & Steenkamp, 1996）。

第4章 消費者の記憶 | 91

ケース CASE ベバレッジ社の自動販売機事業の戦略

　ビバレッジ社は，国内清涼飲料水市場でシェア 20%超を誇る最大手の飲料メーカーである。これまで，緑茶，コーヒー，紅茶，炭酸飲料，果汁飲料などで革新的な商品を数多く開発，発売してきた。それらの中には，発売開始から 10 年以上が経過した今でも，それぞれの商品カテゴリーで消費者に最初に想起されるような商品も多く，特に 20 代から 40 代の支持は圧倒的である。

　ビバレッジ社はその販売経路として，コンビニエンスストアや大手スーパー（総合量販店）などの小売店のほか，古くから自動販売機（以下，自販機）にも力を入れてきた。これは，自販機ではメーカー希望小売価格で販売しやすいなど，小売店での販売よりも利益率が高いことが主な理由であった。ビバレッジ社のメーカー専用自販機は，繁華街や市街地，オフィスや駅構内，公園やスポーツセンターなどのさまざまな場所に設置され，その稼働台数は 60 万台で国内 1 位である。また，自販機販売比率（自販機での売上が占める割合）も国内清涼飲料水メーカーで 1 位の高さとなっており，全体の売上への寄与も大きい。

　ところが過去 20 年間，自販機での売上は減少の一途をたどっている。この傾向は清涼飲料業界全体に共通しているが，ビバレッジ社は自販機販売比率が高いため，特にその影響が大きくなっている。また，自販機を維持するには機材管理や商品補充を行うための人件費などのコストが掛かるため，売上の低下した自販機は，ビバレッジ社グループ全体でみた時に販管費を増加させる要因として重く圧し掛かっている。

　そこでビバレッジ社は，全国 60 万台から得られるデータをもとに自販機の設置場所や商品陳列の最適化を図ると同時に，自販機に対する顧客の認識についても調査を行った。その結果，若い年齢層の利用率が相対的に低いこと，この層では「自販機では 150 円程度の飲料が近くの量販店まで少し足を延ばせば 100 円以下で買えたり，近くのコンビニエンスストアに行けば味の良いコーヒーや多少味は落ちるがプライベートブランドの飲料が 100 円程度で買えたりするので，自販機で買うのはもったいない」という内容の意見が多いことが報告された。

　あなたがビバレッジ社で自動販売機事業の戦略を担うとすれば，どのような手を打つべきであろうか。

練習問題

1. ラジオはテレビに比べて，車を運転しながら，仕事をしながらなど，何かをしながら視聴されることが多い。そのような特徴を持つラジオにおいてコマーシャルを流す際，視聴者の記憶に残すためにはどのような工夫をおこなうとよいだろうか。マルチストア・モデルやワーキングメモリのしくみを踏まえながら説明しなさい。
2. 2種類のリハーサル（維持リハーサル・精緻化リハーサル）それぞれについて，そのしくみを利用していると考えられる実際の広告の例をあげなさい。そしてその例が，どのようにリハーサルのしくみを利用していると考えられるか説明しなさい。
3. なぜスキーマとのズレが無い情報よりも多少のズレがある情報の方が高く評価されると考えられているのかを説明しなさい。
4. 間接プライミングが生じるしくみを活性化拡散モデルから説明しなさい。また，それを販売促進活動で利用するとすればどのようなものがあるかを論じなさい。
5. ブランドはなぜ企業の資産となりうるのかを説明しなさい。

参考文献

Aaker, D. A. (1991). *Managing brand equity: Capitalizing on the value of a brand name*. New York: Free Press.

Abelson, R. P. (1981). Psychological status of the script concept. *American Psychologist, 36*(7), 715-729.

Alba, J. W., Hutchinson, J. W., & Lynch, J. G., Jr. (1991). Memory and decision making. In H. Kassarjian & T. Robertson (Eds.), *Handbook of Consumer Behavior*, 1-49. Englewood Cliffs, NJ: Prentice Hall.

Anderson, R. C. (1994). Role of the reader's schema in comprehension, learning, and memory. In R. B. Ruddell, M. R. Ruddell, & H. Singer (Eds.), *Theoretical models and processes of reading*, (4), 469-482. International Reading Association.

Atkinson, R. C., & Shiffrin, R. M. (1968). Human memory: A proposed system and its control processes. In K. W. Spence & J. T. Spence (Eds.), *The psychology of learning and motivation*, 195, Academic Press.

Baddley, A. D. (2007). *Working memory, thought, and action*. New York: Oxford University Press. (バドリー，A.，井関龍太・齊藤智・川﨑惠里子（訳）(2012).『ワーキングメモリ―思考と行為の心理学的基礎―』. 誠信書房.)

Barsalou, L. W. (1983). Ad hoc categories. *Memory & Cognition, 11*(3), 211-227.

Bartlett, F. C. (1932). *Remembering: A study in experimental and social psychology*. Macmillan.

Bransford, J. D., & Johnson, M. K. (1972). Contextual prerequisites for understanding: Some investigations of comprehension and recall. *Journal of Verbal Learning and Verbal Behavior, 11*(6), 717-726.

Calkins, T. (2019). Introduction: The power and challenge of branding. In A. M. Tybout, & T. Calkins

第 4 章　消費者の記憶 | 93

(Eds.), *Kellogg on branding in a hyper-connected world*, x, xix-xxvi. Hoboken, NJ: Wiley.

Carpenter, G. S., & Nakamoto, K. (1989). Consumer preference formation and pioneering advantage. *Journal of Marketing Research, 26*(3), 285-298.

Castel, A. D. (2005). Memory for grocery prices in younger and older adults: The role of schematic support. *Psychology and Aging, 20*(4), 718-721.

Chaiken, S., & Ledgerwood, A. (2012). A theory of heuristic and systematic information processing. In P. A. M. Van Lange, A. W. Kruglanski, & E. T. Higgins (Eds.), *Handbook of theories of social psychology*, 246-266. Sage Publications Ltd.

Chen, A. C. H. (2001). Using free association to examine the relationship between the characteristics of brand associations and brand equity. *Journal of Product & Brand Management, 10*(7), 439-451.

Collins, A. M., & Loftus, E. F. (1975). A spreading-activation theory of semantic processing. *Psychological Review, 82*(6), 407-428.

Craik, F. I. M., & Tulving, E. (1975). Depth of processing and the retention of words in episodic memory. *Journal of Experimental Psychology: General*, 104, 268-294.

De Luca, R., & Botelho, D. (2020). Olfactory priming on consumer categorization, recall, and choice. *Psychology & Marketing, 37*(8), 1101-1117.

Dowling, G. R., & Uncles, M. (1997). Do customer loyalty programs really work?. *Sloan Management Review, 38*, 71-82.

Dunsmoor, J. E., & Murphy, G. L. (2015). Categories, concepts, and conditioning: How humans generalize fear. *Trends in Cognitive Sciences, 19*(2), 73-77.

Elio, R., & Anderson, J. R. (1981). The effects of category generalizations and instance similarity on schema abstraction. *Journal of Experimental Psychology: Human Learning and Memory, 7*(6), 397-417.

Fiske, S. T., & Linville, P. W. (1980). What does the schema concept buy us?. *Personality and Social Psychology Bulletin, 6*(4), 543-557.

Gladden, J. M., & Funk, D. C. (2001). Understanding brand loyalty in professional sport: Examining the link between brand associations and brand loyalty. *International Journal of Sports Marketing and Sponsorship, 3*(1), 54-81.

Glucksberg, S., & Cowan, G. N. Jr. (1970). Memory for nonattended auditory material. *Cognitive Psychology, 1*, 149-156.

Goldstein, D. G., & Gigerenzer, G. (2002). Models of ecological rationality: The recognition heuristic. *Psychological Review, 109*, 75-90.

Halkias, G. (2015). Mental representation of brands: a schema-based approach to consumers' organization of market knowledge. *Journal of Product and Brand Management, 24*(5), 438-448.

Harmon-Kizer, T. R. (2017). The effects of schema congruity on consumer response to celebrity advertising. *Journal of Marketing Communications, 23*(2), 162-175.

John, D. R., Loken, B., Kim, K., & Monga, A. B. (2006). Brand concept maps: A methodology for identifying brand association networks. *Journal of Marketing Research, 43*(4), 549-563.

Kardes, F. R., & Kalyanaram, G. (1992). Order-of-entry effects on consumer memory and judgment:

An information integration perspective. *Journal of Marketing Research, 29*(3), 343-357.

Keller, K. L. (1993). Conceptualizing, measuring, and managing customer-based brand equity. *Journal of Marketing, 57*(1), 1-22.

Keller, K. L., & Lehmann, D. R. (2006). Brands and branding: Research findings and future priorities. *Marketing Science, 25*(6), 740-759.

Koehn, N. F. (2001). *Brand new: How entrepreneurs earned consumers' trust from Wedgwood to Dell*. Boston: Harvard Business School Press.

Kotler, P. (1991). *Marketing management: Analysis, planning, implementation, and control*. New Jersey: Prentice-Hall.

Leong, S. M., Busch, P. S., & John, D. R. (1989). Knowledge bases and salesperson effectiveness: A script-theoretic analysis. *Journal of Marketing Research, 26*(2), 164-178.

Loken, B., Barsalou, L. W., & Joiner, C. (2008). Categorization theory and research in consumer psychology: Category representation and category-based inference. In C. P. Haugtvedt, P. M. Herr, & F. R. Kardes (Eds.), *Handbook of consumer psychology*, 133-163. Taylor & Francis Group/ Lawrence Erlbaum Associates.

Lucas, M. (2000). Semantic priming without association: A meta-analytic review. *Psychonomic Bulletin & Review, 7*(4), 618-630.

Maheswaran, D., & Sternthal, B. (1990). The effects of knowledge, motivation, and type of message on ad processing and product judgments. *Journal of Consumer Research, 17*(1), 66-73.

Mandler, G. (1982). The Structure of Value: Accounting for taste. In M. S. Clark & S. T. Fiske (Eds.), *Affect and Cognition*, 3-36. Hillsdale: Lawrence Erlbaum Associates.

Mao, H., & Krishnan, H. S. (2006). Effects of prototype and exemplar fit on brand extension evaluations: A two-process contingency model. *Journal of Consumer Research, 33*(1), 41-49.

Mattila, A. S. (2006). How affective commitment boosts guest loyalty (and promotes frequent-guest programs). *Cornell Hotel and Restaurant Administration Quarterly, 47*(2), 174-181.

McClure, S. M., Li, J., Tomlin, D., Cypert, K. S., Montague, L. M., & Montague, P. R. (2004). Neural correlates of behavioral preference for culturally familiar drinks. *Neuron, 44*(2), 379-387.

Medin, D. L., Altom, M. W., & Murphy, T. D. (1984). Given versus induced category representations: use of prototype and exemplar information in classification. *Journal of Experimental Psychology: Learning, Memory, and Cognition, 10*(3), 333-352.

Mellens, M., Dekimpe, M., & Steenkamp, J. B. E. M. (1996). A review of brand-loyalty measures in marketing. *Tijdschrift Voor Economie En Management*, (4), 507-533.

Meyer, D. E., & Schvaneveldt, R. W. (1971). Facilitation in recognizing pairs of words: evidence of a dependence between retrieval operations. *Journal of Experimental Psychology, 90*(2), 227-234.

Meyers-Levy, J., & Tybout, A. M. (1989). Schema congruity as a basis for product evaluation. *Journal of Consumer Research, 16*(1), 39-54.

Millar, G. A. (1956). The magical number seven, plus or minus two: Some limits on our capacity for processing information. *Psychological Review, 63*, 81-97.

三宅なはみ (1999). スキーマ. 中島義明・坂野雄二・子安増生・安藤清志・立花政夫・箱田裕司・繁

桝算男編『心理学辞典』, 469. 有斐閣.

Mostafa, R. B., & Kasamani, T. (2020). Brand experience and brand loyalty: Is it a matter of emotions?. *Asia Pacific Journal of Marketing and Logistics*, *33*(4), 1033-1051.

Murphy, G. L., & Medin, D. L. (1985). The role of theories in conceptual coherence. *Psychological Review*, *92*(3), 289-316.

Park, C. W., Milberg, S., & Lawson, R. (1991). Evaluation of brand extensions: The role of product feature similarity and brand concept consistency. *Journal of Consumer Research*, *18*(2), 185-193.

Park, J. W., Kim, K. H., & Kim, J. K. (2002). Acceptance of Brand Extensions: Interactive Influences of Product Category Similarity, Typicality of Claimed Benefits, and Brand Relationship Quality. *Advances in Consumer Research*, *29*, 190-198.

Peterson, L. R., & Peterson, M. J. (1959). Short-term retention of individual verbal items. *Journal of Experimental Psychology*, *58*, 193-198.

Piaget, J. (1950). *The psychology of intelligence*. London: Routledge & Paul.

Rosch, E. (1978). Principles of categorization. In E. Rosch, & B. B. Lloyd (Eds.), *Cognition and Categorization*, 27-48. Lawrence Elbaum Associates.

Rosch, E., & Mervis, C. B. (1975). Family resemblances: Studies in the internal structure of categories. *Cognitive Psychology*, *7*(4), 573-605.

Rosch, E., Simpson, C., & Miller, R. S. (1976). Structural bases of typicality effects. *Journal of Experimental Psychology: Human Perception and Performance*, *2*(4), 491-502.

Ross, B. H., & Murphy, G. L. (1999). Food for thought: Cross-classification and category organization in a complex real-world domain. *Cognitive Psychology*, *38*(4), 495-553.

Sasmita, J., & Suki, N. M. (2015). Young consumers' insights on brand equity: Effects of brand association, brand loyalty, brand awareness, and brand image. *International Journal of Retail and Distribution Management*, *43*(3), 276-292.

Schank, R. C., & Abelson, R. P. (1977). *Scripts, plans, goals and understanding: An inquiry into human knowledge structures*. Lawrence Erlbaum.

Schnittka, O., Sattler, H., & Zenker, S. (2012). Advanced brand concept maps: A new approach for evaluating the favorability of brand association networks. *International Journal of Research in Marketing*, *29*(3), 265-274.

Shocker, A. D., Ben-Akiva, M., Boccara, B., & Nedungadi, P. (1991). Consideration set influences on consumer decision-making and choice: Issues, models, and suggestions. *Marketing Letters*, *2*(3), 181-197.

Smith, E. E., Shoben, E. J., & Rips, L. J. (1974). Structure and process in semantic memory: A featural model for semantic decisions. *Psychological Review*, *81*(3), 214-241.

Sperling, G. (1960). The information available in brief visual presentations. *Psychological Monographs*, *74*, 1-29.

Squire, L. R. (2004). Memory systems of the brain: A brief history and current perspective. *Neurobiology of Learning and Memory*, *82*, 171-177.

Stokburger-Sauer, N., Ratneshwar, S., & Sen, S. (2012). Drivers of consumer-brand identification.

International Journal of Research in Marketing, 29(4), 406-418.

Van Kesteren, M. T., Ruiter, D. J., Fernández, G., & Henson, R. N. (2012). How schema and novelty augment memory formation. *Trends in Neurosciences, 35*(4), 211-219.

Veryzer Jr. R. W., & Hutchinson, J. W. (1998). The influence of unity and prototypicality on aesthetic responses to new product designs. *Journal of Consumer Research, 24*(4), 374-394.

（安藤花恵・分部利紘）

第5章

消費者の動機づけと関与

5.1 動機づけ

5.1.1 動機づけとは何か

　突然ではあるが，私たちにとってコンビニエンスストア（以下，コンビニとする）は非常に身近な存在である。約8割の人が，週に1回以上利用しており，ほぼ毎日利用するという人も2割を超える（株式会社日本マーケティングリサーチ機構, 2021）。それでは，私たちは何のためにコンビニを利用するのだろうか。第一に考えられるのは，購入したい商品があるためだが，その他にも，暇つぶしや雨宿りをするためだったりすることもある。また，コンビニの前を通過するからといって，必ず立ち寄るというわけでもない。さらには，立ち寄らなかったからといって，そういった行動ができないというわけでもない。つまり，私たちはコンビニに立ち寄るという能力を有しているが，その能力を行動に移すかどうかは別の何かが握っているのである。その何かとは，動機づけである。

　動機づけ（motivation）とは，行動や心の活動を，開始し，方向づけ，持続し，調整する，心理行動的なプロセスのことである（上淵, 2012）。さらに，動機づけには，次の5つの特徴がある（上淵, 2019）。

　（1）プロセスが始発する契機（動機）がある
　（2）目標（目的）があり，目標に向かうという意味での方向性（志向性）がある

（3）強さ（強度）がある
（4）プロセスの続く時間の長さ（持続性）がある
（5）プロセスの制御・調整がある
（6）上記の特徴はすべて変化しうる

　これらの特徴からも明らかなように，動機づけは目標の存在を前提としており，目標志向的な心理プロセスと言える。そして，図表5－1の通り，動機づけプロセスは先行要因，動機，表出，結果という4つの要素から構成される（上淵，2019）。先行要因が起点となり最終的に結果を導くが，その結果はまた先行要因へとフィードバックされる。次に，これら4つの要素について順番に説明していく。

5.1.1.1　動機づけの先行要因

　私たちが置かれている環境は多様であり，文脈も刻一刻と変化している。そういった環境や文脈は，動機づけのプロセスにおいて，先行要因となる。先述のコンビニに立ち寄るという行動を例に考えてみると，そこで友達と待ち合わせをしている（対人的文脈），自分が勤務する会社の系列企業が運営している（社会文化的文脈），最寄り駅のそばにある（物理的文脈）といったことが先行要因としてあげられる。また，これらの先行要因は，動機を刺激して，動機づけプロセスを発動させるいわば火付け役になる場合と，すでに発動している動機づけをさらに強めたり，持続させたりする調整役になる場合とがある。

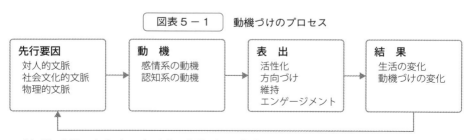

図表5－1　動機づけのプロセス

(出所) 上淵・大芦（2019）より一部修正して作成。

第5章 消費者の動機づけと関与 | 99

図表5-2 動機の分類

感情系の動機	
要求（needs）	生物的・心理的・社会的に，個人の生活を維持し，成長や健康を養うのに必要な条件
欲求（desires, wants, strivings）	要求とほぼ同一の概念（心理的・社会的要求を欲求とし，生理的要求を要求とする考え方も存在する）
情動（emotions）	外的情報に対する身体反応（表情，声音など）やそれに対する内的評価（快・不快，嬉しい・悲しいなど）
選好（preferences）	あるものを別のものより好んで選ぶこと
態度（attitudes）	対象に対する接近と回避に関連した反応準備状態
動因（drive）	要求とほぼ同一の概念
認知系の動機	
価値（value）	行動結果への主観的価値づけ
目標（goals）	そうなってほしい事柄（正の目標），あるいはそうなってほしくない事柄（負の目標）
期待（expectancy）	行動結果が望ましいことになるかの予測（正の期待），あるいは望ましくないことになるかの予測（負の期待）
信念（beliefs）	安定的な期待や価値観

（出所）上淵（2019）より一部修正して作成。

5.1.1.2 動 機

　動機（motive）とは，ある人間の行動を生じさせて持続させるための源のことであり，いわば動機づけプロセスのエンジンのようなものである（村山，2010）。例えば，コンビニに立ち寄るという行動において，空腹であることは動機に該当する。図表5-2に示す通り，動機は，おもに感情系と認知系に大別される。要求（needs），欲求（desires, wants, strivings），動因（drive）は，すべて感情系の動機に含まれるが，それぞれの明確な区別は難しい。心理的要求（自律性，有能さなど）や社会的要求（達成，親和など）を欲求とし，生理的要求（飢え，渇きなど）を要求とする考え方も存在するが，ほぼ同一の概念として扱

う立場もある（上淵，2019）。

消費者が商品を購入する理由はさまざまである。したがって，マーケターが消費者のニーズを満たすためには，まず消費者の動機を明らかにすることがその第一歩となる。動機には，パーソナリティなどの特定の傾向を示す変数（**特性変数**）と，状況によって変動する変数（**状況変数**）とがある。一般的には，感情系の動機は特性変数が多く，認知系の動機は状況変数が多いが，どちらにも該当する場合もある。例えば，消費者行動に大きく影響を及ぼす動機の一つとして，**独自性欲求**（Need for uniqueness）がある（Norton et al., 2015）。これは，他者とは異なるユニークな（独自な）存在でありたいという欲求のことである（Snyder & Fromkin, 1980）。この独自性欲求には，日頃からその欲求水準が高い（または低い）という特性変数と，何かをきっかけに一時的に高まるという状況変数のどちらの場合も存在する。前者である特性変数は，独自性欲求尺度[1]（Snyder & Fromkin, 1977）や，文脈を消費者行動に絞った消費者独自性欲求尺度[2]（Tian et al., 2001; Ruvio et al., 2008）などが開発されており，もともとの欲求水準を測定することができる。これまでに，独自性欲求が高い人は，製品やブランド選択において，希少性を求める傾向があることが明らかになっている（Jang et al., 2015; Roy & Sharma, 2015; Van Herpen et al., 2005）。また，他者との違いが見出せず，自己の独自性に関する知覚水準が低下している状況では，独自性欲求が一時的に喚起されやすく，結果として他者との差異化行動を駆動させる（Snyder & Fromkin, 1980）。こうした，状況変数もまた，他者を意識したユニークな商品の購買や，自己の独自性を示す口コミ発信などにつながる（Cheema & Kaikati, 2010; Irmak et al., 2010; White & Argo, 2011）。このように，独自性欲求が高い消費者は，新しい製品やブランドを早く取り入れ，創造的な製品を好み，他者との類似性を回避するのである（Schiffman & Wisenblt, 2019）。したがって，旅行先でしか手に入らない珍しいお土産を購入したり，皆が持っているブランドの商品を買わなくなったりといった行動の特徴が見られるだろう。

5.1.1.3　動機づけの表出と結果

　動機づけプロセスが活性化し，方向づけられ，維持されている兆候は，行動または生理的変化として表出する（上淵, 2012）。例えば，努力する，持続する，特定の選択肢を好むといった行動や，血管が収縮・弛緩する，唾液が分泌される，瞳孔の大きさが変化するといった生理現象として表れる（Reeve, 2018）。そして，動機づけの結果として，遂行，達成，学習，適応，能力，幸福などが変化する。これらは生活に変化をもたらすだけでなく，新たな行動や心の活動を開始させ，動機づけプロセスにさらなる影響を及ぼしたり，調整を促したりする。

　これまでと同様に，コンビニに立ち寄るという行動でたとえるならば，動機づけの過程で，店舗に視線を向ける，歩き続けるといった活動が表出し，入店するという結果を導く。そして，その結果によって，商品を選ぶといった次の行動を開始し，方向づけ，持続し，調整するという動機づけプロセスが生じるのである。

5.1.1.4　動機づけの対立

　複数の動機づけプロセスが同時に進行し，その板挟みになることで葛藤（コンフリクト）が生じることがある（Solomon, 2013）。私たちは，自分の中で一致しない複数の意見を同時に抱えている状態について，心理的に居心地が悪いと感じる傾向がある。したがって，何らかの理由をつけて均衡状態にしようとする（認知的不協和理論；第7章を参照）。例えば，小腹が空いた時，コンビニでスイーツを購入するかホットスナックを購入するかで迷うことがある。このように，2つの望ましい結果の間で迷う時には，**接近－接近型コンフリクト**（approach-approach conflict）を抱える。その際，「ホットスナックとドリンクを同時に購入すると値引きされる」という情報を得たならば，ホットスナックを選択する理由ができるため，葛藤は解決されるだろう。また，夜中にカップラーメンを購入しようとしている時には，無性に食べたい気持ちとさすがに夜中に食べるのはやめておこうという気持ちで揺れるだろう。このように，目標

達成を望むと同時にそれを避けたいという気持ちも生じる時に，**接近－回避型コンフリクト**（approach-avoidance conflict）を抱える。その際，「高タンパク・低糖質・低カロリー」といった表記を見て罪悪感が低減されれば，葛藤は解決されるだろう。さらには，家族に牛乳を買ってくるよう頼まれたのに売り切れていたら，手ぶらで帰宅するか，離れた他の店まで買いに行くかで悩むだろう。このように，できればどちらの選択も避けたい時に，**回避－回避型コンフリクト**（avoidance-avoidance conflict）を抱える。その際，来店ポイントや購入ポイントが貯まるのであれば，他店に買いに行くメリットを感じ，葛藤は解決されると考えられる。これらのように，マーケターは商品のベネフィットを強調したり，的確な情報を提供したりすることで，消費者の葛藤を解決することが重要である。

5.1.1.5　動機づけとやる気は同義ではない

　私たちは日常的に，動機づけという言葉を，「やる気」「意欲」という意味で用いることがある。しかし，やる気や意欲は，やや曖昧ではあるがその人の特性やパーソナリティを示しており，これらは動機に該当すると言える。つまり，先行要因，動機，表出，結果という4つの要素から構成される動機づけプロセスの一部に過ぎないため，「動機づけ＝やる気・意欲」とは言い難いのである。このように，動機づけをやる気と同じような意味だと捉える風潮や，「動機づけ」と「動機」が混同されて使用されることは，心理学の定義においていずれも誤りであることが理解できるだろう。

5.1.2　動機づけ理論の展開
5.1.2.1　動因低減説の限界と欲求階層説の展開

　私たち人間が生まれながらに有している欲求として，真っ先に思い浮かぶのは食欲や睡眠欲といった生理的欲求ではないだろうか。食欲を例に考えてみると，空腹の時は，何か食べたいという気持ちが強くなり不快感も増すが，ひとたび食事をすれば，そういった不快感から解放され，しばらくは何か食べたい

という気持ちも起こらなくなる。つまり，生理的欲求は，満たされていないと不快感が生じ，満たしたいという欲求が高まるが，満たされてしまえばしばらくは低下する。このように，私たちは生理的欲求（動因）に伴う不快感を低減させるために動機づけられているという考え方を動因低減説という（Hull, 1943）。動因低減説は，動物の行動をうまく説明することができる。例えば，ラットに迷路を学習させるために，餌を報酬として与えると，空腹の時の方が平常時よりも学習は早くなる（Dickinson & Balleine, 2002）。ラットは，空腹であるという不快感を低減するために，迷路を学習して餌をもらう行動に動機づけられるのである。動因低減説は，消費者行動を説明することもできる。例えば，寒い日が続くので暖かい洋服を購入したり，突然お腹が痛くなったので薬局に行って薬を購入したりするといった行動である。しかし，お腹が空いていても，ダイエット中であるために食べるのを我慢するといった行動を説明することはできない。私たちは，生理的欲求が満たされていれば，他に何も望まないというほど単純ではないのである。Bexton et al.（1954）が行った感覚遮断実験では，実験参加者は両目にゴーグル，両手に手袋をつけ，音も遮断された状態で，狭い部屋に置かれたベッドの上で横になった。彼らは，食事や睡眠を十分に摂っていたにもかかわらず，約8時間を過ぎると，いらいらして凶暴になり，課題解決能力が低下した。さらには，約70時間を過ぎると視覚や聴覚の幻覚異常が表れる者もいた。このことからも，私たち人間は生理的な動因以外の欲求を有していると言える。

　動因低減説への反論として，White（1959）は，人間は生理的欲求だけでなく，環境と積極的に相互作用し，自己の活動の結果，環境に変化をもたらすことで，自分には能力があると感じるように動機づけられているとし，これをコンピテンス（competence）動機づけと呼んだ。この動機づけは，上述の感覚遮断実験の結果もうまく説明することができる。実験参加者は，感覚が遮断され，環境との相互作用の機会を失われたため，生理的欲求が満たされていても，いらだちなどの不快感を覚えたということである（村山，2010）。

　さらに，動因低減説は人間が持つ低次の欲求にしか焦点を当てていないと批

(出所) Maslow (1962) に基づいて作成。

判した Maslow (1962) は，図表 5 - 3 のように，人間の欲求は低次の欲求から高次な欲求まで階層的な構造を持つと主張した。この**欲求階層説**では，低次な欲求がある程度満たされると高次の欲求が重要性を持ち始め，その欲求を満たすよう動機づけられると考える。欲求の階層には，まず生命の維持に欠かせない飢えや渇き，睡眠などを満たそうとする生理的欲求がある。その上には，生命の危機にさらされない環境を求めたり，病気や経済的不安から逃れようとしたりする安全や安心への欲求がある。それらの欲求が満たされると，家族，友人との愛情や親密さに満ちた関係性を求めたり，自己の所属するグループ内に居場所を持とうとしたりする愛や所属への欲求がある。さらにその上には，価値のある人間として認められたいという自尊や承認への欲求がある。これらの欲求が満たされると，外的な圧力から独立して，本来潜在的に持っている内的なもの（能力など）に焦点があたるようになる。そして，自己を知ろうとする欲求，さらには一貫した自分になろうとする自己実現の欲求を満たそうと動機づけられるのである。これは，消費者行動においても，そのとき消費者がどこまでの欲求を満たされているかによって，商品の特性の異なる部分に価値を置くということを示唆している（Solomon, 2011）。例えば，衣類を購入する時，寒さを凌ぐため（生理的欲求），体を保護するため（安全欲求），身だしなみのため（愛・所属欲求），他人から評価されるため（自尊・承認欲求），好きなデザインを着ることでやる気が出るため（自己実現欲求），などのように自分がどの欲

求まで満たされているかによって，その理由は異なるのである。

　このように，欲求階層説は，動因低減説では見過されていた人間の高次の欲求に焦点を当て，自己実現が大切な欲求であることを主張しているため，マーケターにとっても，市場のセグメンテーションや広告などのコミュニケーションにおいて役に立つフレームワークとして応用しやすい。しかし，欲求階層説を消費者行動やマーケティングにあてはめて考える時，いくつかの注意すべき点がある。第一に，階層の順番は普遍的ではないということである。例えば，信仰する宗教の違いや個人と集団のどちらを重視するか（個人主義・集団主義）といった文化の違いで，階層の順番は入れ替わる可能性がある。加えて，ダイエット中なので食欲を我慢するなどといった個人の信念もまた順番を変動させる要因として考慮する必要がある。第二に，欲求階層説は，以後の動機づけ研究に大きな影響を与えたが，実は，実証的な検討はほとんど行われていないという問題もある。

5.1.2.2　内発的動機づけと外発的動機づけ

　これまでに述べた動因低減説，コンピテンス動機づけ，欲求階層説など多くの議論を経て，**内発的動機づけ**という概念が登場した。内発的動機づけとは，活動それ自体に価値を置き，行動の理由が自分の中にある動機づけのことである。言い換えれば，活動自体が目的であり，それをすることで，喜びや満足を経験するような行動に関わる動機づけである。例えば，本の内容が面白くて夢中で読んでいる時，それは自らの興味や関心に基づいて行動しているのであり，誰かに言われて嫌々読んでいるわけではない。このような場合，読書という行動は内発的に動機づけられている。一方，読書をしていると親に褒められるから（報酬を求める），宿題として課せられていて読まないと叱られるから（罰を避ける）などのように，外的な要因によって動機づけられる場合を，**外発的動機づけ**という。言い換えれば，外部からの報酬を得たり処罰を免れたりするための手段として行う行動に関わる動機づけのことである。

　その行動をすること自体が目的である場合が内発的動機づけ，その行動をす

ることが手段である場合が外発的動機づけであるということは，「目的—手段」の観点から動機づけを分類していることになる（外山，2011）。そして，映画を観る，大学に通う，旅行するといったあらゆる行動は，内発的に動機づけられている場合もあれば，外発的に動機づけられている場合もある。

5.1.2.3　自己決定理論

　Deci & Ryan（1985）は，White（1959）や Maslow（1962）の理論などを発展的に統合し，**自己決定理論**（self-determination theory）を提唱した。この理論は，外発的動機づけが内発的動機づけへとシフトしていく様子を自分のことは自分で決めるという自己決定の程度から説明している。自己決定理論では，人間は**自律性**（autonomy），**有能感**（competence），**関係性**（relatedness）という3つの基本的心理欲求を持っているとされる（Ryan & Deci, 2000）。自律性の欲求は，自分の経験や行動を自らの意思で決定したいという欲求のことであり，特に重要視されている。次に，有能感への欲求は，環境の中で効果的に自分の力を発揮し自分の有能さを示したいという欲求を指す。関係性への欲求は，他者と良好な関係を形成し，重要な他者からケアされたり，その他者のために何か貢献したりしたいという欲求のことである（西村，2019）。そして，これらの3つの基本的欲求が満たされることで内発的動機づけが促進され，適応的な発達や精神的な健康，心理的な成長を獲得できるとされる（鹿毛，2022）。

　自己決定理論において，内発的動機づけと外発的動機づけは，連続線上にあるものと想定され，最初は外発的に動機づけられていても，だんだんと内発的にシフトしていくこともある。図表5−4が示すように，自己決定性の度合いによって，動機づけを3つに分類している。無動機づけは，自己決定性が最も低く，まったく動機づけられていない状態である。外発的動機づけは，自己決定性の程度の低い順に外的調整，取り入れ，同一化，統合という4つの段階に区別されている。そして，内発的動機づけは自己決定性の程度が最も高いものである。例えば，親に無理やり言われて仕方なく通い始めたサッカースクールで，リフティングが続くようになったり（有能感），友達や仲間ができたり（関

図表5－4　自己決定理論における動機づけの連続性

（出所）Ryan & Deci（2017）; 西村（2019）に基づいて作成。

係性），練習メニューを自分で考えたり（自律性）することで，だんだんと自分にとってサッカーが大事なものになるといった経験をすることがある。このような経験について，活動の価値をどの程度見出し，自律的に行動しているのかという視点で捉えてみる。はじめは，活動の価値が見出せずまったくやる気のない状態（無調整）から，他者に言われて仕方なくスタートした活動（外的調整）が，消極的ではあるが行動の価値を部分的に取り入れてプライドや義務感を持つようになる（取り入れ）。さらに積極的になると，自分にとって大事なことだからやるといったように，活動の価値を自分のものとして受け入れるようになる（同一化）。もっと活動の価値が高まると，自己の欲求との調和がなされ，自分がその活動を選択して行っているという状態になる（統合）。加えて，最も自己決定性が高い段階として，自分自身の興味や楽しさに基づいて活動している状態がある（内的調整）。

　内発的動機づけによって行動できれば，その活動は持続されやすい。しかし，興味の低いことに取り組まなくてはいけないこともある。そういった場合には，金銭的報酬や食事，褒められるといった外的な報酬があることで動機づけが高まる（鹿毛, 1994）。一方，もともと興味の高いことに内発的に取り組んでいる人に，外的な報酬を与えると，その報酬がなくなった時に内発的動機づけが低下してしまうことがある（Deci, 1971; Lepper & Greene, 1978）。この現象のことを**アンダーマイニング効果**という。さらには，報酬があると事前にわかってしまうと内発的動機づけが低下するだけでなく，実際のパフォーマンスの質自体も低下する（Lepper et al., 1973）。これは，自分自身が外的な報酬に期待し

て，そのために課題に取り組んでいるように感じてしまい，自律性が阻害されてしまうからだと考えられる。ただし，外的報酬が一概に悪いとも言えない。金銭的報酬ではなく褒め言葉のように，自律性を損なわない形で外的報酬が与えられた場合，むしろ有能感を高め，有能さへの欲求を満たされることで内発的動機づけが高まることもある（Deci et al., 1999）。やはり，動機づけが内発的な方向にシフトしていく場合に重要なのは，先にあげた3つの基本的心理欲求であり，これらが満たされることで，当初は外発的に動機づけられていた活動も，だんだんと自分自身の価値観と統合され，内発的になっていくと考えられる（村山, 2010）。そして，基本的心理欲求の充足が幸福感や精神的健康にポジティブな影響をもたらすことは，人種や国，文化を問わずある程度，普遍的であることもわかってきている（Church et al., 2013; Vansteenkiste & Ryan, 2013）。

　自己決定理論は，消費者行動を理解するうえでも非常に有用であり，近年，マーケティング研究への応用も増えてきている（Gilal et al., 2019）。例えば，ブランドへの愛着（Proksch et al., 2015），サービスへのロイヤルティ（Lin et al., 2009），ソーシャルメディアの利用（Krishen et al., 2016），ラグジュアリー商品の購入（Truong & McColl, 2011），などに対するポジティブな影響について検討されている。また，外的報酬と動機づけという観点から，航空会社のマイレージサービスの利用（Meyer-Waarden, 2013），ゲームの楽しさや将来のプレイ意向（Ryan et al., 2006）についても検討されている。さらには，基本的心理欲求の充足が，省エネ行動（Sweeney et al., 2014），セルフレジの利用（Leung & Matanda, 2013），持続可能な食生活（Schösler et al., 2014）を促すことが明らかになっており，今後さらに重要となるトピックについても，自己決定理論を用いた研究が行われている。

　動機づけ研究には100年もの歴史があり，心理学において膨大な知見の蓄積がある。そのすべてをここで紹介することは難しいが，本節で取り上げた自己決定理論は，期待価値理論（expectancy-value theory; Atkinson & Feather, 1966），達成目標理論（achievement goal theory; Dweck & Leggett, 1988）と並んで，2000年以降の動機づけ3大理論というべきものになっている（上淵, 2019）。マーケ

第5章 消費者の動機づけと関与 | 109

ターは，自分たちが提供する製品やサービスに満足してもらい，長く利用してもらうために，消費者の動機づけられた内的状態を正確に理解することが重要である。次節では，その理解の助けとなる関与概念について説明する。

5.2 関 与

5.2.1 関与概念

アップルから最新の iPhone が発売されるたびに必ず買い替えるという人もいれば，何年も前の型で十分満足できるという人もいる。このような違いは，何によって生まれるのだろうか。それは，iPhone に対する**関与**（involvement）の水準が異なることに起因する。関与とは，対象や状況などの諸要因によって動機づけられ，活性化された目標志向的な心理状態のことである（Hoyer et al., 2016; Jansson-Boyd, 2019; 新倉，2012; 西原，2013）。関与は，行動の強度や持続性を説明する変数として用いられ，消費者の意思決定において，情報処理の水準（深さ）などを規定する（青木，2010）。

5.2.2 関与水準の規定因

図表5−5が示す通り，関与水準を規定する要因には，内因的自己関連性（intrinsic self-relevance）と状況的自己関連性（situational self-relevance）がある。どちらも，どのくらい対象が自己と関連しているかという程度を表すが，内因的自己関連性は，消費者のこれまでの経験や知識などの記憶に基づいて知覚され，状況的自己関連性は，消費者が置かれている状況に基づいて知覚される。そして，内因的自己関連性を規定する要因として消費者特性，状況的自己関連性を規定する要因として状況特性があげられる。加えて，製品特性は，内因的自己関連性と状況的自己関連性の両方を規定する。

消費者特性には，自己概念（価値観・目的・ニーズ），個人特性（パーソナリティ・個人差），専門知識などが含まれる。次に，製品特性には，時間コミットメント（購買に費やす時間），価格，製品の持つ象徴的意味，知覚されるリスク

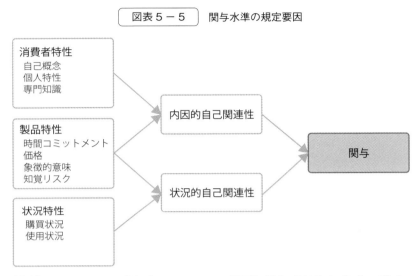

図表5－5　関与水準の規定要因

（出所）Peter & Olson（2010）; Jansson-Boyd（2019）; 新倉（2012）に基づいて作成。

（不安）などが含まれる。そして，状況特性には，購買状況と使用状況がある。購買状況には，時間的制約があるかどうかといった時間的要因，友人と一緒に買い物をするといった社会的要因，そして，その時の天候や環境といった物理的要因がある。使用状況には，使用の目的が他者のためであるといった社会的要因や使用される環境などの物理的要因がある（新倉，2012）。

　ここで，図表5－5を用いて，冷蔵庫が故障した時の関与水準を考えてみる。普段，何気なく冷蔵庫を使用していて，特に思い入れがないという人にとって，冷蔵庫との内因的自己関連性は低い。しかし，故障したことによって，日常生活に支障をきたすという状況的自己関連性が高まり，結果として，冷蔵庫を購入するという関与水準（購買関与）が高まるのである。

5.2.3　関与の分類
5.2.3.1　対象による分類

　関与の対象は，製品，ブランド，広告だけでなく，「買い物をする」といっ

第5章　消費者の動機づけと関与 | 111

| 図表5－6 | 製品関与を測定する尺度 |

下位概念	質問項目
感情的関与	①私にとって関心のある製品である ②使用するのが楽しい製品である ③私の生活に役立つ製品である ④愛着のわく製品である ⑤魅力を感じる製品である ⑥商品情報を集めたい製品である ⑦お金があれば買いたい製品である
認知的関与	①いろいろなメーカー名やブランド名を知っている製品である ②いろいろなメーカーの品質や機能の違いがわかる製品である ③いろいろなメーカーの広告に接したことがある製品である ④友人が購入する時に，アドバイスできる知識のある製品である ⑤いろいろなメーカーの製品を比較したことがある ⑥この製品に関して豊富な知識を持っている
ブランド・ コミットメント	①この製品の中でお気に入りのブランドがある ②この製品を次に買うとすれば，購入したい特定のブランドが 　ある ③買いに行った店に決めているブランドがなければ他の店に行っ 　てでも同じものを手に入れたい製品である

（出所）小嶋他（1985）に基づいて作成。

た特定の行動も含まれる。ここでは，関与の対象という観点で，関与概念を分
類する。

　製品関与とは，特定の製品に対する関与のことである。例えば，自動車や洋
服などは，消費者がこだわりを持ちやすく，製品関与が高いとされる。一方，
トイレットペーパーや歯ブラシなどは，製品関与の低い例としてあげられる。
しかし，誰もが洋服への関与が高く，トイレットペーパーへの関与が低いとい
うわけではなく，消費者自身のニーズや価値基準，自己概念によって大きく異
なる。また，**ブランド関与**とは，アップル，ルイ・ヴィトン，スターバックス
といった特定のブランドに対する関与のことである。図表5－6は，製品関与

の強度を測定する尺度である。製品関与の中に，感情的関与，認知的関与，ブランド・コミットメントの３つの下位概念が設けられている。ブランド・コミットメントとは，ある製品カテゴリにおける特定ブランドへの関与のことである。感情的関与と認知的関与については後述する。

広告関与とは，特定の広告に対する関与のことである。ある特定の場面で，その広告が消費者にとって適切なものであると判断されると関与が高まる。また，特定のテレビ番組や雑誌など，広告が投入される媒体への関与（媒体関与）や，タレントやインフルエンサーなど広告推薦者への関与などもある。

反応関与とは，特定の行動や行為に対する関与のことである。先にあげた，冷蔵庫が故障した時のように，状況によって購買意思決定のプロセスに対する関与（購買関与）が高まることがある。また，絵画収集やキャンプといった製品を所有したり，使用したりする行為自体への関与が高まることもある。

5.2.3.2 持続性による分類

時間的な持続性という観点で，関与概念を分類することもできる。関与が永く続く場合を**永続的関与**，ある一時だけ高まる場合を**一時関与**（状況関与）という（Hoyer et al., 2016）。製品関与のように，消費者の持つ価値基準や自己概念などに強く結びついている場合，その関与は持続する。例えば，車好きの人は，日頃からインターネットで情報を収集し，ディーラーに通い，モーターショーに行くという生活を何年も続けているだろう。一方，反応関与のように，特定の状況が解消されたり，課題が達成されたりすると水準が低下する場合，その関与は一時的である（高橋, 2018）。例えば，車に関心のない人は，新車を購入する際，一時的に関心を持つことはあるが購入した途端に興味を失ってしまうだろう。

5.2.3.3 動機的基盤による分類

繰り返しになるが，関与は，消費者がある対象や状況によって，動機づけられ，活性化されている状態を示すものである。その関与の基盤をなす動機のタ

イプから認知的関与と感情的関与とに分類することもできる。

認知的関与は，認知系の動機（図表5-2参照）を基盤としており，消費者にとってメリットが最も大きくなるよう，結果志向の目標に動機づけられた状態のことである。情報を収集し，知識をつけて詳しくなること自体も目標に含まれる（Hoyer et al., 2016）。例えば，パソコンやワイヤレスイヤホンを購入する際，スペックや性能，価格などを比較して，最も納得できる製品を購入しようとする場合などがあげられる。

一方，**感情的関与**は，感情系の動機を基盤としており，使用や消費，経験など，プロセス志向の目標に動機づけられた状態のことである。例えば，好きなアーティストのコンサートに行ったり，癒されるために温泉旅行に行ったりする場合などがあげられる。

5.2.4 関与水準と情報処理

関与が高い場合と低い場合で，消費者の情報処理にも違いが表れる。**高関与**の時，消費者は情報をより意識的かつ集中的に深く処理する（システマティック処理）。情報の探索量が増大し，探索範囲も拡大することから，知識も包括的なものになる。そして，対象や状況に関する中心的な情報により態度が形成される（態度については第7章を参照）。加えて，対象や状況への関わりが強いため，慎重で繊細な意思決定をする（新倉，2012）。

一方，**低関与**の時，消費者は情報をより表層的に浅く処理する（ヒューリスティック処理）。情報の探索量は減少し，探索範囲も縮小することから，知識も部分的なものになる。そして，対象や状況に関する周辺的な情報により態度が形成される。加えて，対象や状況へ関わりが弱いため，大胆で簡便な意思決定をする（新倉，2012）。

マーケターが消費者の動機づけられた内的状態を正確に理解するうえで，関与は非常に役に立つ概念である。最後に，自分にとって関与水準の高い対象はどういったものであるか考えてみてほしい。次々と思い浮かぶ人は少ないのではないだろうか。つまり，消費者行動の多くは低関与型である可能性

が高く，マーケターはそのことを念頭に置く必要がある。

【注】

1）独自性欲求は，Snyder & Fromkin（1977）の32項目からなる尺度（「知らない人ばかりのグループの中でも，躊躇せず自分の意見を述べる」「厳しい規則やきまりの下で働くのは得意ではない」など）で測定される。

2）消費者独自性欲求は，Tian et al.（2001）の31項目からなる尺度（「人と違うことを伝える方法として珍しい商品を集めている」「最も好きな製品やブランドは自分の個性を表現しているものだ」など）や短縮版であるRuvio et al.（2008）の12項目からなる尺度（「特別な製品やブランドを購入することで積極的に自分の独自性を高めようとしている」「一般大衆にとってありふれた商品やブランドであればあるほどそれを買うことに興味がなくなる」など）で測定される。

ケース CASE アイビック・フィットネス・スポーツクラブ

　アイビック・フィットネス・スポーツクラブの統括責任者，石井氏は悩んでいた。アイビック・フィットネス・スポーツクラブは郊外にあり，マシンジム，フィットネス・スタジオ，リラクゼーション・スパ，スイミングプールなどが揃っている一般的なスポーツジムである。料金は営業中いつでも利用できる正会員が12,000円，それ以外にも平日限定プラン9,800円，シニア会員プラン9,000円，夜間のみプラン8,800円などのプランもある。別途料金でパーソナルトレーニングスタッフからも指導を受けることができる。

　近年の健康志向の高まりを受けて，新規入会者は順調に推移しているが，多くの会員は数ヵ月経つとスポーツクラブに通わなくなり退会してゆく。同社のミッションである「地域住民の健康増進を促進し地域への発展に寄与する」という点からも，継続者の減少，退会者の防止策を考えたいと思っている。

　石井氏によると，新規会員の入会動機は，医師から運動を勧められた，太ってきたことを家族に指摘された，テレビや雑誌，インターネットで運動が良いと言っていた，施設が充実している，施設が近くて便利，料金が適切であったなどであった。

　今後，石井氏は新しいプログラムを作成し，入会者の利用継続を促進したいと思っているが，どのような施策があるのであろうか。

第5章 消費者の動機づけと関与 | 115

練習問題

1. 動機の特性変数と状況変数について，独自性欲求を例にあげながら説明しなさい。
2. 動因低減説では説明することができない消費者行動の例をあげなさい。
3. アンダーマイニング効果とは何か。具体的な例をあげながら説明しなさい。
4. 内因的自己関連性は低いが，状況的自己関連性は高い関与の例をあげなさい。
5. ファッションへの関与水準が高い人と低い人とでは，洋服を購入する際の情報処理や意思決定にどのような違いが見られるだろうか。具体的に述べなさい。

参考文献

青木幸弘，(2010).『消費者行動の知識』.日本経済新聞出版社.

Atkinson, J. W., & Feather, N. (1966). *A theory of achievement motivation*. New York, Wiley and Sons.

Bexton, W. H., Heron, W., & Scott, T. H. (1954). Effects of decreased variation in the sensory environment. *Canadian Journal of Psychology*, *8*, 70-76.

Cheema, A., & Kaikati, A. M. (2010). The effect of need for uniqueness on word of mouth. *Journal of marketing research*, *47*, 553-563.

Church, A. T., Katigbak, M. S., Locke, K. D., Zhang, H., Shen, J., de Jesús Vargas-Flores, J., Ibanez-Reyes, J., Tunaka-Matsumi, J., Curtis, G. J., Cabrera, H. F., Mastor, K. A., Alvarez, J. M., Ortiz, F. A., Simon, J. R., & Ching, C. M. (2013). Need satisfaction and well-being: Testing self-determination theory in eight cultures. *Journal of Cross-Cultural Psychology*, *44*, 507-534.

Deci, E. L. (1971). Effects of externally mediated rewards on intrinsic motivation. *Journal of personality and Social Psychology*, *18*, 105-115.

Deci, E. L., Koestner, R., & Ryan, R. M. (1999). A meta-analytic review of experiments examining the effects of extrinsic rewards on intrinsic motivation. *Psychological bulletin*, *125*, 627-668.

Deci, E. L., & Ryan, R. M. (1985). *Intrinsic motivation and self-determination in human behavior*. New York, Plenum.

Deci, E. L., & Ryan, R. M. (2013). *Intrinsic motivation and self-determination in human behavior*. New York, Plenum.

Dickinson, A., & Balleine, B. (2002). The role of learning in the operation of motivational systems. In Pashler, H., & Gallistel, R. (Eds.), *Stevens' handbook of experimental psychology*. 3rd ed., Vol.3. Learning, motivation, and emotion. New York, John Wiley & Sons. 497-533.

Dweck, C. S., & Leggett, E. L. (1988). A social-cognitive approach to motivation and personality. *Psychological review*, *95*, 256-273.

Gilal, F. G., Zhang, J., Paul, J., & Gilal, N. G. (2019). The role of self-determination theory in marketing science: An integrative review and agenda for research. *European Management Journal*, *37*, 29-44.

Hoyer, W. D., MacInnis, D. J., & Pieters, R. (2016). *Consumer behavior*. Cengage learning.

Hull, C. L. (1943). *Principles of Behavior*. New York, Appleton-Century-Crofts.

Irmak, C., Vallen, B., & Sen, S. (2010). You like what I like, but I don't like what you like: Uniqueness motivations in product preferences. *Journal of consumer research*, *37*, 443-455.

Jang, W. E., Ko, Y. J., Morris, J. D., & Chang, Y. (2015). Scarcity message effects on consumption behavior: Limited edition product considerations. *Psychology & Marketing*, *32*, 989-1001.

Jansson-Boyd, C. (2019). *Consumer Psychology*, 2nd. UK, McGraw-Hill Education.

鹿毛雅治 (1994). 内発的動機づけ研究の展望.『教育心理学研究』. *42*, 345-359.

鹿毛雅治 (2022).『モチベーションの心理学』. 中公新書.

小嶋外弘・杉本徹雄・永野光郎 (1985). 製品関与と広告コミュニケーション効果.『広告科学』, *11*, 34-44.

Krishen, A. S., Berezan, O., Agarwal, S., & Kachroo, P. (2016). The generation of virtual needs: Recipes for satisfaction in social media networking. *Journal of Business Research*, *69*, 5248-5254.

Lepper, M. R., Greene, D., & Nisbett, R. E. (1973). Undermining children's intrinsic interest with extrinsic reward: A test of the "overjustification" hypothesis. *Journal of Personality and social Psychology*, *28*, 129-137.

Lepper, M. R., & Greene, D. (1978). *The Hidden Costs of Reward: New Perspectives on the Psychology of Human Motivation*. Lawrence Erlbaum Associates.

Leung, L. S. K., & Matanda, M. J. (2013). The impact of basic human needs on the use of retailing self-service technologies: A study of self-determination theory. *Journal of Retailing and Consumer Services*, *20*, 549-559.

Lin, C. P., Tsai, Y. H. & Chiu, C. K. (2009). Modeling Customer Loyalty from an Integrative Perspective of Self-Determination Theory and Expectation-Confirmation Theory. *Journal of Business and Psychology*, *24*, 315-326.

Maslow, A. H. (1962). *Toward a Psychology of Being*. Princeton, NJ: D. Van Nostrand.

Meyer-Waarden, L. (2013). The impact of reward personalisation on frequent flyer programmes' perceived value and loyalty. *Journal of Services Marketing*, *27*, 183-194.

村山航 (2010). 認知と動機づけ. 市川伸一編『発達と学習』, 104-128.

新倉貴士 (2012). 情報処理の動機づけ. 青木幸弘・新倉貴士・佐々木壮太郎・松下光司編『消費者行動論 マーケティングとブランド構築への応用』, 163-184. 有斐閣アルマ.

西原彰宏 (2013). 関与概念の整理と類型化の試み.『商學論究 (関西学院大学)』, *60*, 305-323.

西村多久磨 (2019). 自己決定理論. 上温寿・大芦治編『新動機づけ研究の最前線』, 45-73. 北大路書房.

Norton, M. I., Rucker, D. D., & Lamberton, C. (Eds.) (2015). *The Cambridge Handbook of consumer psychology*. Cambridge University Press.

Peter, J. P., & Olson, J. C. (2010). *Consumer Behavior and Marketing Strategy*, 9th ed, International Edition. McGraw-Hill.

Pintrich, P. R., & Schunk, D. H. (2002). *Motivation in education: Theory, research, and practice*. 2nd ed. Englewood Cliffs, NJ: Merrill.

Proksch, M., Orth, U. R., & Cornwell, T. B. (2015). Competence enhancement and anticipated emotion as motivational drivers of brand attachment. *Psychology and Marketing*, *32*, 934-949.

Reeve, J. (2018). *Understanding motivation and emotion*, 7th ed. John Wiley & Sons.

Roy, R., & Sharma, P. (2015). Scarcity appeal in advertising: Exploring the moderating roles of need for uniqueness and message framing. *Journal of Advertising*, *44*, 349-359.

Ruvio, A., Shoham, A., & Brenčič, M. M.（2008）. Consumers' need for uniqueness: short-form scale development and cross‐cultural validation. *International Marketing Review*, *25*, 33-53.

Ryan, R. M., & Deci, E. L.（2000）. Intrinsic and extrinsic motivations: Classic definitions and new directions. *Contemporary Educational Psychology*, *25*, 54-67.

Ryan, R. M., & Deci, E. L.（2017）. *Self-determination theory: Basic psychological needs in motivation, development, and wellness*. Guilford Publications.

Ryan, R. M., Rigby, C. S. & Przybylski, A.（2006）. The Motivational pull of video games: A Self-Determination Theory approach. *Motivation and Emotion*, *30*, 344-360.

Schiffman, L. G., & Wisenblit, J.（2019）. *Consumer Behavior*, 12th ed Global Edition. Pearson Education.

Schösler, H., de Boer, J., & Boersema, J. J.（2014）. Fostering more sustainable food choices: can Self-Determination Theory help?. *Food Quality and Preference, 35*, 59-69.

Snyder, C. R., & Fromkin, H. L.（1980）. *Uniqueness: The human pursuit of difference*. Boston, Springer US.

Snyder, C. R., & Fromkin, H. L.（1977）. Abnormality as a positive characteristic: The development and validation of a scale measuring need for uniqueness. *Journal of Abnormal Psychology*, *86*, 518-527.

Solomon, M. R.（2011）. *Consumer Behavior: Buying, Having, and Being*, Global Edition, 9th ed. Prentice Hall.

Solomon, M. R.（2013）. *Consumer Behavior: Buying, Having, and Being*, 10th Edition, Boston: Prentice Hall.（松井剛（監訳）（2015）.『ソロモン消費者行動論（上）』. 丸善 .）

Sweeney, J. C., Webb, D., Mazzarol, T., & Soutar, G. N.（2014）. Self-determination theory and word of mouth about energy-saving behaviors: An online experiment. *Psychology and Marketing*, 31, 698-716.

高橋広行（2018）. そのブランドじゃないとダメ？　消費者のブランドロイヤルティ. 山田一成・池内裕美 編『消費者心理学』, 85-97, 勁草書房 .

Tian, K. T., Bearden, W. O., & Hunter, G. L.（2001）. Consumers'need for uniqueness: Scale development and validation. *Journal of Consumer Research*, *28*, 50-66.

外山美樹（2011）.『行動を起こし，持続する力 - モチベーションの心理学 -』. 新曜社 .

Truong, Y., & McColl, R.（2011）. Intrinsic motivations, self-esteem, and luxury goods consumption. *Journal of Retailing and Consumer Services*, *18*, 555-561.

上淵寿（2012）.『キーワード動機づけ心理学』. 金子書房 .

上淵寿（2019）. 動機づけ研究の省察 - 動機づけ・再入門 -. 上温寿・大芦治 編『新動機づけ研究の最前線』, 1-19. 北大路書房 .

Van Herpen, E., Pieters, R., & Zeelenberg, M.（2005）. How product scarcity impacts on choice: Snob and bandwagon effects. *Advances in Consumer Research*, *32*, 623-624.

Vansteenkiste, M., & Ryan, R. M.（2013）. On psychological growth and vulnerability: Basic psychological need satisfaction and need frustration as a unifying principle. *Journal of Psychotherapy Integration*, *23*, 263-280.

White, R. W.（1959）. Motivation reconsidered: the concept of competence. *Psychological review*, *66*, 297-333.

株式会社日本マーケティングリサーチ機構 (2021). 身近な存在のコンビニ。79.18%が週に 1 回以上利用。. https://prtimes.jp/main/html/rd/p/000001052.000033417.html（2022 年 3 月 31 日閲覧）

White, K., & Argo, J. J. (2011). When imitation doesn't flatter: The role of consumer distinctiveness in responses to mimicry. *Journal of consumer research*, *38*, 667-680.

（井関紗代）

（ケース：津村将章）

第6章

消費者の情報の取得と解釈

6.1 情報探索

6.1.1 消費者はどのように情報探索を行うのか？

　一般的な消費者購買意思決定プロセスは，消費者が生活上の問題を認識するところから始まる。認識した問題に由来するニーズを感じると，消費者はそのニーズを製品の購買や消費を通して満たそうとする。例えば，冬に着るお気に入りのコートが着古してくたびれているという問題意識を持っており，新しいコートを購買すると決め，どのブランドのコートを買おうか検討している状況を考えてみよう。そうした状況に直面したら，まずは過去にコートを買った経験を思い出して，お気に入りのブランドの新作コートを調べることから始めて，そのうち，インターネットで他のブランドのコートを調べたり，SNSで友人が薦めているコートをチェックしたりするだろう。このように，過去に同じ製品の購買経験があるならば，その時の経験は現在直面している製品選択に大いに役立つ情報となる。このような消費者の知識，つまり記憶している情報を思い出すことを**内部探索**という。しかし，過去に購買経験がないならば，広告やクチコミ，販売員の説明，ウェブサイトなどで有用な情報を探索しなければならない。このように，外部の情報源から広範囲にわたって製品情報を収集することを**外部探索**という。消費者の購買意思決定は，多くの場合，過去の購買経験の記憶と自分の知らない新たな情報，すなわち，内部情報と外部情報の組み合わせに基づいて行われる。両者のバランスは，関連した購買経験がある

かどうかによって決まり，購買経験があって内部情報が豊富に蓄積されている場合には，外部探索をそれほど行う必要はないと判断する。

6.1.2　インターネット上での情報探索

　消費者の情報探索行動は，2000年代以降にインターネットが普及し，さらには，スマートフォンの人気によって，大きく様変わりしている。インターネットが普及した現代では，購買を検討している製品を見つけるために，わざわざ店舗を訪れたり，メーカーに問い合わせをしたり，パンフレットを請求したりすることは少ないだろう。そんなことをしなくても，製品について知りたい情報のほとんどは，メーカーやサービス提供者のウェブサイトにアクセスして製品概要を確認したり，小売業者のオンラインショッピングサイトにアクセスして製品を見比べたりすれば手に入れられる。メーカーやサービス提供者は，自社製品に関する画像やテキストの単純な情報提供だけではなく，動画やVR・AR技術を活用したコンテンツの開発，コミュニティサイト（ファンクラブ）の結成など，さまざまなコンテンツを通じて，自社製品や自社自身について訴求している。オンライン小売業者や代理店は，自社のウェブサイトで消費者の情報探索を助けるようなさまざまなツールを提供していて，消費者は，価格，サイズ，デザイン，スペックなどの基準に基づいて商品を並べ替えたり，絞り込んだりすることができる。例えば，旅行会社の予約サイトでは，目的地で検索したのち，価格，出発時刻，到着時刻，航空会社，乗り継ぎ回数などの基準で検索結果を絞り込むことができる。

　また，かつては，ある製品についての他者の評価，すなわち**クチコミ**（WOM : word-of-mouth）を収集するのであれば，友人や家族に職場・学校で会うことで，あるいは，電話することで，知っている人に話を直接聞いて，対面のクチコミ情報（face-to-face WOM）を収集する他なかった。しかし，現代は，それよりもインターネット上でのクチコミ情報（electronical WOM）を収集することが一般的になっている。例えば，飲食レストラン，美容院，映画，ホテルのようなサービスから，化粧品，洋服，食品のような財まで，幅広いカテゴ

第 6 章　消費者の情報の取得と解釈 ｜ 121

リーで，専門のクチコミサイトが立ち上がっている。それだけではなく，地図
アプリや電話帳サイトを通じて，お店や場所に関する他人の評価を窺い知るこ
ともできるようになっている。

コラム column　製品の種類によってインターネット検索の仕方は異なるのか？
（Huang, Lurie, & Mitra, 2009）

　ファンらは，消費者のインターネット上の情報探索行動は探索対象製品が探索財の
場合と経験財の場合で異なることを報告している。ただし，探索財とは，日用品や電
化製品のように，購買前に製品の品質を容易に評価できる製品で，経験財とは，レス
トランや旅館・ホテルのように，購買前に品質を評価することが難しく，購買して経
験することで品質を評価できる製品のことである。一方で，探索財に関する情報は，
価格やサイズ，形状などの製品の標準的な性能が単純に表現されているため，情報処
理に要するコストが少なく済む。それゆえ，1 つのウェブページの閲覧時間は少なく，
訪問ウェブページ数は多いことが示された。他方で，経験財に関する情報は，価値や
便益，使いやすさなどに関するものであり，製品を経験しなければ得られない。その
うえ，個人の経験によって内容が異なるため，情報処理により多くのコストが必要で
ある。それゆえ，1 つのウェブページの閲覧時間は多く，訪問ウェブページ数は少な
いことが示された。要約すると，探索財に関する情報探索は浅く広く行われる一方，
経験財に関する情報探索は深く狭く行われるということが見出された。

6.1.3　情報探索を促進する要因

　消費者は熱心に情報探索を行って慎重に購買を検討することもあれば，大し
て情報探索を行わずに購買に至ることもある。情報探索に費やす労力に違いが
あるのはなぜだろうか？　情報探索の程度を決定づける要因として，まず，消
費者の製品知識量が挙げられる。購買を検討している製品カテゴリーについて
知っていることがほとんど無ければ，外部探索に大きな労力を費やす。逆に，
その製品カテゴリーのことはよくわかっていると主観的に感じていれば，消費
者は他の人からの推奨やクチコミを参考にしないで，自分の製品評価を信じて
購買意思決定を行う。

　次に，消費者の関与度が挙げられる。ある製品の購買がその消費者にとって

| 図表 6 - 1 | 情報探索を促進する要因 |

消費者要因
・デモグラフィックス 　学歴，収入，職業，年齢，結婚 ・パーソナリティ特性 　独断的，リスク許容的，製品関与，好奇心

状況要因
・経験 　初めての購買の時，過去に購買経験のない新製品に直面した時，同じ製品 　カテゴリーで過去に不満足な経験をしている時 ・社会的受容 　ギフト購買の時，その製品の使用を社会的に見られる時 ・価値関連的な検討 　必要性からではなく自分の裁量で購買する時，すべての選択肢が望ましい 　一面と望ましくない一面を持っている時，家族の中に製品の購買もしくは 　選択肢の評価に賛同しない人がいる時，その製品を使うことで重要な準拠 　集団から逸脱する時，環境配慮に関連した購買の時，対立的な情報を数多 　く見つけた時

製品要因
・製品仕様が頻繁に変更される時 ・価格変動が頻繁に起こる時 ・大量購入する時 ・価格が高い製品 ・たくさんの代替的なブランドが存在する時 ・製品の特徴が大きく変化する時

（出所）Schiffman & Wisenblit（2019），p.349.

重要な意味があるほどその製品に関する情報を熱心に収集する。製品知識や製品関与以外にも，図表6－1に示されるように，さまざまな消費者要因，状況要因，および製品要因が消費者の情報探索を促進（あるいは阻害）すると言われている。

第 6 章　消費者の情報の取得と解釈　| 123

6.2　理解・解釈

6.2.1　カテゴリー化

6.2.1.1　製品をどのように理解するのか？

　今日，企業同士の競争は激しさを増しており，数多くの企業と多種多様な製品がひしめき合っている。特に，日用品や洋服をはじめとする消費財市場は，**コモディティ化**と呼ばれる状況が続いており，市場には，似たり寄ったりの製品が数多く並んでいる。このような状況にあるため，消費者は，自分のニーズを満たす製品を探索して，その製品に関する情報を収集しようとしても，大抵の場合は，非常に多数の製品と，処理しきれないほどの膨大な製品情報に直面する。そのような情報処理が困難な状況下で，消費者はその製品がすでに知っている製品とどの程度似ているのかを基準にして，その製品をカテゴリーに分類する。結果として，製品情報を処理しやすくなり，その製品の特徴を容易に理解できるようになる。

　カテゴリー化とは，これまでに直面してきた多数の製品を分類して，複数のカテゴリーの中の1つに含めつつ，消費者の頭の中で独自のカテゴリー構造を形成することである。消費者がどのようにカテゴリー化を実施するのかは，とても大きな意味を持つ。というのも，このカテゴリー構造は消費者の情報処理や推論の基礎となり，製品がどの製品カテゴリーに割り当てられるのかによって，その製品に対する消費者の信念や評価，最終的な購買行動が決定づけられるからである。

6.2.1.2　カテゴリー化の方法

　消費者がカテゴリー化を通じて頭の中に形成するカテゴリー構造には，いくつかのタイプがあるが，最も代表的なタイプは，**抽象的カテゴリー**である。抽象的カテゴリーとは，消費者が製品の属性や便益を基準にして製品を分類することを目的としたカテゴリー構造である。各カテゴリー概念の抽象度に基づ

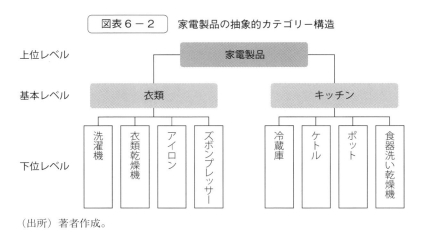

(出所) 著者作成。

き，抽象度が高い上位カテゴリー，抽象度が中程度の基本レベルカテゴリー，抽象度が低い下位カテゴリーという3層の階層から構成される垂直的な構造から成り立つ。家電製品に関する抽象的カテゴリー構造の例は，図表6-2に示されるとおりである。

　上位カテゴリーは，相対的に抽象度が高く，カテゴリー間で共通する属性の数が非常に限られているため，カテゴリー間の類似度は低い。例えば，「家電製品」や「食品」，「医薬品」といった抽象度が非常に高い概念が当てはまる。続いて，基本レベルカテゴリーは，上位カテゴリーと下位カテゴリーの中間に位置するような中程度の抽象度を持つ。カテゴリー間で共通する属性の数が一定数あり，カテゴリー間の類似度も中程度である。例えば，「リビング家電」や「キッチン家電」といった抽象度が高すぎず，また低すぎない概念がこのカテゴリーに当てはまる。消費者が製品を分類する際に有用であると考えられているのは，この基本レベルカテゴリーである。それは，このカテゴリーの抽象度が適度であり，消費者にとって好ましいと感じられるからである。例えば，「電気ケトル」を見た消費者は，その製品を上位カテゴリーの「家電製品」や下位カテゴリーの「ケトル」と認識するのではなく，基本レベルカテゴリーの「キッチン家電」として頭の中で割り当てるだろう。下位カテゴリーは，抽象

度が最も低く，それゆえ，カテゴリー間で共通する属性の数が非常に多く，カテゴリー間の類似度も高い。例えば，「洗濯機」や「衣類乾燥機」といった抽象度が低い概念はこのカテゴリーに当てはまる。

　カテゴリー化は，消費者の情報理解・解釈を大いに容易にしてくれる。例えば，図表6-2のような「家電製品」の抽象的カテゴリー構造を頭の中に形成している消費者について考えてみよう。このような消費者が，ある新製品に直面して，それが「アイロン」カテゴリーに分類されると判断すれば，その新製品には，金属に取っ手がついていて，洋服のシワ伸ばしに使用できて，電気で金属が熱をもって，アイロン台の上で使われるといった特徴を持つと，瞬時に予想することができる。そうすることによって，その新製品が一体何なのかについて，基本的な特徴をすぐに理解することができる。さらには，その特徴を出発点として，この新製品はアイロン台を使わずに使用することができるので素晴らしいとか，金属が熱をもつのに火傷対策機能が付いていないから買いたくないといった，製品評価のためにも使用されるのである。

6.2.2　解釈レベル理論

6.2.2.1　解釈レベル理論とは？

　車を1年後に買い替えたいと思う消費者と，車が急に動かなくなり，数日中に買い替えなければならない消費者とでは，情報探索の仕方や車の買い方に違いがある。1年後に買い替える人は，「週末に家族とのドライブの機会を増やしたい」とか，「運転していて楽しい気分になる車に乗りたい」といったことを考えて，楽しげな雰囲気のテレビCMに注目したり，心地よさそうなドライブの投稿をSNSで探したりして，買い替えた車に乗っている将来をぼんやりと想像するだろう。他方，数日中に買い替える人は，「サイズが小さくて小回りが利く車に乗りたい」とか，「ハンドル操作がしやすくて運転支援機能が付いている車が欲しい」といったことを考えて，インターネットの比較サイトを検索したり，販売店に行って試乗したり，カタログを熟読したりして，どのメーカーのどの車種にするのかを真剣に考えるだろう。車の買い替えという将

来の出来事が時間的に遠いか近いかによって，それに対する考え方はぼんやりと目的を考えるものから具体的にその目的を達成するための手段を考えるものに変わる。

このように，購買時点までの時間的な長さによって，買おうとしている製品や買うこと自体に対する考え方が異なるのは，解釈レベル理論によって説明することができる。解釈レベル理論によると，消費者は，ある出来事や対象物に対して感じる**心理的距離**によって，その出来事に対する解釈のレベルが変容するという。より具体的には，心理的距離が遠い場合に解釈レベルが高く，心理的距離が近い場合に解釈レベルが低いと言われている。解釈レベル理論を理解するうえで鍵となる概念は，解釈のレベルと心理的距離である。

6.2.2.2　解釈のレベル

解釈レベルは，消費者のある物事に対する解釈の違いを描写した概念である。高いレベルの解釈，つまり高次解釈が行われる場合，消費者は，物事の二次的で付随的な特徴には注目せず，利用可能な情報から要点を抽出して，より抽象的で本質的な仕方で物事を考える。それに対して，低いレベルの解釈，つまり低次解釈が行われる場合，消費者は二次的で付随的な特徴に注目し，具体的で周辺的な仕方で物事を考える。

例えば，フィットネスジムに行くという行動を高次解釈すると，なぜその行動を行うのかという問いに，「痩せるため」とか「生活習慣病を予防するため」といった形で答えることができるのに対して，低次解釈すると，例えば「スポーツウェアを着る」とか「プロテイン飲料を持つ」といったように，その行動をどのように行うかが重要になる。

6.2.2.3　心理的距離

ある事象が，消費者が実際に経験するところから離れたところにある場合，「心理的に遠い」状態にあるといい，それらを消費者が感知できる範囲にある場合，「心理的に近い」状態にあるという。冒頭の例を用いると，自動車の買

い替えを 1 年後に予定する消費者にとっての心理的距離は遠いのに対して，数日以内に買い替えなければいけない消費者にとっての心理的距離は近いということである。心理的距離にはいくつかの種類がある。

①　時間的距離：事象が時間的に離れていること（例：来週対来年，先週対昨年）
②　社会的距離：事象が別の人にしか感じられないこと（例：自分対他人）
③　空間的距離：事象が空間的に遠いこと（例：隣のビル対別のビル）
④　仮想的距離：事象が反実仮想的で現実に起きていないこと
　　　　　　　　（例：現実的対幻想的，ありそう対ありえない）

　解釈レベル理論では，心理的距離が解釈レベルに影響を与えると想定している。つまり，心理的距離の遠い物事について考える時には高次解釈を，心理的距離の近い物事を考える時には低次解釈を行うと主張されている。それは，消費者が近い将来よりも遠い将来のことについては確信が持てず，自分自身よりも他人のことをあまり知らず，現実に起こる可能性の高い出来事よりも起こりえない選択肢について考えられないからである。心理的距離の遠い物事に関する具体的な情報は入手することが難しく，消費者はほとんど知識を持っていないため，その時点では抽象的で高いレベルの解釈をせざるをえない。しかし，その物事が近づくにつれて，詳細な情報が利用できるようになるため，消費者はより具体的で低いレベルの解釈が行えるようになる。

6.2.2.4　解釈レベル理論の応用

　解釈レベル理論を用いて，自動車メーカーのマーケティング・コミュニケーションについて考察してみよう。本節冒頭の例を用いると，車の買い替えを 1 年後に行うような心理的距離の遠い消費者は高次解釈を行うのに対して，数日中に買い替えなければいけないような心理的距離の近い消費者は低次解釈を行う。前者の心理的距離の遠い消費者は，新しい車に乗る目的，つまり車の価値を抽象的に考えるのに対して，後者の心理的距離の近い消費者は，その目的を

達成するために必要な手段，つまり車の機能を現実的に考えたり，属性について具体的に考えを巡らせる。このことを考慮すると，自動車メーカーのマーケターは，心理的距離の遠い消費者と近い消費者それぞれの解釈レベルに合わせて，的確に自社の製品を訴求する必要がある。テレビCMにおいて，車の買い替えを高次解釈する消費者を標的とする場合には，家族と身軽にアウトドアに出かける様子を印象付けるような価値訴求的な内容が効果的である一方で，低次解釈する消費者を標的とする場合には，燃費の良さや安全装置，運転支援機能などの車の客観的な特徴を強調するような機能訴求的な内容が効果的であるだろう。また，ディーラーの販売員は，店頭に訪れた顧客が自動車の買い替えをいつ行おうとしているのかを注意深く聞き出す必要がある。もし，顧客が買い替えは少し先だが情報収集を始めたいというのであれば，心理的距離が遠いと判断して，まずはどういう目的で車を買い替えたいのかを丁寧に聞き出し，その目的が自社の車とともに達成されるイメージを持てるように接客するべきである。一方で，もし顧客が候補を絞り込んで，他社メーカーと比較する段階に入っているならば，心理的距離が近いと判断して，より具体的に性能の良さをアピールするような説明を行うべきであろう。

コラム column　オーガニック食品のイラストの広告効果
(Septianto, Kemper, & Paramita, 2019)

　セプティアントらは，解釈レベル理論を応用して，オーガニック食品の広告において用いるべき広告ビジュアルの種類を特定した。彼らによると，オーガニック食品は，従来型の食品と比べて，相対的に高価格であり，健康意識の高い消費者に求められることから，高級感があり，ステータスと関連した製品である。それゆえ，オーガニック食品に対する心理的距離は遠く，消費者の解釈レベルは高次になるという。また，広告ビジュアルとして用いられるイラストは，写真と比べて芸術的で，対象が抽象的に描写されているため，消費者の解釈レベルを高次にする。そのため，オーガニック食品の広告にイラストを使用する場合のほうが，写真を使用する場合より，両者の解釈レベルが適合することで情報処理が流暢に行えるため，消費者の購買意図が高いことが見出された。

第6章　消費者の情報の取得と解釈 | 129

6.2.3　制御焦点理論

6.2.3.1　制御焦点理論とは？

　製品に関する同じ情報を受け取ったとしても，消費者個人ごとに，その解釈の仕方は異なる。例えば，歯周病を防いで歯を健康に保つような歯磨き粉の広告メッセージについて考えてみたい。この商品を宣伝する謳い文句には，大きく2つの方向性が考えられる。1つは，「歯を美しく健康に保って心身ともに健康になろう」のような，健康増進を訴求するメッセージである。もう1つは，「歯周病を防いであなたの歯を守ろう」のような，病気予防を訴求するメッセージである。あなた自身は，そして，周囲の友人や家族は，どちらの広告メッセージに惹かれるだろうか。ある人は一方のメッセージに強く惹かれて，ある人はもう一方のメッセージに強く惹かれるという状況が生じるのは，情報に対する解釈が消費者ごとに異なるからである。

　制御焦点理論は，そうした消費者個人の情報解釈や行動の違いを説明してくれる理論である。古くから，人の行動を動機づけるのは，快楽への接近と苦痛の回避であると考えられてきた。例えば，アイスクリームを食べたい，テストで高い点数を取りたいというのは快楽への接近だし，野菜を食べたくない，テストで低い点数を取りたくないというのは苦痛の回避である。要するに，人は，快を求めて苦を避けるのである。これは，**快楽原理**と呼ばれる。興味深いことに，制御焦点理論によると，どのような性質の快楽に接近し，どのような性質の苦痛を避けようとするのかによって，人は2種類に分類されるという。具体的には，希望や理想というポジティブな結果の有無に着目する**促進焦点**の人と，損失や失敗というネガティブな結果の有無に着目する**予防焦点**の人である。例えば，海外旅行プランを検討する際に，良い旅行にするというのは快楽への接近であるけれど，促進焦点の消費者は，希望の場所に行けるか否かというポジティブな結果の有無を重視するのに対して，予防焦点の消費者は，怪我や病気が無く帰ってこられるか否かというネガティブな結果の有無を重視する。

　さらに，目標追求の行動も両者で異なる。例えば，大学の講義で僅か数人に

しか与えられないS評価を取るという目標を持つ学生は，どのような方法をとるだろうか。必読ではない本を読んだり，授業途中でも積極的に発言したりする学生もいれば，授業課題を忘れずに出すことに注意し，授業内容の定着のために復習する学生もいるだろう。S評価取得という目標達成のために，前者の学生は，いわば接近志向の手段を用いる人であり，こうした人は促進焦点型であると捉えられる一方，後者の学生は，いわば回避志向の手段を用いる人であり，こうした人は予防焦点型であると捉えられる。このように，制御焦点理論は人々が同じ目標を持っていたとしても，その焦点状態が促進であるか予防であるかによって，目標達成のための手段が異なることを主張する。

　制御焦点理論は，**制御適合**という考え方を重視しており，人の焦点状態に適合した目標達成方法を用いることができれば，その行動を正しいと感じて，その行動に積極的に従事するようになると言われている。例えば，冒頭の歯ブラシに関する2種類の広告メッセージの例は，どちらも歯の健康という最終目標の達成を見据えているが，それを達成するにあたり，一方では，歯の健康に近づくという促進焦点的なメッセージを発しており，もう一方では，歯の不健康（歯周病）から遠ざかるという予防焦点的なメッセージを発している。当然ながら，促進焦点的な人は前者を，予防焦点的な人は後者を好むということがわかっている。

6.2.3.2　制御焦点はどこからやってくる？

　個人が促進焦点であるか予防焦点であるかは，その人が育ってきた環境によって決まると言われている。具体的には，両親や親戚などの養育者が，幼少期にその人に対してどのように接してきたかが重要である。養育者が子供に対して，理想や希望のようなポジティブな結果の獲得を促すと，その人は将来的に促進焦点の傾向が強くなる。例えば，養育者が子供に対して，目標を達成した時に褒める，一歩成長したことを称賛するといった行動があげられる。一方，養育者が子供に対して，不安や脅威のようなネガティブな結果の排除を促すと，その人は将来的に予防焦点の傾向が強くなる。例えば，子供が悪さをしたり無

第6章　消費者の情報の取得と解釈 │ 131

責任なことをしたら叱る，危険を冒したりルールを破ったりしたら罰するといった行動があげられる。さらに，制御焦点は，人の持って生まれた**特性要因**である一方で，その時々の状況によっても変わりうる**状況要因**でもある。例えば，子供の頃に自分が叶えたいと思っていた夢について書く，現在の希望や願望について自由に記述するといったタスクを行うことで，一時的に促進焦点になるし，子供の頃に自分がやらなければならなかった義務について書く，現在の義務や責任について自由に記述するといったタスクを行うことで，一時的に予防焦点になるということが，さまざまな消費者心理実験からわかっている。

コラム **消費者の制御焦点に及ぼすペットへの露出の効果**
column （Jia, Yang, & Jiang, 2022）

　ジアらは，犬や猫との交流を思い出したり，犬や猫が登場する広告を視聴したりして，ペットに接することが消費者の心理に影響を及ぼすことを報告している。具体的に，消費者は犬に接すると促進焦点になる一方，猫に接すると予防焦点になる。というのも，人々の間では，犬は開放的で表現力豊かな気質を持つ一方，猫はとらえどころがなく，注意深い気質を持つという固定観念が持たれており，前者は促進焦点と，後者は予防焦点の特徴と関連しているからである。彼らは複数の実験を行っており，その結果，例えば，犬の飼育率が高い地域では，Google 検索に際して，促進焦点に関連した検索ワードを頻繁に用いる一方，猫の飼育率が高い地域では，予防焦点に関連した検索ワードを頻繁に用いるということがわかった。さらに，犬との触れ合いを思い起こした消費者は，「マッサージ治療を受けて活力を生み出そう」といった促進焦点的な広告メッセージに惹かれる一方，猫との触れ合いを思い起こした消費者は，「マッサージ治療を受けてストレスを低減しよう」といった予防焦点的な広告メッセージに惹かれるという，制御適合の結果も見出した。

6.2.4　知覚リスク

6.2.4.1　知覚リスクとは？

　どのような製品やサービスであれ，消費者の購買行動を妨げる要因の1つは，「思っていたものと違うものを買ってしまったらどうしよう，お金が無駄になるかもしれない」という消費者の心理である。これは，知覚リスクと呼ば

れており，消費者が購買意思決定の帰結を見通せない時に直面する不確実性のことである。消費者は，製品に関する情報探索・収集を行い，その情報を解釈・理解することで，知覚リスクを低減しようとしている。興味深いことに，消費者は，実際に買い物に失敗するリスクが小さかったとしても，そうしたリスクがあるかもしれないと知覚すると，その影響を受けて購買意思決定を変容させる。例えば，購入を検討していたある薬の副作用のリスクが 0.00001%（1千万人に1人の割合）だとしよう。その数値は極めて小さい確率であるが，その事実を知った途端，副作用を恐れて，その薬の購買・使用を控えるといった行動変容が見られることは頻繁にある。知覚リスクは，次のような5つの要素から構成される。

① 機能的リスク：製品が予想通りの機能や性能を発揮しない可能性
② 物理的リスク：製品が自分や他人を傷つける可能性
③ 金銭的リスク：製品がその費用に見合った価値を持たない可能性
④ 心理的・社会的リスク：製品選択の失敗が消費者の自尊心を傷つける可能性
⑤ 時間的リスク：製品が予想通りではない場合に，製品の情報探索に要した時間が無駄になる可能性

コラム column　知覚リスクは本当のリスクよりも高く見積もられているのか？
（Cox, Cox, & Mantel, 2010）

　コックスらの研究によれば，さまざまな製品に関する実際のリスクよりも，消費者の知覚リスクは，高く見積もられているということが報告されている。薬の副作用リスクについて説明する際に，「一般的に（〇〇の副作用が生じます）」や「まれに（××の副作用が生じます）」といった言葉が使われることが多い。実際には，「一般的に」という言葉は，0〜10%の確率で生じる時，「まれに」は 0.1% 未満の確率で生じる時に使われる。しかしながら，実験の結果，消費者はそれぞれの説明を聞いて，副作用が生じる確率を約30%程度に知覚するということがわかった。近年，薬だけではなく健康商品や金融サービスなどの多様な製品において，その使用・消費に

第6章　消費者の情報の取得と解釈 | 133

伴うリスクを消費者に開示するよう求められていることを背景に，そうした情報に消費者は日々露出しているために，知覚リスクを高く見積もりがちだという。なお，この効果は，その薬のコマーシャルを見てポジティブな気分に誘導されると，消費者はその薬のリスクに関する情報を細やかに精査しようとし，かつ，製品の効能や他の属性を判断する際にもその情報を用いるということがわかっている。そのため，企業の丁寧な情報提供が重要であるということが示唆されている。

6.2.4.2　知覚リスクを減らす方法

　知覚リスクは，消費者の購買を妨げる要因であるため，企業側の視点に立てば，企業が注意を払わなければならない要因である。特に，新製品や革新的な製品（例えば，最新のゲーム機器，最先端の医術や薬，最新技術を使った車など）は，一般的に，消費者から知覚リスクを高く見積もられる傾向にある。そのため，そうした新製品の導入に際して，マーケターは，消費者の知覚リスクを低減できるような施策を講じなければならない。具体的な施策としてあげられるのは，有名なブランドネームをライセンシングによって使用する，評判のよい小売業者に販売してもらう，情報提供型の広告を流す，パブリシティを活用する，無料サンプルを配布する，キャッシュバックの保証をつけるなどである。

　他方で，消費者にとっても，知覚リスクを低減しなければ，製品やサービスを購買して自身の問題を解決することができない。そのため，消費者自身が，知覚リスクを低減する方法を身に付けておくことも重要である。その代表的な方法として，**情報**と**ブランド・ロイヤルティ**があげられる。

①　情　報

　消費者は，製品やサービスに関する情報を，友人や家族からのクチコミ，自分が信頼する人からの意見，販売員による説明，メディアによる宣伝といった多種多様な形で入手する。幅広い情報源から多くの情報を入手することで，知覚リスクを低減させることができる。また，今日では，消費者は，知覚リスクを低減するべく，インターネットを使って製品カテゴリーの中で入手可能なすべてのブランドについて調べて，人気ランキング，価格，特徴などを一覧でき

る表を使って見比べることができる。もし，ある製品を購買することに対して，知覚リスクを高く見積もるのであれば，その他の選択肢についての情報を収集する必要がある。

② ブランド・ロイヤルティ

新製品や，今まで購買・経験したことのないブランドを購買することに高い知覚リスクを感じるのであれば，消費者は，過去に満足したことのあるブランドを再び購入することでリスクを回避することができる。物事に対してリスクを高く知覚しやすい人は，古いブランドへのロイヤルティが高い傾向があり，新しいブランドを購買しにくい傾向がある。消費者は，ある製品の使用経験がない時，自分が好きなブランド，もしくは，有名なブランドを信頼しがちである。そういう消費者は，有名なブランドの方が新しいブランドよりも良い製品だと感じており，品質保証，信頼性，パフォーマンス，およびサービスの点から，有名ブランドを買う価値があると思っている。

6.3 推　論

消費者は，情報探索・収集を行い，それを理解・解釈することによって，自身の問題をより良く解決してくれる製品を選択することができる。しかし，現実的には，情報探索や情報解釈が上手く行えるケースはほとんど無いだろう。というのも，消費者は，情報探索・処理するための能力や時間が限られているからだ。例えば，ノートパソコンについての詳細なスペック情報を見せられても，多くの人はそれを理解する知識に欠けているだろうし，週末に恋人と行くレストランを調べるにも，そもそも学校や仕事で忙しくて情報収集しきれないかもしれない。そうすると，消費者は，入手できた情報から，製品の残りの特徴や，製品全体の評価について，予想する，換言するなら，推論しなければならない。

消費者が最も頻繁に用いる推論は，属性間の相関に関する**暗黙理論**を用いた

推論である。ただし，**属性**とは製品の特徴を指し，暗黙理論とは消費者が無意識のうちに有している仮説や法則のことである。Ａという特徴を持つ製品は，Ｂという特徴を持つ（あるいは持たない）という相関関係は，さまざまな製品や属性において見られ，消費者も，そうした相関関係を知らず知らずのうちに自身の中で形成している。それを利用して，足りない情報を補ったり，情報処理の労力を節約したりするというのは，しばしば行われる行動である。最も典型的なのは，価格と品質の相関関係である。日本でも「安物買いの銭失い」，「高かろう良かろう，安かろう悪かろう」といった諺があるように，値段の高いものは，その分高い品質を誇る製品であろうという推論は，しばしば用いられてきた。冷静に考えてみれば，値段が高いからといって，必ずしも品質が良いとは限らない。実際，購買後に値段に見合った品質の製品ではないことがわかって，購買したことを後悔した経験は，誰しもが一度はあるであろう。しかし，値段が高いと品質も高いというのが，多くの場合において当てはまるのもまた事実である。そのため，鞄の素材やトレーニングジムなど製品の品質がわからない際に，この関係を利用して，高い鞄を良い鞄であると判断したり，高い月謝のトレーニングジムを良いジムであると推測したりする。品質を推論するのは価格以外にもある。例えば，広告と品質も相関関係があると信じられている。多数の広告を出稿しているような製品は，評判が良い，出稿代を支払えるほど製品が売れている，広告を出稿するほど企業が力を入れているという具合に，消費者にポジティブに捉えられがちである。その結果，広告出稿量が多いと，その製品の品質も高いであろうと推論される。加えて，製品の保証期間も重要である。保証期間が長いとその製品は耐久性を持っているし，保証範囲が広いとその製品は丁寧につくられていると予想され，結果として，品質が高いと推論される。

　製品情報を推論するために用いられるのは，当該製品の属性だけではない。その製品が所属するカテゴリーも推論のために頻繁に用いられる。例えば，「この車はスポーツカーである」と聞けば，当然，その車は速いという特徴を持つと予想するし，「この服はコートである」と聞けば，温かいという特徴を

持っていると推測する。そのような製品カテゴリーだけではなく，原産国カテゴリーも，推論を行うための強力な根拠となる。例えば，日本でつくられた車は安全である，イタリア産のワインは美味しい，アメリカのメーカーだから革新的だ，フランス製だからおしゃれである，などである。これらの例は，製品がしばしば製品カテゴリーではなく，国カテゴリーによって，品質が推論されているということを意味する。

コラム column 品質推論のために用いる暗黙理論は常に同じか？
(Shwarz, 2004)

　シュウァーツは，同じ人でも，2つの対立する暗黙理論を状況によって使い分ける可能性があるということを報告している。彼らは，消費者実験を行い，参加者に対して，芸術作品の品質を評価するよう求めた。一方の作品は，完成までに長い期間（例えば1年）を要しており，他方の作品は，短い期間（例えば1週間）で制作された。すると，消費者は，完成までに長い期間を要した作品の方が品質が高いと推論した。彼らは，さらに消費者実験を続けて，今度は，参加者に対して，芸術家の才能を評価するよう求めた。一方の芸術家は短期間で作品を制作した人で，他方の芸術家は長期間で作品を制作した人であった。すると，消費者は，短期間で作品を制作する人の方が才能があると判断した。製品については長期間の労力を要していた方を高く評価し，人間については短期間の労力を要していた方を高く評価するというように，状況によって，あるいは，評価対象によって，人は，暗黙理論を使い分けている。

ケース CASE 薬用化粧品オーパの広告戦略

　中畑氏は医薬品メーカーに勤務しており，広告宣伝部に所属している。新しく開発された薬用化粧品オーパの広告コピーを考えている。薬用化粧品※とは，厚生労働省が特定の肌効果を承認し，配合された有効成分による効果が期待できるものである。具体的にはシミを緩和し美白を促進する効果が期待される商品である。中畑氏はどのような広告コピーを作成すればよいだろうか。また，どのようなタレントを起用して宣伝すればよいだろうか。

（※）「化粧品」は肌の保湿や清浄など，製品全体としてその効果が期待されているものである一方，「薬用化粧品」は化粧品としての期待効果に加えて，肌あれ・にきびを防ぐ，美白，デオドラ

ントなどの効果を持つ「有効成分」が配合され，化粧品と医薬品の間に位置する「医薬部外品」に位置づけられている。このように「化粧品」と「薬用化粧品」の大きな違いは，「有効成分」が配合されているか否かである。

練習問題

1. 最近，あなたが購買した製品やサービスを1つ取り上げなさい。それを購買するために，どのような情報探索を行ったのか，なぜ，そのような情報探索行動をとったのかを説明しなさい。
2. 解釈レベル理論を，企業のマーケティング活動にどのように応用できるだろうか。時間的距離以外のいずれかの心理的距離，すなわち，社会的距離，空間的距離，または，仮想的距離の観点から考察しなさい。
3. 制御焦点理論について説明しなさい。また，それを，企業のマーケティング活動に，どのように応用できるか考察しなさい。
4. マーケターは，知覚リスクを下げるために，具体的にどのような手法を採用することができるか。具体的な製品やサービスを1つあげながら説明しなさい。
5. 消費者の暗黙理論を1つ取り上げなさい。それを用いた，製品属性の推論行動について，具体的な製品やサービスの例をあげながら述べなさい。

参考文献

Beatty, S. E., & Smith, S. M. (1987). External search effort: An investigation across several product categories. *Journal of Consumer Research*, *14*(1), 83-95.

Cox, A. D., Cox, D., & Mantel, S. P. (2010). Consumer response to drug risk information: The role of positive affect. *Journal of Marketing*, *74*(4), 31-44.

Higgins, E. T. (1997). Beyond pleasure and pain. *American Psychologist*, *52*(12), 1280-1300.

Higgins, E. T. (1998). Promotion and prevention: Regulatory focus as a motivational principle. *Advances in Experimental Social Psychology*, *30*, 1-46.

Huang, P., Lurie, N. H., & Mitra, S. (2009). Searching for experience on the Web: An empirical examination of consumer behavior for search and experience goods. *Journal of Marketing*, *73*(2), 55-69.

Jia, L., Yang, X., & Jiang, Y. (2022). The pet exposure effect: Exploring the differential impact of dogs versus cats on consumer mindsets. *Journal of Marketing*, *86*(5), 1-16.

菊盛真衣 (2020). 『eクチコミと消費者行動―情報取得・製品評価プロセスにおけるeクチコミの多様な影響』. 千倉書房.

Liberman, N., Trope, Y., & Stephan, E. (2007). Psychological distance. In Kruglanski, A. W., & Higgins, E. T., editors. *Social psychology: Handbook of basic principles*, *2*, 353-383. New York, NY: Guilford Press.

Rosch, E. (1975). Cognitive representations of semantic categories. *Journal of experimental psychology: General*, *104*(3), 192-233.

Rosch, E., Mervis, C. B., Gray, W. D., Johnson, D. M., & Boyes-Braem, P. (1976). Basic objects in natural categories. *Cognitive Psychology*, *8*(3), 382-439.

Rosch, E. (1978). Principles of categorization, In Rosch, E., & Lloyd, B. B. (Eds.), *Cognition and categorization*. Hillsdale, NJ: Erlbaum.

Schiffman, L. G. & Wisenblit, J. (2019). *Consumer behavior twelfth edition*. Upper Saddle River, New Jersey: Pearson Education.

Schwarz, N. (2004). Metacognitive experiences in consumer judgment and decision making. *Journal of Consumer Psychology*, *14*, 332-348.

Septianto, F., Kemper, J., & Paramita, W. (2019). The role of imagery in promoting organic food. *Journal of business research*, *101*, 104-115.

Sujan, M. (1985). Consumer knowledge: Effects on evaluation strategies mediating consumer judgments. *Journal of consumer research*, *12*(1), 31-46.

Sujan, M., & Bettman, J. R. (1989). The effects of brand positioning strategies on consumers' brand and category perceptions: Some insights from schema research. *Journal of marketing research*, *26*(4), 454-467.

Trope, Y., & Liberman, N. (2003). Temporal construal. *Psychological Review*, *110*(3), 403-421.

Trope, Y., & Liberman, N. (2010). Construal-level theory of psychological distance. *Psychological Review*, *117*(2), 440-463.

(菊盛真衣)

(ケース：中川宏道)

第7章

消費者の態度（消費者の情報統合）

7.1 態度形成

　本章のテーマである**態度**とは何であろうか。広辞苑（第七版）によると態度とは「状況に対応して自己の感情や意志を外形に表したもの。表情・身ぶり・言葉つきなど。また、事物に対する固定的な心のかまえ・考え方・行動傾向をも指す。」とある。より専門的には、そして消費者行動の観点からは、「態度とは対象に対する一貫した好意的あるいは非好意的な感情的反応や判断的評価」（田中、2008、p.91）である。

　例えば、態度測定法として対象に対する「良い－悪い」「好き－嫌い」「することに賛成－することに反対」などの評価を一次元連続体上の量として測定する態度尺度（サーストン尺度、リカート尺度、ガットマン尺度）などが一般的に用いられている（e.g., 土田、2013）。

　態度研究は、第二次世界大戦中の敵国説得のための研究の系譜に位置づけられるといわれている（サトウ、2022）。態度研究は説得される側の研究であり、初期の研究においては誰が、誰に、どのような状況で、何と言ったかという4つの要因が検討されていた（遠藤、2004）。

　従来、態度研究においては、態度と行動の関連性について疑問符がつくことがあった。しかしながら、近年の研究では態度を測定することにより、例えば強い態度であれば行動の予測が示されやすいという理論が展開され、態度研究はより重要な位置を占めるに至っている（e.g., 北村、2021）。

7.1.1　多属性態度モデル

多属性態度モデルでは，消費者が属性，信念，重要性（あるいは「評価」）などの変数を用いて意思決定を行うと仮定される。このモデルは，中心となった開発者の名前をとって**フィッシュバイン・モデル**とも呼ばれている（Solomon, 2013）。このモデルでは，消費者は意思決定における属性を選択し，その属性に主観的な重要性を表す重み付けを行う（Ajzen, 2015）。田中（2008, 2015）によるとフィッシュバインが唱えたこの理論の特徴は，「信念」と「評価」という2つの要素が組み込まれていることである。信念とは，例えば「ブランドAのジーンズはとても丈夫である」や「このPCに入っているCPUの性能は良い」などについてどの程度確信を持っているかである。評価とは，それが消費者にとってどの程度良いことなのかを示すことである。先の例でいえば「ブランドAのジーンズはとても丈夫である」という信念と，消費者が「丈夫なジーンズが好ましい」という評価が組み合わさり（信念と評価の掛け合わせが態度を形成する），そのブランドに対するポジティブな態度に繋がる。同様に，「CPUの性能が高いこと」を重要視する人は，高性能のCPUを持つPCに対してポジティブな態度を持つということである。

　ノートPCを新たに購入する時の例について見てみる。ここに三石さんと西堀さんという新しくPCを購入しようとする2名がいる。三石さんは，PC購入の際のポイントとして1. 価格，2. 重量，3. CPU，4. メモリなどの属性を考慮する。一方，西堀さんは，1. 価格，2. デザイン，3. 画面サイズ，4. メーカーの信頼性を考慮する。

　重要なことは，三石さん，西堀さんの2人はノートPCを選ぶ際に，考慮すべき属性や重要性（あるいは「評価」）が異なっている点にある。三石さんは大学の授業でPCを使うため，属性である性能（CPU，メモリ）はそれなりに良いものを選びたい。西堀さんは自宅でノートPCを使うことが多いので，自宅の部屋の雰囲気に合ったデザインや見やすい画面のサイズを重視したいと思っている。2人はノートPCを購入するために，家電量販店に行き，商品を見て回った。この時の2人の評価は次のようになる（図表7−1）。

第7章　消費者の態度（消費者の情報統合）｜ 141

| 図表7-1 | 三石さん，西堀さんのノートPCへの多属性態度モデル |

三石さん

属性	重要性	商品A	商品B	商品C
1. 価格	3	3	2	1
2. 重量	3	2	5	1
3. CPU	5	4	3	3
4. メモリ	5	4	3	3
態度スコア				

西堀さん

属性	重要性	商品A	商品B	商品C
1. 価格	2	3	2	1
2. デザイン	4	2	1	4
3. 画面サイズ	3	3	4	3
4. メーカー	2	3	4	5
態度スコア				

※価格は安いほど得点が高い。
※重量は軽いほど得点が高い。

（出所）著者作成。

　三石さんは3つのPCに対して，重要性（あるいは「評価」）と，各属性の「信念」に基づき商品Aを選択した。読者は三石さんの態度スコアを計算してほしい。各属性の重要性と信念を掛け合わせ，それらの合計が態度スコアとなる。計算結果を確認することで，三石さんが商品Aを選択した理由がより明確になる。この商品は，価格が3つの商品の中で最も安くCPUやメモリの性能が最も良い。このため，授業で行う統計解析などもストレスなくできそうである。

　西堀さんは，商品Cを選択した。読者は三石さんと同様に，西堀さんの態度スコアも計算してほしい。画面サイズは商品Aと同じであり，商品Aよりも値段が高かったが，決め手は西堀さんが最も重視するデザイン性であった。また，商品Cはメーカー（メーカーへの信頼性）が高かったことも選択の要因になった。このように同じ商品でも消費者によって属性，信念，重要性（あるい

は「評価」は異なるのである。

なお，意思決定の方法には大きく分けて**補償型**と**非補償型**がある。これまで見てきた三石さんと西堀さんの例は，各属性の評価を総合的に判断する補償型の意思決定方法である。一方，非補償型は重要な属性が基準を満たしていない場合，他の要素が優れていても選択肢から外す方法である。

補償型では，上記のように重みづけで意思決定をする。これに対し非補償型の例としては，ノートPCの購入において，価格が〇〇円以上のものは購入しない，重量が〇〇kgを超えるものは購入の選択肢に入れないというケースがあげられる。

7.1.2　合理的行為理論

消費者の態度に関する研究には大きな問題があった。それは，態度に関する多くの実証研究では態度と行動の間に弱い相関[1]，よくても中程度の相関しか示さないという批判が出てきたことである（井上，2013）。Ajzen & Fishbein（1977）では態度と行動についての研究を取り上げており，例えば避妊への態度と実際の避妊用ピルの使用との相関（$r = 0.16$），避妊用ピルへの態度と，実際の避妊用ピルの使用との相関（$r = 0.34$），避妊用ピルの使用への態度と，実際の避妊用ピルの使用との相関（$r = 0.65$）であった。また，教会に行くという態度と実際の行動も同様の結果であった。

このような批判に答えるべく登場した理論が**合理的行為理論**である（図表7－2）。合理的行為理論について詳しく論じている井上（2013）によると，人間の**行動意図**には2つの決定因が存在する。1つ目は個人的要因であり，**行動に**

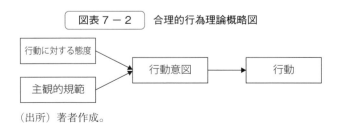

図表7－2　合理的行為理論概略図

（出所）著者作成。

対する態度と呼ばれる。行動に対する態度は諸信念によって決定される。2つ目は**主観的規範**であり，家族や友人など周囲からの期待や社会的圧力のことである。

次に佐野（2013）に基づいて，合理的行為理論について説明を行う。合理的行為理論においては，行動の4つの要素を態度と意図に一致させることができれば行動の予測が可能であるといわれている。行動の4つの要素のフレームワークとは，ターゲット，アクション，コンテクスト，タイムである[2]。

例えば，個性的な服が好きな兵頭さんは，友人である山田さんと買い物に出かけた。そこで，タイムセール（タイム）で売られていた，かなり個性的な服（ターゲット）を自分のため（コンテクスト）に購入した（アクション）。

兵頭さんが服を購入するという行動（行動Yとする）がもたらす結果についての信念を考えてみる。1. 行動Yは，私に素敵な服を来ているという幸福感をもたらす。2. 行動Yは，服を安く買えるという恩恵をもたらす。3. 行動Yは，同じブランドが好きな人に対して優越感をもたらす。このような行動に対する個人的な確信度をそれぞれ「ありそう〜ありそうもない」で測定する。また，行動がもたらす結果に対する評価をそれぞれ「良い〜悪い」の尺度で測定する。これらの評価で重み付けされた強さの合計が，行動に対する態度である。

この時，行動を実施しようとする意図を規定する要因は，行動に対する態度に加えて，主観的規範と呼ばれる要因も存在する。主観的規範は，例えば「一般的にいって，あなたはどの程度**準拠者**（あなたにとって重要な他者）の意見に従いたいと思いますか」と尋ね，「全くそう思わない〜強くそう思う」の評定尺度で測定を行う。準拠者が複数いる場合は，準拠者ごとに重み付けられた合計が主観的規範となる。兵頭さんの場合は，準拠者が友人である山田さんであったとする。山田さんは，兵頭さんが購入しようとしている服にはそれほど好意的ではなかった。合理的行為理論では，兵頭さんの行動に対する態度と，山田さんの主観的規範が行動意図を規定し，その行動意図が行動を規定する。

他の例をみてみよう，例えば，末田さん（大学生：地方在住）は高校生の時，高校卒業後の大学進学を考えた際に美術大学に行きたいと思っていた（行動に

対する態度)。しかし，周りの先生や両親などから，通える範囲にある美術大学はそれほど偏差値が高くない，卒業後に就職先を探すことが難しいなどという意見(主観的規範)を受け，進学先を自分に合った偏差値帯の就職が比較的しやすそうな学部に変更した。このような例もまた，合理的行為理論の観点から整理することができる。

7.1.3　計画的行動理論

計画的行動理論は**合理的行為理論**を拡張したモデルである（Ajzen, 1991）。このモデルでは，行動や行動意図の要因を**行動に対する態度**，**主観的規範**（周囲からの期待や社会的圧力）に加えて，**コントロール感**（知覚された行動制御）とする点が特徴的である（図表7-3）。

コントロール感とは，行動を行うことの容易さや困難さを指す。Ajzen（1991）によると，コントロール感は過去の経験や，知人や友人の経験，さらに当該行動を行う際の困難さに関する認識など，さまざまな要因の影響を受ける。この

図表7-3　計画的行動理論概略図

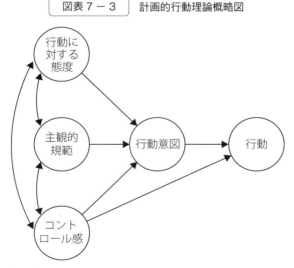

（出所）Ajzen（1991）を一部改変。

第 7 章　消費者の態度（消費者の情報統合）｜ 145

時，自分が持っていると考えられる資源や機会が多いほど，また認識している障害が少ないほど，その行動に対するコントロール感は大きくなる。この概念は，自己効力感に近い概念である。また，人の行動はそれを実行するコントロール感に強く影響を受ける可能性について示している。

　佐野（2013）によればコントロール感は，制御に関する信念と主観的な制御力を掛け合わせ，その結果を合計して算出を行う。計画的行動理論を先程の末田さんの大学進学の例に当てはめてみる。周囲からの評価や反対を考慮に入れながらも，将来への困難さを乗り越えられるという自信や信念，家族の説得が可能だと思う場合，末田さんは美術大学に進学するかもしれない。このような行動遂行を促進したり，阻害する要因として「ありそう～ありそうもない」の評定尺度で測定を行い，各々の要因をどの程度，自分で制御できるかを評定尺度で測定する。個々の制御要因ごとに両者を掛け合わせ，それらを合計したものがコントロール感となる。

　他の例では，機能が多い家電を購入しようとしており（行動に対する態度），家族も賛成している（主観的規範）という場合，自分にその家電を使いこなす能力がある（コントロール感）と思えば購買するが，使いこなす能力がないと判断した場合は購買をしないことも考えられる。

　Ajzen et al.（2011）では，省エネルギー（以下，省エネ）に関して計画的行動理論に基づき分析を行っている（Study1）。行動に対する態度は，「非常にネガティブ－非常にポジティブ」，「とても悪い－とても良い」など6つの項目を両極の尺度で評価が行われた。主観的規範は，重要な他人からの期待の認識などについて尋ねた。「私にとって大切な人は，節電を励ましてくれる」，「親しい人は，私が節電をすることを認めてくれる」など合計6項目であった。コントロール感は，「その気になれば，簡単に節電できる」，「節電は確実にコントロール出来る」など6項目であった。行動意図は，「節電をしようと思っている」など6項目で構成された。（省エネ）行動については「使用しない時は電気や家電を切るようにしている」などであった。

　重回帰にて分析を行った結果を図表7－4に示す。行動に対する態度，主観

| 図表7－4 | 省エネについての重回帰分析の結果（計画的行動理論） |

省エネにおける行動意図		省エネに対する行動	
	β		β
行動に対する態度	.51**	行動意図	.54**
主観的規範	.21*	コントロール感	.14
コントロール感	.25**		
R^2	.69**	R^2	.40**

N=78
$*p < .05, **p < .01$

（出所）Ajzen et al.（2011）より作成。

的規範，コントロール感が有意に省エネにおける行動意図に影響を与えていることが示された。中でも行動に対する態度は行動意図の重要な要因になっている。一方，この実験の場合，省エネに対する行動に影響を与えているのは行動意図のみであり，コントロール感は直接の影響を与えていなかった。

7.1.4　認知的整合性理論

　私たちが物事を認識する際には，それぞれの対象物との関係性が一定のまとまりがある状態が好ましいとされる。仮にまとまりがなく，不均衡で緊張状態になった時には，整合性（斉合性ともいう）を回復するために，認識を変化させたり行動を変更することで，認識や行動に一貫性を求めようとする。主要な理論としては，バランス理論，認知的不協和理論があげられる。

■バランス理論

　バランス理論とは対象者（P），対象者にとっての他者（O），対象（X）の関係を三角の図で表したものである（Heider，1958）。人間はバランスの取れた状態を好む[3]。3辺の記号（プラス・マイナス）を掛け合わせた結果がプラスの場合はバランスの取れた状態であり，掛け算の結果がマイナスになると不均衡状態になり，この状態を不快に感じ均衡状態を求める（唐沢，2019）。

図表7−5 バランス理論概略図

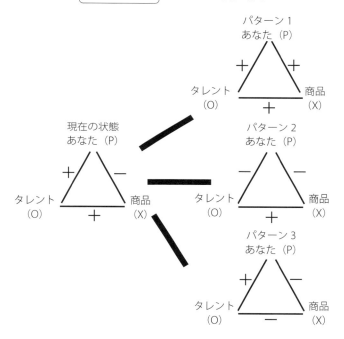

（出所）著者作成。

　例えば，あなた（P）の好きな有名人を思い出してほしい。対象となる有名人はバランス理論においては（O）となる。その有名人が，ある商品（X）を広告したとしよう。しかし，あなたはその商品（X）はあまり好きではない。この場合，不均衡な状態が生じる。不均衡な状態を解消するためには例えば次のように態度や認知を変化させる（図表7−5）。

　有名人（O）への好感度がそのままの場合，バランスを取るためにその商品（X）を好きになる（パターン1）。商品（X）への態度が変わらない場合は，その商品（X）を宣伝している有名人（O）を嫌いになる（パターン2）。有名人（O）が商品（X）のことを嫌いだという情報をどこかで入手し，あなた（P）と商品（X），有名人（O）と商品（X）の間にネガティブな関係を作ることにより

バランスを取る（パターン3）などがある。

　多くの場合，企業にとって好感度の高い有名人に商品を宣伝してもらうことは重要である。しかし，有名人を使った広告は，その有名人に不祥事が生じた場合は逆効果となることもある。この場合，有名人への態度がマイナスとなり，ついでその有名人が宣伝している商品への態度もマイナスとなる。これを避けるため，不祥事を起こした有名人の広告が中止になることも多い。

　このようなリスクを避けるためにも，企業は好感度の高い有名なキャラクター（ドラえもん等）を広告で使用することもある。有名なキャラクターは，不祥事を起こす可能性はないため，キャラクター広告が好まれることも多い。

■ 認知的不協和理論

　認知的不協和理論は Festinger（1957）によって提唱された理論である。人は置かれた状態が不協和（不均衡）であった際に，何らかの理由をつけて協和状態（均衡状態）とする。

　例えば，新車の購入者は購入後に他の車よりも自分の車の広告をよく読む（Ehrlich et al., 1957）などの現象が確認されている。自分が購入した車に不満足な要因があったとしても，満足する要因をみつけるために，その車の良い点を探すのである。このため，自動車の広告は新規ユーザーの獲得のためだけでなく，既存ユーザーの満足度を上げるためにも行われる。

　友達と旅行に出かける場合，旅行先について本心では反対だったが，賛成と言ってしまった時，認知的不協和が生じる。不協和を解消するためにその場所について良いところを調べて自分を納得させたり，本当は賛成だったかもしれないと自分の認識を変えるなどを行い協和状態にさせ，自分の行動を一貫したものとして捉え直す。

7.2　説得的コミュニケーションによる態度変容

　説得によって消費者の態度を変化させることを**説得的コミュニケーション**と

図表7-6　説得事態の基本的構成要因

（出所）深田（1995）を一部改変。

呼ぶ。マーケティングにおいては消費者の態度をいかにしてポジティブに変化させるのかが重要である（田中，2015）。説得においては，1）だれが，2）何を，3）どのような手段で，4）だれに伝達し，5）その効果はどうであったか，が問題となる（深田，1995）。1）（だれが）は送り手，あるいは情報源，2）（何を）はメッセージ，3）（どのような手段）は媒体，メディア，4）（だれに）は受け手，5）（効果）は説得効果を指す（深田，1995）。

7.2.1　送り手（情報源）

同じメッセージでも「だれが」発信するのかによって，その効果は異なる。これを**情報源効果**という。送り手の要因として，**専門性，信頼性，魅力**の点から説明を行う。

専門性とは，その情報に対する専門的な知識を持っているのか否かである。専門的知識を持つもの，権威のあるもの，有資格者などを指す。医師や学会，大学教授などは典型例である。図表7-7の歯ブラシの広告には，日本歯科医師会推薦と書いてある。これは専門性のある審査で承認されたというお墨付きを得ており，購買時の判断材料となる。

信頼性は，送り手の真面目さや，説得意図のなさ，説得の結果に対して利益を持たないことである（西原，2010）。専門性があり，同時に信頼される情報源は，多くの人を説得することができる（McGinnies & Ward, 1980）。

魅力とは社会的価値を表し，その価値とは，発信者の身体的魅力，パーソナリティ，社会的地位，受け手との類似性などがある（Solomon, 2013; 杉谷，

図表7-7　情報源効果(専門性)の例

(出所) クリニカ (アマゾン WEB サイト)。

2012)。

　一般的に魅力的な人物はポジティブに捉えられ，彼らが宣伝する製品は好意的に捉えられる (Debevec & Kernan, 1984)。Solomon (2013) によると，見かけが良いと，普通の人よりも，他のことも優れているという**後光効果(ハロー効果)** が働き説得力が増す。これは**認知的整合性理論**とも関係する。人は一貫性を求める生き物だからである。

　また，朴 (2009) は，その魅力が何とマッチしているのかも重要であると述べている。女性有名人の**身体的魅力**が，化粧品とマッチしていると評価された場合は，その広告ならびに製品，ブランドに関する評価はポジティブになる。しかし，当該商品が有名人の魅力とまったく関連がないと，その広告効果は限定的になる。

　魅力の一つとして**類似性**が含まれる (杉谷, 2012)。類似性があると対象者に対して安心感や親しみなど，ポジティブな評価が行われる (中村, 1984)。類似性は，性別，年齢，学歴，性格，人種，宗教，出身地などがある (澁谷, 2013)。化粧品等のクチコミサイトである@Cosme (アットコスメ) は登録会員数860万人，クチコミ数約1,940万件という膨大なデータを持つ (株式会社アイ

第7章　消費者の態度（消費者の情報統合） | 151

図表7－8　クチコミサイトにおける類似性検索の例（アットコスメ）

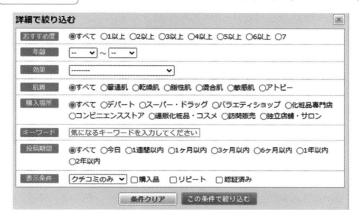

（出所）アットコスメ　WEBサイト（詳細検索）。

スタイル, 2024）。このサイトの特徴はクチコミ情報を絞り込む際に，年齢だけでなく，肌質がある点にある（図表7－8）。自分の年齢，肌質と類似している人のクチコミは，自分が使用した際に将来の予測の役に立つと考えられる。

7.2.2　メッセージ

情報の発信源が何を伝えるか，つまりメッセージは説得の文脈において重要である。本章では，**ユーモア**，**恐怖喚起**，**片面提示・両面提示**，**物語**の観点からメッセージの効果について紹介する。

■ユーモア

ユーモアとは笑いを誘うような，面白いあるいは滑稽といった快の感情を引き起こすもの。また，そういった面白さや滑稽さを理解する能力や表現する能力を指す（安藤, 2021）。広告におけるユーモア広告の割合は高く，アメリカにおいてはテレビ広告11 - 24％，日本でも約28％であるといわれている（Beard 2005; Hanna et al., 1994）。

過去に行われた約1,000のCMに関する調査でも，ユーモア広告のポジティ

ブな結果が明らかとなっている（Stewart & Furse, 1986）。ほかの研究でも，ユーモア広告のポジティブな効果は実証されており，ユーモアなメッセージは効果が高いことがわかる（e. g., Zhang & Zinkhan, 1991）。

Weinberger & Gulas（1992）および Eisend（2009）によると，ユーモアなメッセージは注目を集めやすく，広告やブランドの好感度を高めることがわかっている。AIDMA[4]や AISAS[5]に代表されるように，消費者は広告を認知するところから始まる。このような効果階層においては，まず認知されることが重要であり，この点でユーモアは重要な役割を果たす。

しかしながら，ユーモアのあるメッセージが万能ではない点も指摘されている。ユーモアのあるメッセージは，商品やサービスの購買には必ずしも役には立たない（Weinberger & Gulas, 1992）。ユーモアは感情プロセスにおいては効果があるが，認知プロセスにおいては効果が見られないという特徴がある（Eisend, 2009）。また，ユーモアのあるメッセージは情報源の信頼性を低下させるなどの負の効果も持つ（Eisend, 2009）。

■ 恐怖喚起

恐怖喚起とは不安や恐怖を感じる内容を用いて説得する手法。商品やサービスを利用しないことで，将来的に大きな損害を被るような内容を訴求し行動を促す。受け手の身体的，精神的，社会的脅威となる事象に関する問題は，恐怖喚起コミュニケーションによる説得手法に該当する（深田, 2002）。

例えば，セキュリティーソフトを入れないことにより，情報漏洩をして莫大な損失を被る会社の CM。夏場などにワキ汗のケアを怠ったため友人・知人から嫌われる，制汗剤の広告などは代表的と言える。

このような広告は古くは 1920 年代のリステリンの広告にも見られる。リステリンは，ハリトシス（Halitosis）という口臭が原因で，生まれも育ちもよく教育を受けている美しい女性でも結婚ができないという恐怖広告により，巨額の売上を達成し，アメリカ人の口臭意識に変化をもたらした（松井, 2018）。

第 7 章　消費者の態度（消費者の情報統合）｜ 153

■ 片面提示・両面提示

　片面提示とはある問題の片面（メリット）のみを訴求するメッセージを指す。両面提示とは，問題のメリットだけでなく，デメリットも合わせて提示することをいう。片面提示は，受け手がその問題に対して知識が少なく，反論を生み出す可能性が低い場合には効果的である。一方，両面提示は受け手が説得方向とは反対の立場にある時や，問題に対して知識を有している時などには説得効果が高いとされる（American Psychological Association, 2018; 久保田・澁谷，2018）。また，両面提示はメッセージの新規性や情報源の信頼性を高め，否定的な認知反応を減少させることに効果がある（Eisend, 2006）。

　片面提示はテレビ広告など秒数が短いものや，新聞広告や車内広告などスペースに制限がある場合，メリットのみを訴求し説得を行う手法としてよく見られる。両面提示は，消費者が比較検討する機会が多い高関与商品において効果的である。例えば，車や家，保険商品などでは，まず営業担当者を信頼してもらうところから始まるだろう。この場合，営業担当者は商品について十分な知識を持ち，その商品についてメリットだけでなく，デメリットも開示することにより信頼性を高め，契約に繋がるものと考えられる。このような実験を Kamins & Marks（1987）は行っており，両面提示の方が片面提示よりも広告主に対する信頼性が高まることを実証している。

■ 物　語

　物語は情報を伝える効果的な方法であり，記憶に残りやすく，共感や愛着を喚起する。また，真実味と信憑性をもたらし，ブランド態度や購買意欲にも影響を与える（Aaker, 2018; 津村，2018）。物語の構造では，主人公に解決しなくてはならない事件や葛藤事態が生じる。これを解決しようと目標が立てられ，主人公は目標達成のための行動をとる。最終的に目的が達成されたか，否かが語られる（内田，1982）。このような展開は優れた物語構造とされ，広告効果が高い。物語広告で使用されることの多い，スライス・オブ・ライフ型の広告表現では，「どのような問題が発生し，広告ブランドによってどのように解決した

か」が語られる（仁科，2007）。例えば風邪薬の広告であれば，主人公の体調がよくない，明日は大事な会議がある。主人公は風邪薬を飲む，すると翌日，元気な姿で会議に出席している，といった具合である。

　物語においては，語り手が一人称である方が三人称よりもリアリティがあり，効果的である（Ryu et al., 2019）。また，創業者が自ら語る物語は第三者が語るものよりも信憑性が高く，魅力的であるとされる（Kang et al., 2020）。

7.2.3　メディア（広告媒体）

　広告媒体は**四媒体**といわれる**新聞**，**雑誌**，**ラジオ**，**テレビ**のほかに，**インターネット広告やプロモーションメディア広告**（屋外広告，フリーペーパー）などがある。ここでは，各広告の特徴について説明を行う。

　岸（2017a）によると広告媒体としての新聞の特徴は，信頼性，随意性（いつでも読める），可搬性（どこでも読める），一覧性，説得性（能動的接触態度），保存性，反復性，経済性（1文字当たりの到達費用）などである。雑誌は，興味関心のあるセグメントに到達しやすい，読者との適合性が高いメディアである。例えば，時計の雑誌であれば，時計に興味を示すセグメント以外は雑誌を購入しないであろう。セグメンテーションに関連しない雑誌の特徴は，全国配布，反復性，保存性，高品質なカラー印刷などである。ラジオの特徴は，適時性（運転中に車の広告を聞くような聴取状況への適合性），個人訴求性（パーソナルな語りかけ），セグメンテーション効果，制作の簡便性などがある。テレビ（地上波）の特徴は，ネットワークによる広域性，伝達の速さ，映像と音声による表現の柔軟性とされてきたが，インターネットも同様の特徴を持つ。ただし，テレビの方が，消費者は少ない努力で情報や娯楽を得られるとも言える。

　田中（2017）はインターネット広告（オンライン広告）は，狭義の広告と広義の広告に分かれると述べている。狭義のインターネット広告は，バナー広告や動画広告など有料の広告枠が提供されるもの，検索連動型広告のように検索されたキーワードに近い商品・サービスが提示されるものなどがある。このような広告は，特定の広告主が発信した広告制作物であるとわかる形式で制作・露

第7章 消費者の態度（消費者の情報統合） | 155

図表7−9　日本の媒体別広告費の推移

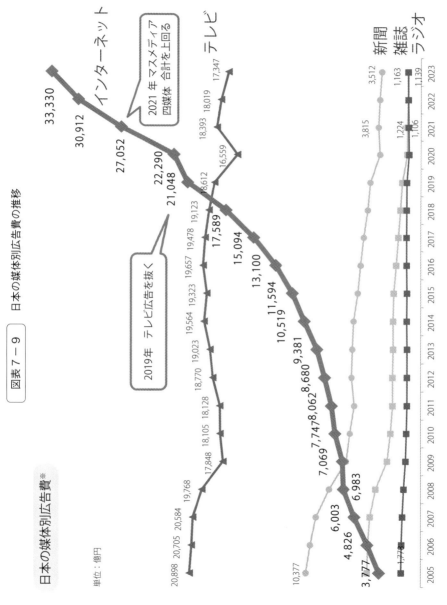

※日本のインターネット広告費シェア：「2023年 日本の広告費」(株) 電通
（出所）CyberAgent (n.d.)。

図表 7-10 性年代別メディア接触時間

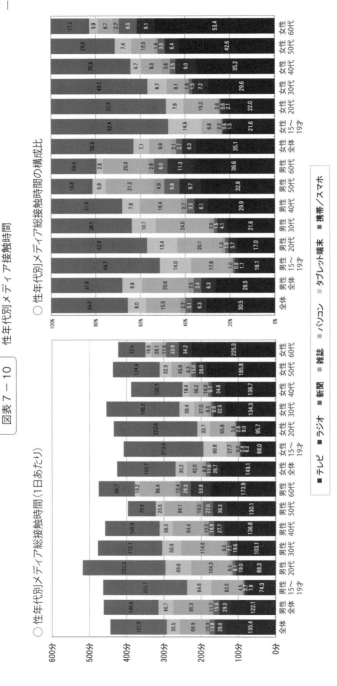

(出所) 博報堂 DY メディアパートナーズ メディア環境研究所「メディア定点調査 2023」を一部修正。

第 7 章　消費者の態度（消費者の情報統合）│ 157

出されているものを指す。広義の広告は，企業ウェブサイトや，報道される記事，ブログや SNS で拡散させるメッセージなど，一見して広告とはわからない形式のものを指す。企業ウェブサイトは，商品における多くの情報を届けることが可能となり，随時新しい情報を提供することも可能となる。また，企業ウェブサイトは随意性（いつでも読める），可搬性（どこでも読める），反復性や高品質な画像の展開などの特徴も持つ。このため，近年ではテレビ CM などで自社のウェブサイトに誘導する手法なども多くみられる。

　プロモーションメディアは，例えば屋外・交通広告では家の外で移動中に接するため，接触直後に駅売店や近くの店舗での購買に結びつけやすい（AIDA 型効果[6]）（岸，2000）。また，屋外・交通広告ともに地域密着性という特徴がある（岸，2000）。

　次に日本の媒体別広告費の推移を示す（図表 7 − 9）。電通（2024）によると 2023 年の日本の総広告費は，合計で 7 兆 3,167 億円である。内訳は，インターネット広告 3 兆 3,330 億円，四媒体（新聞，雑誌，ラジオ，テレビ）が 2 兆 3,161 億円，プロモーションメディア広告（屋外広告，交通広告，DM 等）1 兆 6,676 億円である。なお，インターネット広告は 2019 年にテレビ広告を上回り，2021 年には四媒体合計を上回った。

　年代別の各メディアの使用状況を図表 7 − 10 に示した（博報堂 DY メディアパートナーズ，2023）。例えば，テレビの接触時間（比率）は，20 代男性 88.3 分（17.0％），60 代男性 173.9 分（36.6％）に対して，スマートフォン（携帯電話）は，20 代男性 222.3 分（42.9％），60 代男性 96.7 分（20.4％）となり年代によって使用時間，比率が異なる。このような結果を踏まえて，年代ごとのメディア接触比率の違いを考慮した広告戦略の立案を考える必要があるだろう。

7.2.4　受け手の要因

▌精緻化見込みモデル

　精緻化見込みモデル（Petty & Cacioppo, 1986）は，消費者の説得コミュニケーションによる態度変容を説明するモデルである。このモデルの特徴的な点

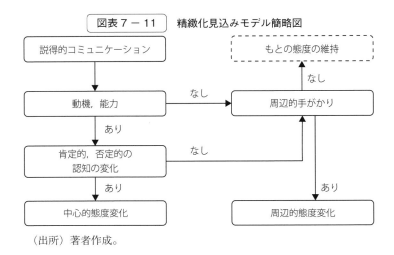

は，情報処理のルートを中心的ルートと周辺的ルートに区分したことにある。消費者が該当の商品やサービスに対し，思考を促す動機や必要な知識を有している場合，情報は中心的ルートで処理される（図表7－11）。そのような動機や知識を有していない場合は周辺的ルートで処理される。

(1) 中心的ルート

中心的ルートは，「考える（精緻化）動機」もしくは「考える（精緻化）能力」が消費者にある場合の態度変化である。精緻化をする動機づけの要因としては，個人的な関連性が高い，認知欲求が強い[7]，あるいは個人的責任が大きいことがあげられる（今城，1999）。精緻化する能力の要因としては，予備知識，メッセージの反復，注意をそらす邪魔が入らないことがあげられる（今城，1999; 佐野，2013）。説得的メッセージの精緻化を行う過程で，肯定的，否定的な認知の変化が起こった場合，中心的態度変化が生じる。

例えば，多属性態度モデルを用いて新しいノートPCを購入した，三石さんは，大学生活で使いやすいPCを吟味したいという「考える（精緻化）動機」があった。次に「考える（精緻化）能力」はどうだろうか，三石さんはCPUや

第 7 章　消費者の態度（消費者の情報統合）｜ 159

図表 7 － 12　ノート PC への態度の変化

三石さんの各ノート PC への態度（事前）

属性	重要性	商品 A	商品 B	商品 C
1. 価格	3	3	2	1
2. 重量	3	2	5	1
3. CPU	5	4	3	3
4. メモリ	5	4	3	3
態度スコア				

三石さんの各ノート PC への態度（事後）

属性	重要性	商品 A	商品 B	商品 C
1. 価格	3	3	2	1
2. 重量	5	2	5	1
3. CPU	4	4	3	3
4. メモリ	4	4	3	3
態度スコア				

※価格は安いほど点数が高い。
※重量は軽いほど点数が高い。
（出所）著者作成。

　メモリの性能などある程度の予備知識があったので，これらを評価軸として加えていた。三石さんの評価軸は，1. 価格，2. 重量，3. CPU，4. メモリであった。評価軸に従いよく考えた結果，三石さんは商品 A を選択した。

　ここで時計の針を少し戻してみる。例えば，三石さんはパソコン売り場で店員と話す中で，PC を大学に持って行ったり，外で使うことが多いため，軽さはより重要だと考えた。また，CPU，メモリは一定レベルであれば，分析やレポート作成には問題ないと判断した（肯定的思考あり，認知の変化あり）。この時，三石さんは判断基準の重要性を見直し，商品 A の購入ではなく商品 B の購入を検討するようになった（中心的態度変化）。このように，説得コミュニケーションによって態度変容が行われることもある。中心的ルートを得て変化した態度変化は比較的に永続的であり，行動と一致しやすいとされる（土田，2013）。

　三石さんが説得された要因を考えてみよう。送り手（情報源）については，

三石さんは担当店員と話す中で，この店員は専門性が高く信頼できる人物であると感じたと考えられる。また，それぞれの項目について，メリットだけでなく，デメリットについても丁寧な説明を受けたことによって説得力が増した可能性も考えられる（両面提示）。

（2）周辺的ルート

　周辺的ルートは，「考える（精緻化）動機」もしくは「考える（精緻化）能力」が消費者に欠けている場合，また説得の内容について理解が追いつかないことなどにより，認知が変化しない場合の態度変化である。周辺的ルートの場合は，製品に関する情報よりも，周辺的情報（有名人，音楽，パッケージなど）によって態度変化が生じる。

　例えば，好きな有名人が紹介する商品は魅力的に見える（情報源）。パッケージの配色が気に入って購入する場合なども，このルートに該当する。しかしながら，周辺的ルートによって変化した態度は変わりやすいという欠点がある（今城，1999）。

▍意思決定における気分と感情

　あなたは感情や気分によって，判断が異なるという経験をしたことはあるだろうか。人は評価・判断を行う際に曖昧で不確実な対象について判断する場合，自分自身の感情を手がかりとして用いることを感情情報機能説という（大平，2010）（感情については第11章を参照のこと）。ここでは比較的無意識下で生じる感情と気分と意思決定についての研究をいくつか紹介する。

　Schwarz & Clore（1983）が実施した実験では，晴れの日（ポジティブな条件）と雨の日（ネガティブな条件）における人々の生活満足度が比較された。この研究では，晴れの日の生活満足度が雨の日と比較して有意に高かった。しかし，天気について意識させた後に生活満足度について調査を行ったところ，両群に有意差は見られなかった。このことから，自分が天気の影響を受けていると認識すると，天気の影響を判断の手がかりとしないことが示唆される。

第7章 消費者の態度（消費者の情報統合） | 161

感情に関する消費者行動分野の研究では，例えば店舗内の音楽や香りなどを変えることにより，感情を誘発する可能性について論じられている（レビューとして石淵，2019; 石井・平木，2016）。

店舗内の音楽によって顧客が店員や他の顧客と親しくなることを促進し，店舗の探索を行ったり，買い物や消費のスピードに影響を与えるといわれている（Garlin & Owen, 2006）。Roschk et al.（2017）のメタ分析[8]によると，音楽が店舗に流れていると（ないことと比較して）顧客の快楽，満足感，行動意図に効果がある。Garlin & Owen（2006）による店舗内音楽のメタ分析では，大きい音量や速いテンポ，顧客が好まない音楽の場合，顧客は時間の経過を長く感じる。これは待機中の顧客にとっては重要な意味を持つ。また，スローテンポで音量が低く，親しみのある音楽が流れるとわずかに長く店舗に滞在するなどの効果がある。

Roschk et al.（2017）は，店舗内の香りと性差などについても報告している。店舗内の香りは，快楽，満足感，行動意図，覚醒[9]に影響をもたらしている。香りは買い物をより楽しい体験にする効果がある。音楽と香りは小売業よりもサービス業で良い効果をもたらす可能性がある。また，女性の方が音楽や香りの存在が効果をもたらす可能性が報告されている。このことから，特に女性をターゲットとしたサービス業では，音楽と香りを取り入れることが顧客体験向上に繋がると考えられる。

他にも，実験では模擬的な店舗環境を操作し，青い環境のほうが赤い環境よりも，購買意図が高くなるという報告がある（Bellizzi & Hite, 1992）。また，メタ分析の結果，寒色系のほうが，暖色系の色よりも買い物経験に関する満足度が高いことが示されている（Roschk et al., 2017）。

Bless et al.（1990）は気分と精緻化見込みの関係について，指摘を行っている。ポジティブな気分の被験者はネガティブな気分の被験者よりも，あまり深く考えない傾向にある。一方，ネガティブな状態の被験者は精緻（中心的ルート）に考えることが指摘されている[10]。これは，ポジティブな気分の時は現状に問題がないため精緻な処理を行わないことに対して，ネガティブな気分の時には現状に何か問題があると考えて，慎重な情報処理を行う可能性があること

が指摘されている（Schwarz, 1990）。

【注】

1) 相関係数の目安は ±.00-.20 は相関なし，±.20-40 は弱い相関，±.40-.70 は中程度の相関，±.70-1.0 は強い相関である（竹内，2014）。

2) ターゲットは「ブランド」や「製品」であり，アクションは「買う」「使う」「借りる」など，コンテクストは「自分のため」「人にあげるため」「ある特定のお店で」など，タイムは「来週」「年内」などがあてはまる（佐野，2013）。

3) Heider（1958）ではバランス理論の例として Esch（1950）の実験について紹介している。この実験では「ボブは，ジムが大変に愚かで第一級の退屈な人間だと考えている。ある日ボブは1編の詩を読んで，それがとても気に入ったので，その作者をなんとかして見つけて握手をしたいと思った。彼はジムがその詩を書いたことを知る。」という文を提示し被験者（101 人）をアンバランス状態にする。被験者はバランスを取るため次のような方法で解決した。(1) 46％はネガティブな作者をポジティブに変えた。(2) 29％は詩の価値を変化させた。(3) 5％は意義を申し立てた（ボブはジムが詩の作者であることに疑問を持つだろう）。(4) 2名の被験者は作者のポジティブな部分と賞賛された詩だけからなる単位に変えた（ジムはある点では優れているが，他は鈍い）。(5) 残りの被験者は不調和を解決しなかった（ボブは困惑し，どうすべきかわからない。彼は結局，ジムに詩は好きだよと，そっけなくいう）。

4) AIDMA とは attention（注意），interest（興味），desire（欲望），memory（記憶），action（行動）の頭文字を取った略であり，広告への消費者の反応の段階を示している（岸，2017）。

5) AISAS とは attention（注意），interest（興味），search（検索），action（行動），share（共有）の頭文字を取った略である（仁科，2007）。インターネットでの購買などの消費者の反応を示している。

6) AIDA とは attention（注意），interest（興味），desire（欲望），action（行動）の頭文字を取った略であり，広告を見てすぐに購買行動が起きる場合に当てはまる広告効果モデルである（岸，2017b）。

7) 欲求は要求と同義である。認知的欲求とは有機体の生理的均衡が損なわれ，均衡状態を回復しようと行動を起こすように動機づけられた時，欲求を持つと説明される。人間は，生理的不均衡状態の回復を求めることだけに欲求を持つのでなく，認知的不協和を解消しようとすることや，興味があることに関する情報を求める欲求があることが指摘されている。このような欲求を認知欲求という（古橋，1999）。

第7章　消費者の態度（消費者の情報統合）｜ 163

8）メタ分析とは同じテーマで行われた複数の研究結果を統計的な方法を用いて統合することである（山田・井上，2012）。

9）覚醒とは気分が高揚しているなど生理的興奮を主観的に経験している状態を指す（石淵，2013）。

10）ただし，広告などの処理対象から発せられたメッセージの場合，ポジティブな感情を想起させる広告の方が広告内容を精緻化するなど，異なる処理を行う可能性も指摘されている（田中・村田，2005）。

ケース CASE　高齢者向けスマートフォンの開発

　桜木氏は電機メーカーのスマートフォンの事業部にて，高齢者向けスマートフォンを担当をしている。現在，日本における高齢者のスマートフォン所持率は約70％であり，20代のスマートフォン所持率約97％と比べると，この分野の成長の余地はまだあると言える。高齢者がどんなスマートフォンが欲しいかというアンケートデータによると，「画面の見やすさ」，「操作の簡単さ」，「写真が撮れる」，「価格が安い」，「おしゃれなデザイン」などであった。スマートフォンへのポジティブな反応としては，「アプリなどで家族と連絡が取りやすい」，「インターネットの閲覧ができる」などであった。ネガティブな反応としては，「操作が難しそう」，「何となく怖い」であった。怖いという回答の内訳は，「個人情報をとられそう」，「勝手に課金されそう」などであった。

　また，アンケートの付属資料を読むと，スマートフォンを持ちたい層は約60％であり，とりわけ必要ないと思っている層が40％いることがわかる。スマートフォンを持つ理由としては，家族から持って欲しいといわれるなど，周囲からの期待も大きい。しかし，操作が難しそうなどの理由で購入をためらっている層やすでにスマートフォンを持ってはいるが，操作が難しく放置している層も一定数いるようであった。桜木氏はどのようなスマートフォンの開発をすればよいだろうか。また，開発したスマートフォンをどのように宣伝すればよいだろうか。

※高齢者とは65歳以上を指します。

目的：態度の諸理論を理解し，態度変容の方法について考える。

練習問題

1. 多属性態度について説明しなさい。加えて，コンビニエンスストアを例として，あなたにとって重要な属性を4つ記述し，重要性を付けなさい。次に，セブンイレブン，ローソン，ファミリーマートについて評価を行い，態度スコアを作成しなさい。
  ※上記3つのコンビニエンス利用がない場合は，他のコンビニエンスストアなどで代替してもよい。
2. 計画的行動理論について説明しなさい。加えて，この理論に従い，あなたの経験を述べなさい。
3. バランス理論について説明しなさい。加えて，この理論に従い，あなたの経験を述べなさい。
4. 送り手（情報源）の要因を3つ説明しなさい。加えて，あなたが購入した商品・サービスを取り上げて，送り手の何の要因によって説得されたのか述べなさい。
5. 精緻化見込みモデルについて説明しなさい。加えて，あなたが覚えている広告を取り上げて，精緻化見込みモデルの観点から整理しなさい。
  ※その広告の商品についても詳しく記述しなさい。

参考文献

Aaker, D. A.（2018）. *Creating signature stories: strategic messaging that persuades, energizes and inspires*. Morgan James Publishing.

Ajzen, I.（1991）. The theory of planned behavior. *Organizational Behavior and Human Decision Processes, 50*, 179-211.

Ajzen, I.（2015）. Consumer attitudes and behavior: the theory of planned behavior applied to food consumption decisions. *Italian Review of Agricultural Economics, 70*(2), 121-138.

Ajzen, I., & Fishbein, M.（1977）. Attitude-behavior relations: A theoretical analysis and review of empirical research. *Psychological Bulletin, 84*(5), 888-918.

Ajzen, I., Joyce, N., Sheikh, S., & Cote, N. G.（2011）. Knowledge and the prediction of behavior: The role of information accuracy in the theory of planned behavior. *Basic and Applied Social Psychology, 33*(2), 101-117.

American Psychological Association（2018）. one-sided-message. In *APA dictionary of psychology*. https://dictionary.apa.org/one-sided-message

安藤花恵（2021）. ユーモア. 子安増生・丹野義彦・箱田裕司監修『現代心理学辞典』. 有斐閣. 電子辞書.

アットコスメ（@cosme）(n.d.). https://www.cosme.net/（2022年7月12日閲覧）

Beard, F. K.（2005）. One hundred years of humor in American advertising. *Journal of Macromarketing, 25*(1), 54-65.

Bellizzi, J. A., & Hite, R. E.（1992）. Environmental color, consumer feelings, and purchase likelihood. *Psychology and Marketing, 9*(5), 347-363.

Bless, H., Bohner, G., Schwarz, N., & Strack, F. (1990). Mood and Persuasion. *Personality and Social Psychology Bulletin*, *16*(2), 331-345.

CyberAgent（n.d.）. インターネット広告 https://www.cyberagent.co.jp/ir/superiority/internetad/（2024 年 4 月 23 日閲覧）.

Debevec, K., & Kernan, J. B. (1984). More Evidence on the Effects of a Presenter's Physical Attractiveness: Some Cognitive, Affective, and Behavioral Consequences. *Advances in Consumer Research*, *11*, 127-132.

電通（2024）. NEWS RELEASE, 2023 年 日本の広告費.（2024 年 2 月 27 日発行）.

Ehrlich, D., Guttman, I., Schönbach, P., & Mills, J. (1957). Postdecision exposure to relevant information. *Journal of Abnormal and Social Psychology*, *54*(1), 98-102.

Eisend, M. (2006). Two-sided advertising: A meta-analysis. *International Journal of Research in Marketing*, *23*(2), 187-198.

Eisend, M. (2009). A meta-analysis of humor in advertising. *Journal of the Academy of Marketing Science*, *37*(2), 191-203.

遠藤由美（2004）. 社会的影響. 無藤隆・森敏昭・遠藤由美・玉瀬耕治『心理学』, 345-366. 有斐閣.

Festinger, L. (1957). *A Theory of Cognitive Dissonance*. California: Stanford University Press.

深田博己（1995）. 説得. 小川一夫監修『改訂版　社会心理学用語辞典』, 198-199. 北大路書房.

深田博己（2002）. 恐怖感情と説得.『説得心理学ハンドブック 説得コミュニケーション研究の最前線』, 278-328. 北大路書房.

古橋啓介（1999）. 認知欲求. 中島義明・安藤清志・子安増生・坂野雄二・繁桝算男・立花政夫・箱田裕司編『心理学辞典』, 669. 有斐閣.

Garlin, F. V., & Owen, K. (2006). Setting the tone with the tune: a meta-analytic review of the effects of background music in retail settings. *Journal of Business Research*, *59*, 755-764.

博報堂 DY メディアパートナーズ メディア環境研究所（2023）.『メディア定点調査 2023 ニュースリリース グラフ集』.

Hanna, N., Gordon, G. L., & Ridnour, R. E. (1994). The Use of Humor in Japanese Advertising. *Journal of International Consumer Marketing*, *7*, 85-106.

Heider, F. (1958). *The psychology of interpersonal relations*. New York: John Wiley & Sons.（大橋正夫（訳）(1978).『対人関係の心理学』. 誠信書房.)

今城周造（1999）. 精緻化見込みモデル. 中島義明・安藤清志・子安増生・坂野雄二・繁桝算男・立花政夫・箱田裕司編『心理学辞典』, 498-499. 有斐閣.

井上隆二（2013）.〈論説〉態度と行動—期待−価値モデル，"Fishbein & Ajzen の合理的行為"の理論をめぐって.『立正大学文学部論叢』, *109*, 77-91.

石淵順也（2019）.『買物行動と感情—「人」らしさの復権—』. 有斐閣.

石淵順也（2013）. 消費者行動における覚醒の働き：感情研究に基づく検討.『商学研究』, *60*(4), 343-373.

石井裕明・平木いくみ（2016）. 店舗空間における感覚マーケティング.『マーケティングジャーナル』, *35*(4), 52-71.

株式会社アイスタイル（2024）. 2024 年度 6 月第 3 四半期決算説明資料.

Kamins, M., & Marks, L. (1987). Advertising puffery: The impact of using two-sided claims on product attitude and purchase intention. *Journal of Advertising*, *16*(4), 6-15.

Kang, J. A., Hong, S., & Hubbard, G. T. (2020). The role of storytelling in advertising: Consumer emotion, narrative engagement level, and word-of-mouth intention. *Journal of Consumer Behaviour*, *19*(1), 47-56.

唐沢穣（2019）. 態度と態度変化（第6章）. 池田謙一・唐沢穣・工藤恵理子・村本由紀子『社会心理学』, 161-182. 有斐閣.

岸志津恵（2000）. 媒体計画（第9章）.『現代広告論』(初版), 199-228, 有斐閣.

岸志津恵（2017a）. 媒体計画（第9章）.『現代広告論』(第三版), 231-270, 有斐閣.

岸志津恵（2017b）. 広告コミュニケーション過程と効果（第7章）.『現代広告論』(第三版), 176-206, 有斐閣.

北村英哉（2021）. 態度. 子安増生・丹野義彦・箱田裕司監修『現代心理学辞典』. 有斐閣. 電子辞書.

久保田進彦・澁谷覚（2018）.『そのクチコミは効くのか』. 有斐閣.

クリニカ アマゾン WEB サイト（n.d.）. https://www.amazon.co.jp/dp/B07B66C9G3?ref_=cm_sw_r_ cp_ud_dp_6KKK22Q6TAZB（2022年7月2日確認）

松井剛（2018）.『いまさら聞けないマーケティングの基本のはなし』. 河出書房新社.

McGinnies, E., & Ward, C. D. (1980). Better Liked Than Right: Trust-worthiness and Expertise as Factors in Credibility. *Personality and Social Psychology Bulletin*, *6*(3), 467-472.

中村雅彦（1984）. 性格の類似性が対人魅力に及ぼす効果.『実験社会心理学研究』, *23*(2), 139-145.

西原彰宏（2010）. クチコミ発信者の信憑性を規定する要因としての企業サイト.『商学研究』, *62*, 26-52.

仁科貞文（2007）. 広告効果と心理プロセス. 仁科貞文・田中洋・丸岡吉人『広告心理』, 51-113. 電通.

大平英樹（2010）. 感情と認知. 大平英樹編『感情心理学・入門』, 97-121. 有斐閣.

朴正洙（2009）. ブランド・コミュニケーションにおける意味移転モデルに関する実証研究.『商学研究科紀要』, *69*, 201-217.

Petty, R. E., & Cacioppo, J. T. (1986). The elaboration likelihood model of persuasion. *Advances in Experimental Social Psychology*, *19*, 123-205.

Roschk, H., Loureiro, S. M. C., & Breitsohl, J. (2017). Calibrating 30 Years of Experimental Research: A Meta-Analysis of the Atmospheric Effects of Music, Scent, and Color. *Journal of Retailing*, *93*(2), 228-240.

Ryu, K., Lehto, X. Y., Gordon, S. E., & Fu, X. (2019). Effect of a brand story structure on narrative transportation and perceived brand image of luxury hotels. *Tourism Management*, *71*, 348-363.

サトウタツヤ（2022）. 心理学と社会（第3章）. サトウタツヤ・高砂美樹『流れを読む心理学史（補訂版）』, 75-134. 有斐閣.

佐野美智子（2013）.『消費入門』. 創成社.

Schwarz, N., & Clore, G. L. (1983). Mood, misattribution, and judgments of well-being: Informative and directive functions of affective states. *Journal of Personality and Social Psychology*, *45*(3), 513-523.

Schwarz, N. (1990). Feelings as information: Informational and motivational functions of affective states. In Higgins, E. T., & Sorrentino, R. (Eds.), *Handbook of motivation and cognition: Foundations of social behavior*, *2*, 527-561. New York: Guilford Press.

澁谷覚（2013）.『類似性の構造と判断』. 有斐閣.

Solomon, M. R.（2013）. *Consumer behavior*（10th ed.）. Prentice Hall.（松井剛（監訳）(2015).『ソロモン消費者行動論』. 丸善出版.）

Stewart, D. W., & Furse, D. H.（1986）. *Effective Television Advertising - A Study of 1000 Commercials*. Lexington, MA: D.C. Heath and Co.

杉谷陽子（2012）. 消費者の態度形成と変容（第7章）.『新・消費者理解のための心理学』, 122-136.

竹内理（2014）. 相関分析入門（1）関係を探るには（第9章）. 竹内理・水本篤編著『外国語教育研究ハンドブック【改訂版】／研究手法のより良い理解のために』, 121-131, 松柏社.

田中洋（2008）.『消費者行動論体系』. 中央経済社.

田中洋（2015）.『消費者行動論』. 中央経済社.

田中洋（2017）. インターネット広告戦略（第10章）.『現代広告論（第三版）』, 271-299. 有斐閣.

田中知恵・村田光二（2005）. 感情状態が広告メッセージの精緻化に及ぼす影響：TV広告を用いた検討『広告科学』, *46*, 104-117.

土田昭司（2013）. 態度. 日本認知心理学会編『認知心理学ハンドブック』, 308-309. 有斐閣.

津村将章（2018）. マーケティング・コミュニケーションにおける有用なクリエイティブ要素：物語の観点から.『マーケティングジャーナル』, *37*(3), 54-76.

内田伸子（1982）. 幼児はいかに物語を創るか?.『教育心理学研究』, *30*(3), 211-222.

Weinberger, M. G., & Gulas, C. S.（1992）. The impact of humor in advertising: A review. *Journal of Advertising*, *21*(4), 35-59.

山田剛史・井上俊哉編（2012）.『メタ分析入門心理・教育研究の系統的レビューのために』. 東京大学出版会.

Zhang, Y., & Zinkhan, G. M.（1991）. Humor in Television Advertising: The Effects of Repetition and Social Setting. In Rebecca, H. Holman., & Michael, R.（Eds.）, *Advances in Consumer Research*, *Solomon*, 813-818. Provo, UT: Association for Consumer Research.

（津村将章）

第8章

消費者の意思決定

　この章では消費行動の背後に存在する人間の意思決定の心理について説明する。意思決定という行為は大まかにいえば，複数の選択肢から特定のものを選び出す行為であり，消費行動に即していえば，お金を払って商品を購入するかどうか，あるいはどの商品を購入するのが一番良いかを順序付けて最も好ましい選択肢を選び出す，ということになろう。では，この自分にとって最も好ましい選択肢を選ぶという問題を現実の消費者はどう解決しているのだろうか。意思決定に関する心理学的研究の知見は，大きくまとめれば以下の3点を示しているものと言える。

　第一に，人は選択肢のよさを必ずしも合理的には評価できていないということである。不確実性を含む意思決定を記述する基本的な枠組みとして，古くは期待効用理論（expected utility theory: von Neumann & Morgenstern, 1944）が考えられてきた。しかし，1950年代以降，期待効用理論の予測から体系的に人間の意思決定が逸脱することが報告されたことによって記述理論としての期待効用理論のさまざまな限界点が指摘され，少なくとも現実の人間は期待効用理論の想定するような形で不確実性を伴う意思決定を行っていないと考えられるようになった。そして期待効用理論からのさまざまな逸脱を説明できるプロスペクト理論（prospect theory: Kahneman & Tversky, 1979）が提案され，人間の意思決定の中心的な記述理論としての評価を得ている。

　第二に，選択を行う際には，何らかの形で簡便法に基づいて決定を下しているということである。上にも述べたように，人が選択を行うためには，理想的には選択肢間の順序付けが完全になされたうえで，その中で最善のものを選び

出すことが求められる。ところがそのような行為を実現するためには，関連する選択肢をすべて特定したうえで選択に必要な情報を完全に入手し，その情報を分析したうえで選択肢間の序列をつけることができなければならない。しかし実際の人間がこのような条件を満たしたうえで選択を行っているとは考えられないであろうことは古くから認識されており（Edwards, 1954; Simon, 1955），実際さまざまな実証的研究から，人間の判断や意思決定が些細な手がかりに基づいて行われていることが明らかにされている（e. g., Tversky & Kahneman, 1974）。

　第三に，選択肢に対する評価は相対的であって状況や判断基準，選択肢集合に応じて変わり，場合によっては後付けですらあるということである。例えば，同じ1万円という金額であっても，何も持っていないところで与えられる場合と，1,000万円与えられたのちにさらに与えられる場合と，最初に2万円与えられたのちに1万円を失って最終的に残る場合とでは，その主観的な価値は大きく異なってくるだろう。これは1万円を得ることの価値が比較する基準によって変化することを示している。このような特徴は準拠点依存（reference dependency）と呼ばれるものであり，知覚心理学の分野では大きさや長さ，重さといった物理量の知覚が比較対象によって大きく異なるという古典的な現象として知られていたものであるが，意思決定や消費行動の中でもさまざまな場面で生じることが報告されている。

　本章では，以上の3点にまとめることができる意思決定行動に関する研究を概観する。第1節では，選択肢の良さを合理的に評価していないという側面を，人間の意思決定の記述の枠組みが期待値から期待効用，そしてプロスペクト理論へと展開していった経緯を含め，関連する実証的知見を交えながら説明する。第2節では，人間が判断や意思決定に際して用いるさまざまなヒューリスティックを，実験室・現実場面双方の例を含めて説明する。そして第3節では多属性意思決定場面を取り上げ，そこでの人間の判断の相対性をさまざまな現象を通じて説明する，そして第4節ではそのような人間の判断の非合理性・相対性を説明するために提案されたさまざまな理論的モデルについて解説する。

8.1 不確実性を含んだ意思決定

8.1.1 期待効用理論

　不確実性をどう考えるべきか，という問題はその探求の起源を古代にまでさかのぼることができるが（e. g., Franklin, 2018），数学的な問題として検討が進められるようになったのは近代以降であり，不確実性を含んだ賭けについて公平な分配をどうすべきか，という問題の定式化から始まった。以下に示すパチョーリ（Pacioli）の問題はその代表的な問題であり，パスカル（Pascal）が今日の目から見て数学的に正しい回答を与えたことでも知られるものである（以下のパチョーリの問題に関する記述は，河野，1999 に基づく）。

> ある 2 人がゲームで先に 6 勝した方が全額を得るというゲームを始めたとする。ある事情で勝負が完了しないで A が 5 勝，B が 3 勝したところで中止になったとする。この時，賭け金をどのように分配するのが公平であろうか？

　この問題に対し，パスカルは，以下のように考えて A と B で 7：1 の比率で賭け金を分配するのが正しいとした：

　まず A が勝つ場合を整理すると，次のゲームで勝って終了の場合であり，その可能性は 1/2，次に一度負けてその次のゲームで勝つ場合があり，その可能性は 1/4，そして 2 回負けた後に勝つ場合でその可能性は 1/8 であり，以上の 3 通りをまとめると結局 A が勝つ可能性は $\frac{1}{2}+\frac{1}{4}+\frac{1}{8}=7/8$ であり，逆に B が勝つ可能性は 3 回続けて勝つしかないので，その可能性は 1/8 となり，可能性を考えた公平な配分は 7：1 である。

　このような考え方は，いわゆる期待値に基づいた評価であると言える。ある選択肢（A）が不確定な結果を n 通り持ち，個々の結果の実現値，確率をそれぞれ，x_i，p_i，とするとき，その選択肢の期待値（expected value: EV）は

$$EV[A] = \sum_{i=1}^{n} p_i x_i \qquad (1)$$

と定義できる。不確実性を含む状況で期待値をできる限り大きくする選択肢を選ぶという考え方は単純かつ自然な意思決定の指針となりえるようにみえる。

　しかし，期待値に基づく決定は直感的には不自然な決定を導く場合があることは，18世紀からすでにいわゆる**聖ペテルスブルグのパラドックス**（**St. Peters-burg's paradox**）によって示されていた。聖ペテルスブルグのパラドックスとはニコラス・ベルヌイ（Nicolas Bernoulli）が示したものであり，具体的には次のような問題で表現されている；

　偏りのないコインを何回も投げ，n度目で初めて表が出たとき，1×2^n円もらえる賭けがあるとする。例えば，コインを投げて1回目に表が出た場合は2円，1回目が裏で2回目で初めて表が出ると4円，1回目も2回目も裏で3回目に初めて表が出ると8円もらえるものとする。このような賭けに対して，どのくらいまで参加費を払っていいと思うだろうか？

　この賭け（L）で起こりえる結果の実現値は2円，4円，8円・・・・2^n円，これらの結果が生じる確率はそれぞれ1/2，1/4，1/8・・・・・1/2^nとなり，賭け全体の期待値は，

$$EV[L] = \sum_{i=1}^{\infty} \left(\frac{1}{2}\right)^n 2^n = 2 \times \frac{1}{2} + 2^n \times \frac{1}{2^n} + \cdots = 1 + 1 + 1 + \cdots = \infty \qquad (2)$$

となる。つまり，この賭けの期待値が無限である以上，この賭けに参加するためにいくらでも払っていいことになる。このように，聖ペテルスブルグのパラドックスは直観的には納得しにくいという意味でパラドキシカルであると同時に，"いくらまで払ってもよいか"という問いに対する明確な答えを与えてくれない点で，期待値による決定が不確実性を含んだ場合に適切に機能しないことがある例として位置づけられている。

　期待効用理論（Neumann & Morgenstern, 1944）とは，不確実状況における意

思決定を記述するための枠組みであり，ダニエル・ベルヌイ（Daniel Bernoulli）
が提案したものである。この考え方によれば，ある結果の望ましさは結果自体
の大きさではなく，その"よさ"として決定主体が感じる効用（$u(x_i)$）で表さ
れ，不確実性を含む選択肢の評価も効用の期待値である期待効用（EU），すな
わち

$$EU[A] = \sum_{i=1}^{n} p_i u(x_i) \qquad (3)$$

に従うとするものである。そしてフォン・ノイマンとモルゲンシュテルン
（von Neumann & Morgen-stern, 1944）は，この期待効用を人間の選択結果から導
くための条件を，（1）意思決定者が常に選択肢間の優劣をつけることができ
るという**完全性**，（2）3つの選択肢 A，B，C があり，A が B より好まれ，B
が C より好まれるならば，必ず A は C より好まれなければならないとする，
選択間の一貫性を求める**推移性**，（3）3つの選択肢 A，B，C があり，A が B
より好まれている時，p を 0 から 1 の間の実数として，pA＋(1－p)C は必ず
pB＋(1－p)C よりも好まれなければならないとする，2つの選択肢間の選好
がもう1つの無関係な選択肢の有無から影響を受けないとする**独立性**，（4）
A，B，C の順に好まれている3つの選択肢がある場合，やはり p を 0 から 1
の間の実数として，B と pA＋(1－p)C が無差別となるような p が必ず存在す
るという**連続性**，の4つを公理として示し，人間の行う選択がそれらの条件を
満たせば正一次変換を除き一意に効用関数を定めることが可能であることを示
したのである。

　しかし，実際の人間の意思決定行動がこの期待効用理論から逸脱すること が
20世紀の半ばから報告されてきた。その代表的なものとしてよく知られてい
るのが**アレ**（Allais, 1951）**のパラドックス**と**エルスバーグ**（Ellsberg, 1961）**のパ
ラドックス**である。これらのパラドックスはいずれも期待効用の4つの公理の
うちの独立性の公理の逸脱に関するものであり，本質的には同じであるはずの
選択の間で選好が一貫せず，人間の意思決定が期待効用という量に従っていな

いことを示すものである。以下に具体的に説明する。

8.1.2　アレのパラドックスとエルスバーグのパラドックス

アレのパラドックス（Allais, 1951）とは，人間の意思決定が期待効用理論に従わないことを示した最も古典的な例と位置づけられるものである。ここで，2つの選択肢で構成される，以下の2種類の賭けを考えてみる。

＜賭け1＞
A.　確率1で＄1,000,000もらえる
B.　確率0.10で＄5,000,000，確率0.89で＄1,000,000，確率0.01で＄0もらえる

＜賭け2＞
C.　確率0.11で＄1,000,000，確率0.89で＄0もらえる
D.　確率0.10で＄5,000,000，確率0.90で＄0もらえる

　以上の2つの賭けを比較すると，賭け2の2つの選択肢はそれぞれ，賭け1の2つの選択肢から "確率0.89で＄1,000,000" の部分を引いたものに相当することがわかる。したがって，意思決定者が一貫した選好構造を有しているのであれば，賭け1でAを選択したものは賭けはCを選択することになる。しかし，前者の賭けではAを，後者の賭けではCではなくDを選ぶ実験参加者が多数派になることが知られており，実際の人間の意思決定が期待効用という量に従わないことを示している。このようなアレのパラドックスは期待効用理論からの逸脱と考えることができ，記述理論としての期待効用理論に限界があることを示すものと解釈されている。

　期待効用理論からの逸脱を示すもう1つの古典的な例が**エルスバーグのパラドックス**（Ellsberg, 1961）である。先に，意思決定には不確実性が常に伴うと述べたが，この不確実性には2種類があると考える立場がある（e. g., Knight, 1921）。1つはリスク（risk）のある状況と呼ばれるものであり，確実ではないが結果が生じる確率がわかっている状況を指す。もう1つは曖昧（ambiguity）

な状況と呼ばれるものであり，不確実である上に確率自体も未知である状況を指す。ここで，エルスバーグ自身が用いた例をもとにこのリスクのある状況と曖昧な状況の区別を考えてみよう。外から中身の見えない袋の中に赤いボールが30個，黄色いボールと緑色のボールがそれぞれの数はわからないが併せて60個入っているものとする。ここで，袋の中に手を入れてボールを1つだけ取り出すとして，赤が出たら当たりという賭けと，緑が出たら当たりという賭けの2種類があるとしよう。ここで，前者は当たりの出る確率が明確にわかっている（30/90）ためリスクのある状況であり，後者は不確実なうえに当たる確率自体も定まっていないため，曖昧な状況と言える。

エルスバーグのパラドックスとは，このリスクのある状況と曖昧な状況の間の選択を通じて，やはり人の不確実性を含む意思決定が独立性の公理を逸脱することを示すものである。まず，上の2つのような賭けがあるとして，どちらの方が望ましいと思えるだろうか？　多くの人が，前者のようなリスクのある状況の方を，曖昧な状況より好ましいと考えることが知られている。

さて，同じ袋を用いて別の種類のリスクのある状況と曖昧な状況の比較を考えることもできる。今度は赤か黄色が出たら当たりという賭けと，黄色か緑が出たら当たりという賭けのうち，どちらの方を好ましいと思うだろうか？

今度の2つの賭けについては，前者は赤が出たら当たり，後者は黄色か緑が出たら当たりの方を好ましいと思う人が多いことが知られている。しかし，これらの選択を比較すれば，実は後者の選択は前者の選択の2つの賭けに"黄色が出たら当たり"という要素を足しているだけであることがわかる。したがって，前者の賭けで"赤が出たら当たり"を選択するならば，後者の賭けでは"赤か黄色が出たら当たり"の方を選択しなければならない。したがって，多くの人の選択はこのような一貫した選好に従わないことを示していると言える。このような現象は，**曖昧性忌避**（ambiguity aversion）と呼ばれ，期待効用理論からの逸脱の例としてよく知られている。

8.1.3 プロスペクト理論

　以上のような効用理論の限界点を踏まえて提案されたのがカーネマンとトヴァスキーが提案した**プロスペクト理論**（prospect theory: Kahneman & Tversky, 1979; Tversky & Kahneman, 1992）である。この理論は主としてアレのパラドックスのような，不確実性を含む意思決定における期待効用理論からの体系的な逸脱を説明し，現実の人間の意思決定の記述を目指したものである。この理論は，不確実性を含む選択は編集（editing）と評価（evaluation）の2つのプロセスを経て行われると仮定し，編集段階で選択肢を評価しやすい形に変形したうえで，評価段階で価値関数と確率加重関数に基づいて選択肢をプロスペクトで表現し，意思決定を予測するものである。

$$V(x_1, p_1; \cdots x_n, p_n) = \sum_{i=1}^{n} \pi(p_i) v(x_i). \qquad （4）$$

　ここで，$x_1 \cdots x_n$ は n 通りある結果の大きさであり，$p_1 \cdots p_n$ はそれぞれの結果に伴う確率の値である。また，$\pi(p)$，$v(x)$ はそれぞれ確率加重関数，価値関数であり，確率の大きさを決定加重に，結果の大きさを心理的な価値に変換する関数である。

　ただし式（4）をみるとわかるように，このような確率加重関数・価値関数による意思決定の記述はこれだけでは期待効用の言い換えに過ぎず，確率加重関数・価値関数にどのような性質を想定するのかが重要になる。ここでカーネマンとトヴァスキーは，価値関数 $v(x)$ については，（1）最終的な利得ではなく，ある準拠点（reference point）からの変化の価値を表す，（2）利得領域で凸，損失領域で凹になる，（3）損失領域の方が急勾配を示す，といった3つの性質を，確率加重関数 $\pi(p)$ については，低確率の過大評価，高確率の過小評価といったものを含む7つの性質を指摘している（詳しくは Kahneman & Tversky, 1979；中村，2013を参照）。これらの価値関数と確率加重関数の基本的な形状を示したものを図表8−1に示す。カーネマンとトヴァスキーは，このような性質を持った確率加重関数と価値関数を用いて，アレのパラドックスを

図表8－1　Kahneman & Tversky（1979）で提案された価値関数（左図）と確率加重関数（右図）

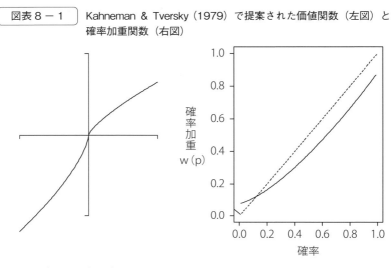

（出所）中村（2013）より引用。

含む14種類の賭けに対する選択結果やそれに付随した効用理論からのアノマリー（逸脱）を説明している。

　このプロスペクト理論は，その後，いくつかの批判を考慮して修正された累積プロスペクト理論（cumulative prospect theory: Tversky & Kahneman, 1992）が提案されている。そこでは，オリジナルのプロスペクト理論では定式化されていなかった価値関数や確率加重関数に対して具体的な関数が提案され，不確実性を含む賭けの選択結果に対する定量的な予測や検討が与えられている。そして，この累積プロスペクト理論以降，さまざまな確率加重関数や価値関数が提案され，多くの理論的・実証的検討が重ねられてきた。また，理論の出発点となったさまざまな不確実性を含む賭けに対する選択結果やそれに対する理論の記述力については19ヵ国で行われた追試があり，現象の再現性は高く，かつ他の理論やモデルとの比較を通じても理論の説明力は高いものであったと報告されている（Ruggeri et al., 2020）。

　ただしこの累積プロスペクト理論については特に，確率加重関数の性質につ

いてその後さまざまな理論的矛盾が指摘され（詳しい説明は川越, 2020; 中村, 2013 などを参照），関数の理論的修正が試みられている。そこでは，先行研究のモデルの推定結果ではアレのパラドックスを説明できないこと（Neilson & Stowe, 2001），これまで提案されてきた確率加重関数の多くは期待効用理論で解決していたはずの聖ペテルスブルグのパラドックスが解決できないこと（Rieger & Wang, 2006），といった点が指摘され，その点を修正するための新たなさまざまな関数が提案されている。

8. 1. 4　準拠点依存とフレーミング効果

　このプロスペクト理論で想定されている価値関数の性質の中で特に注目を集めてきたのが**準拠点依存**という性質である。この準拠点依存とは，人間の判断は結果そのものではなく基準となる準拠点からの変化に依存するというものである。その後の研究の中でこの準拠点依存をよく表す現象として報告されたのが**フレーミング効果**（framing effect: Tversky & Kahneman, 1981）がある。このフレーミング効果とは，意味的には同じ選択であっても，選択の表現によって決定が変わることを指す。ここで以下の 2 つの選択課題をみてみよう；

　＜賭け 1 ＞
　下の 2 つのうちどちらを選びますか？
　A．確実に 5,000 円もらう
　B．20,000 円もらえる確率が 25%，何ももらえない確率が 75%のくじを引く

　＜賭け 2 ＞
　まずあなたに 20,000 円与えられます。そうなったとして，下の 2 つのうちどちらを選びますか？
　A．その 20,000 円から確実に 15,000 円失う
　B．その 20,000 円から何も失わない確率が 25%，20,000 円失う確率が 75%のくじを引く

　これら 2 つの賭けは，結果だけをみれば確実に 5,000 円を得るか，それとも

20,000円を25%の確率で得るといった，期待値の上では同じもの同士の選択をするという意味で同じ賭けである。この時，前者のような確実に利益を得る選択肢をリスク回避選択肢，後者のようなリスクを含む選択肢をリスク志向選択肢と呼ぶ。また，賭け1では"もらえる"という利得が，賭け2では"失う"という損失が強調された表現が用いられている。ここで前者のような表現を利得フレーム，後者のような表現を損失フレームと呼ぶ。そして，利益フレームの場合リスク回避選択肢が，損失フレームではリスク志向選択肢が選ばれがちであることが知られている（Tversky & Kahneman, 1981）。このような結果は，結果が同じであっても，何もない状態から5,000円増える場合と，20,000円得た状態から15,000円を失って結果的に5,000円を得るのとでは感じ方が違うことを示すものであり，これは，人間の判断が結果そのものではなく，準拠点と呼ばれる判断の基準となる値からの変化に依存することを意味している。

　このフレーミング効果はもともとプロスペクト理論における準拠点依存の性質から導かれたものであるが，その後さまざまなバリエーションが報告されている。レヴィンら（Levin et al., 1998）は，さまざまなフレーミング効果に関する研究のレビューを通じて，フレーミング効果は大きく分けてリスクのある選択に関するもの（risky choice），属性の表現に関する属性フレーミング（attribute framing），決定の目的に関する目的フレーミング（goal framing）の3種類にまとめている。まずリスクのある選択に関するフレーミング効果とはトヴァスキーとカーネマン（Tversky & Kahneman, 1981）で用いられたような，リスク志向選択肢とリスク回避選択肢に対する選好がフレーミングでどのように変化するかを検討するものである。属性フレーミングとは，たとえばひき肉の品質を表現するにあたって"赤身75%"と表現するか"脂質25%"と表現するかといった（e. g., Levin & Gaeth, 1988），選択肢の属性に関する情報の表現に関わるものである。目的フレーミングは，乳がん自己検診を促進するために，"自己検診をすると発見される確率が高まる"と説得するか，"自己検診をしないと発見される確率が高まらない"と説得するかといった（e. g., Meyerowitz &

Chaiken, 1987), 目的について望ましい結果を強調するか望ましくない結果を強調するかといった違いに関わるものである。

8.2 消費者意思決定方略（ヒューリスティック）

　以上のような期待効用理論からの逸脱とその理論的解決に関する提案と同時に，人間の判断の背後の認知プロセスに関する研究関心が高まり，不確実状況下での判断や意思決定の中で，人間がさまざまな**ヒューリスティック**と呼ばれる簡便法を用いて判断を下していることが指摘されてきた。ヒューリスティックとは，常にうまくいくというわけではないが多くの場合，良い判断に導いてくれる方略のことであり，その代表例として，**利用可能性ヒューリスティック**（availability heuristic），**係留と調整ヒューリスティック**（anchoring and adjustment heuristic），**代表性ヒューリスティック**（representative heuristic）といったものが知られている。

8.2.1　意思決定におけるヒューリスティック

　利用可能性ヒューリスティックは，ある出来事の起こりやすさを見積もる時に，その出来事をどの程度思いつきやすいかを判断材料とすることである。例えば，アルファベットの"r"で始まる単語と"r"が3文字目に来る単語のどちらが多いかを判断させると，実際には後者の単語の方が多いにもかかわらず，前者と答える回答者の方が多くなる（Tversky & Kahneman, 1974）。

　係留と調整ヒューリスティックとは，数値的な判断を求められた際に身近にある数値を，判断とは本来無関係であっても基準として用い，自らの判断をその数値に合わせて調整してしまうことである。例えば，国連加盟国におけるアフリカ諸国の比率を回答させる場合，そのアフリカ諸国の比率が10%より上かどうかを選択させてから回答させる場合と65%より上かどうかを選択させてから回答させる場合では，後者の方が高くなる。これは，本来，正答とは無関係である"10%"，"65%"といった数値を回答者が基準として用いているた

めと考えられる。

　代表性ヒューリスティックとは，ある対象がある集団に属する確率の判断を，実際の確率やデータではなく対象が集団を代表する主観的な程度に基づいて下すことである。例えば，表裏で偏りのないコインをでたらめに6回投げた時，表－裏－表－裏－裏－表と出る場合と，表－表－表－裏－裏－裏と出る場合では，出る確率自体は同じ（$1/2^6$）にもかかわらず，前者の方が後者よりも出やすいとみなされる。これは，前者の系列の方が回答者の考える"でたらめ"な系列の代表例に近いためであると考えられる（Tversky & Kahneman, 1974）。

8.2.2　現実場面におけるヒューリスティックに基づいた判断

　以上のような人間のヒューリスティックな判断に関する研究成果は，現実の世界の人間の判断がさまざまな簡便法を用いて，これまでの経済学者が想定していたような合理的な意思決定に沿う形で行われているわけではないという認識を広め，そしてセイラー（R. H. Thaler）やローウェンシュタイン（G. Lowenstein）といった経済学者に対しても大きな影響を与え，**行動経済学**と呼ばれる分野の興隆にも貢献することになった。そして近年は実験状況を離れて現実場面のデータを用いて，実際に人間がこのような決定方略を用いて判断を下していることを示す研究成果が数多く報告されている。

　準拠点依存に関する現実の例で近年注目されているのが**概数効果**（round number effect: Allen et al., 2016; Pope & Simonson, 2011）である。この概数効果とは，"年収1,000万""勤続10年""フルマラソン3時間以内"といった，切りのいい数値が具体的な目安の値として用いられることによって，この切りのいい数値に合わせて自らの行動や判断を調整し，数値を超えるか超えないかで行動が変動することを指す。例えばAllen et al.（2016）は，過去40年以上のフルマラソンの大会の記録から1,000万人近い走者の完走時間の頻度分布を分析し，1時間，あるいは30分ごとの区切りのいい時間の前後で分布の不連続性が生じることを見出した。このような結果は，マラソンの走者が"4時間"，

"3 時間 30 分" といった区切りのいい時間をクリアすることを目標としてペース配分をしていることを示している。

またポープとシモンソン（Pope & Simonson, 2011）は，メジャーリーグ打者の打率成績にこの概数効果があることを見出した。打者の能力を判断する基準としてしばしば "3 割" という数値が言及され，打者としては重要な意味を持つ概数と言える。彼らは過去のメジャーリーグの打率成績を分析し，2 割 9 分 9 厘台の打者が全体の約 0.4% なのに対し，3 割 0 分 0 厘台の打者が約 1.6% と不自然に多いことを見出した。また，個々の打者の年間最終打席の結果を分析し，最終打席で安打を打てば最終打率が 3 割に届く打者で四球を選んだ打者は存在せず，かつその最終打席で安打した打者の比率は 43% であり，最終打席時点で 2 割 8 分から 3 割 2 分の打者の中で最終打席に安打した打者の比率（26%）より有意に高い値を示した。このような知見は，打者が "3 割" という切りのいい基準の値に合わせて自らのパフォーマンスをある意味調整していることを示すものである。また，中村（Nakamura, 2019）は，以上のような "打率 3 割" の概数効果が日本のプロ野球データでも成立していることを明らかにしている。

また，デフォルトとして与えられた選択肢の方がそうでない選択肢よりも選択されがちであるというデフォルト効果（e. g., Johnson & Goldstein, 2003）も，人間の現実場面における意思決定がある種の簡便法に基づいて行われていることを示唆するものである。このような効果を示した研究の中で最も著名なものの一つであるジョンソンとゴールドスタイン（Johnson & Goldstein, 2003）で取り上げられた，"臓器提供者になることに同意するかどうか" という決定によってこの現象を説明しよう。

臓器提供という問題は，本質的には自分の命，そして臓器提供を待っている人の命の重みを考えるという，ある種の生命観や倫理にも関わる重要な問題であり，簡単に答えを出すことはなかなか難しいように思われる。ただし，ある人のこの問題に対する意思を確認する場合，実は仕組みとしては理屈上，以下の 3 通りの聞き方が可能である。1 つは，単純に臓器提供者になる・ならない

の2つの選択肢から1つを選ばせる，いわゆる二肢選択方式である。2つ目は，同意を求める際にデフォルトとして臓器提供者になっているが自らの意思で臓器提供者にならない，いわゆるオプトアウト方式である。そして3つ目が，デフォルトでは臓器提供者ではないが自らの意思で臓器提供者になることができる，いわゆるオプトイン方式である。

　ジョンソンとゴールドスタイン（2003）は，この"聞き方"によって臓器提供に対する同意率が変化することを，同意率の国別比較と実験的研究の双方で示した。まず彼らは，ヨーロッパの11ヵ国の臓器提供に対する同意率をオプトイン方式の国とオプトアウト方式の国で比較し，前者の国では同意率は最大で28％程度であったのに対し，後者の国では最低でも86％であることを見出した。そして，アメリカ人の大学生に対して臓器提供に対する同意をオプトイン方式，オプトアウト方式，二肢選択方式の3通りのいずれかで回答させたところ，同意率はオプトイン方式は42％程度であったのに対し，オプトアウト方式・二肢選択方式の場合は89％程度となった。このような知見は仮に臓器提供といった複雑で重大な論点をふくむような選択であったとしても，結局デフォルトとして提示されるかどうかが大きな決定因となることを示唆するものである。

　また，支払いの場面でしばしば用いられる"最低○○円"という言い回しが実際の支払金額に与える影響が報告されている（Stewart, 2009; Navarro-Martinez et al., 2011; Sakaguchi et al., 2021）。例えばスチュワート（Stewart, 2009）は，クレジットカードの返済という架空の実験状況における支払額を，月々の支払いの最低金額を設定する条件と設定しない条件で比較すると，支払う側にとっては最低金額の値による一種の係留と調整の効果（Tversky & Kahneman, 1974）が生じ，値に引きずられて結果的に最低金額を表示しない場合よりも支払い金額が低くなる場合があることを報告している。このような最低金額の効果は頑健であり，返済に関する詳細な情報を付け加えたとしても弱まらないことも報告されている（Navarro-Martinez et al., 2011）。また，クレジットカードの支払いに関する現実データを分析すると，最低金額を設定することによって月々の返済

第 8 章　消費者の意思決定 ｜ 183

額が少なくなり，結果的にトータルの返済金額が高くなるケースが生じている
こともあるという（Sakaguchi et al., 2022）。

8.3　多属性意思決定

8.3.1　多属性意思決定の基本的な枠組み

　私たちの行う消費行動を理解する上でもう 1 つ重要な点は，現実的には消費
行動は多属性，すなわち選択肢を評価する基準が複数ある状況での意思決定の
問題であるということである。例えば，どんな製品を購入するにしても，多く
の場合，少なくとも製品の金額と品質の双方を考えて，購入が割に合うかどう
かの 2 点については考えなければならないだろう。その意味で，現実場面の意
思決定は，何らかの形で多くの側面に関する情報を処理しながら最終的に買う
買わないの決定を下さなければならない，**多属性意思決定**（multi-attributes
decision making）の問題として解釈することができる。

　このような状況に対する決定ルールは，選択肢ごとに個々の属性値を評価す
る選択肢ベースの決定方略と，属性値ごとに個々の選択肢を評価して判断を下
す属性ベースの決定方略に分けることができ，前者の方略として個々の属性を
何らかの形で点数化し，その合計得点が最も高いものを選択する加算型
（additive rule）をあげることができる。それに対し，後者の例として，属性を
重要な順に並べ替えて優先順位の高い属性から選択肢を選別していく辞書編纂
型（lexicographic rule），個々の属性について必要条件を設定したうえで，その
必要条件を満たす選択肢を選ぶ連結型（conjunctive rule），属性ごとに十分条件
を設定し，1 つでも満たしていれば選択する分離型（disjunctive rule）といった
決定ルールが知られている（図表 8 - 2 も参照）。また，多属性意思決定はその
属性のまとめ方について，ある属性値の低さを別の属性値の高さで補えるよう
なルールを補償型，補えないようなルールを非補償型と呼び，加算型は補償型
に，他の 3 つは非補償型に分類される。

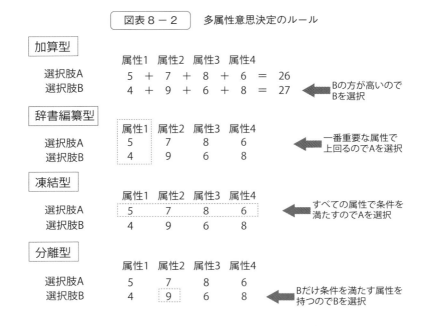

8.3.2 属性による消去 (Elimination by Aspect)

その多属性意思決定における決定ルールに関する心理学モデルとしてよく知られているのが,トヴァスキーによる**属性による消去**(Elimination By Aspect；以下 EBA, Tversky, 1972)である。この決定方略はいわゆる辞書編纂型方略 (lexicographic strategy) の1つであり,属性ごとに選択肢の消去を繰り返し行い,最終的に残る選択肢を採択するという決定方略である。この EBA が説明する意思決定問題として有名なサヴェジ・ドブロイ (Savage-Debreu) 問題を例に,EBA が描く決定プロセスを説明しよう。ここで,以下の3つの選択肢があるとする:

選択肢1：ローマ旅行に行く
選択肢2：パリ旅行に行く
選択肢3：パリ旅行に行き,1ドルもらえる

第8章 消費者の意思決定 | 185

　では，これら3つの選択肢をそれぞれ比べるとどうなるだろうか？　選択肢1と選択肢2の比較であれば，恐らく同程度の魅力を感じるため，その選択確率は五分五分となるだろう。そして選択肢2と選択肢3であれば，明らかに選択肢3の方が"1ドルもらえる"という点で上回っているため，確実に選択肢3が選ばれるだろう。ただしここで，選択肢1と選択肢3を比較して，確実に選択肢3が選択される，とはならないだろう。このような選択のあり方の背後に3つの選択肢を位置づける量的尺度を見出すことは困難であろう。

　このような選好の非一貫性に対し，EBAはこれら3つの選択肢を考えるにあたって，比較するための属性が3つの選択肢の中でどう共有されているのかを考えるのである。たとえば選択肢1と選択肢2の比較をする場合，これらの選択肢は"旅行に行く"ということに関連した属性の比較になる。それに対し，選択肢2と選択肢3の比較であれば"旅行に行く"ことに関する属性についてはどちらの選択肢もまったく同じであるので，結果的に"1ドルをもらう"ことに関連した属性のみの比較となり，選択肢1と選択肢2の比較の場合とは比較をする基準が異なるのである。そして選択肢1と選択肢3の比較の場合，両者は"旅行に行く""1ドルもらえる"双方について異なるが，"旅行に行く"ことに関連した属性の比較が先に行われるため，両者の違いは選択肢2と3の違いほど明確にはならないということになる。

8.3.3　多属性意思決定におけるアノマリー：魅力効果・類似効果・妥協効果

　ただし一方で，このような多属性意思決定状況についても，**魅力効果**（attraction effect: Huber et al., 1982; Huber & Puto, 1983; Tversky & Simmonson, 1993），**類似効果**（Sjoberg, 1977; Tversky, 1972），**妥協効果**（compromise effect: Simonson, 1989; Tversky & Simonson, 1993）と呼ばれるさまざまなアノマリーが生じることが実験的に示されている。これらの現象は，複数の属性を考慮して選択を行う際，選択肢の組み合わせによって選好逆転が生じることを示すものであり，選択肢集合のあり方によって属性の解釈自体が変化しうることを示唆するものとして注目を集めているものである。

ここで，その典型的な実験状況として，新しい車を購入するにあたって，性能と燃費の2つの属性が問題となっている例を考えてみよう（以下の説明については図表8－2も参照）。当然，性能が良くて燃費がよいというのが理想であるが，実際にはこの2つの属性のトレードオフの中で車を選ぶことになる。そして，燃費は悪いが性能はいいA車と，燃費はいいが性能が良くないB車の2つがあり，これら2つの車はまさに一長一短であり，2つのうちのどちらかにするには決めかねる状況にあるとする。このような場合に規範的な意思決定理論に従えば，この2つの車の選択は，他の新たな第3選択肢の車（C車）が選択肢に入ってきたとしても変わらないはずである。しかし実際には，この第3選択肢の存在によってAとBの選好が変化し，その変化の仕方も第3選択肢のあり方や提示の仕方によってさまざまであることが知られている。

魅力効果とは，A，Bどちらかに類似しているが明らかに劣っている新たな選択肢を加えると，類似している選択肢の選択比率が高くなる現象である。例えば二肢選択の場合，ほぼ無差別になる選択肢AとBに対して，燃費は悪いが性能はいいという点でAに類似しているが，燃費・性能双方でAに劣る選択肢Cを加えてA，B，Cの3つの中から選択させると，Aの選択比率がBに対して高くなることが知られている。このような現象は，明確に劣っている選択肢を加えることによって二肢選択の場合よりAの魅力が相対的に高められ，選択比率が高くなったと解釈できる。

これに対し類似効果とは，A，Bどちらかに類似しているが明確に劣っていない選択肢を加えると，今度は類似していない選択肢の選択比率が相対的に高くなる現象である。例えば魅力効果同様に二肢選択の場合，ほぼ無差別になる選択肢AとBに対し，燃費は悪いが性能はいい点でAに類似しているが，どちらか片方ではAよりも良い選択肢Dを加えてA，B，Dの3つの中から選択させると，今度はBの選択比率が相対的に高くなるというものである。この現象は，明確に劣っていないが類似しているDを加えることによって，A，B，Dの3つの選択肢からの選択ではなく，"AとD"とBの選択となり，結果的にBの選択比率が高くなったものと解釈できる。

図表8-3　2属性（車の性能，車の燃費）に基づいて表現された選択肢（車）と魅力効果・類似効果・妥協効果

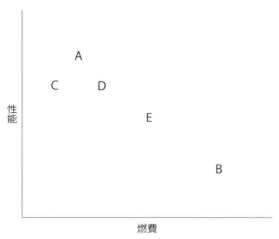

（出所）著者作成。

　妥協効果とは，AとBの中間にあたる選択肢Eについて，AあるいはBとの二肢選択の場合は両者に対して劣るのに対し，A，B，Eの3つの選択肢の中から選択させると選択比率が最も高くなるという現象である。これは，AあるいはBとの比較の下では特に目立った特徴の無い選択肢と解釈されるEが，3つの選択肢の中からの選択になるとバランスの取れた選択肢として解釈されるといった，選択肢集合の違いによって選択肢自体の解釈が変動した結果と考えられるものである。

　以上のような現象に加え，入手困難な選択肢があると，それと類似した選択肢が選ばれやすくなるという**幻効果**（phantom effect: Farquhar & Pratkanis, 1986, 1993），あるいは同一の選択肢が増えると，その選択肢の選択比率が増加するという**多数効果**（奥田，1993）といった現象も知られている。これらの多属性意思決定におけるさまざまな現象は，属性の値自体の解釈が，選択肢集合のあり方といった属性値そのものとは別の要因によって変動することを示唆するものである。

8.3.4　並列・直列評価と評価可能性（evaluatability hypothesis）仮説

　また，多属性意思決定についてはシー（Hsee, 1996; また，Hsee et al., 1999 も参照）が，選択肢集合に応じて属性の値が持つ意味自体が変化し，選好逆転が生じる興味深い例を報告している。ここで，新しい辞書を購入しようとしている状況を考えよう。あなたは以下の2つの辞書が選択肢にあるとして，どちらの辞書を選ぶだろうか：

	出版年	収録項目数	装丁
辞書 A：	1993	10,000 語	新品で損傷なし
辞書 B：	1993	20,000 語	表紙が破れている，それ以外は新品同様

　これらの辞書は，2つを並べて評価すれば，表紙に少し破損はあるものの辞書Bの方が収録項目数が多く，より望ましい辞書だと考えられる。実際，シー（Hsee, 1996）の研究では，実験参加者の平均評価額は辞書Aの場合は$19，辞書Bの場合は$24であった。しかし，これらの2つの辞書をそれぞれ独立に評価したらどうなるだろうか？　収録項目数は，AとBを並列して評価すれば後者が前者より多いことがわかるものの，比較対象なしに別々に評価した場合，"10,000 語""20,000 語"といった収録項目数がそれぞれどの程度望ましいものなのかが必ずしも明確ではない。その代わり，"新品で損傷なし""表紙が破れている"といった特徴の方がより明確にそれぞれの辞書のよさを表す属性として考えやすくなるだろう。実際，シーの結果によれば，これら2つの辞書を独立して評価した場合，Aの方は平均$27，Bの方は平均$20となり，並列して評価した場合と両者の評価が逆転した。

　シー（Hsee, 1996; Hsee et al, 1999）は，このような選好逆転を**属性の評価しやすさ**（evaluatability）が選択肢集合に依存して変化したためと説明している。すなわち，装丁に破損がないかどうかは他の選択肢の有無によらず明確に判断できる，いわば評価の簡単な属性である。それに対し，収録項目数については明確な知識や基準がないため，単純に数字を出されただけでは評価が難しく，どうしても他と比較して多いかといった相対的な評価によらざるをえない，評価の

第8章 消費者の意思決定 | 189

難しい属性である。ただし辞書を選択するといった状況ではこのような評価の難しい属性の方が簡単な属性よりも重要な選択基準であり，どちらがより好ましいかが明確になれば，この選択基準を優先した判断になるのは自然である。

　以上のような知見は，選択肢の属性の解釈自体が，実は選択肢集合によって変化することを示している。言い換えれば，人は選択をする際に選択肢を与えられる前に選択基準を有しているのではなく，選択肢を与えられたのちに選択基準を作りあげることを示していると言えるだろう。

8.3.5　意思決定の後付けと選択盲

　さて，以上のような多属性意思決定におけるさまざまな現象が示唆するのは，人は必ずしも選択を行う前に選好を持っているわけではなく，選択肢を与えられた後に自らの選好を作り上げているということである。それだけではなく，人は自分が実際には選んでいなかったものに対しても，"選んだ"理由を述べることができてしまうことを示すのが**選択盲**（Choice blindness: Hall et al., 2010; Johansson et al., 2005）に関する研究である。

　ヨハンソンら（Johansson et al., 2005）の実験手続きに即して説明してみよう。この実験では，実験参加者は実験者が両手に持った2枚の異性の写真を呈示され，どちらの異性の方が好みであるかを尋ねられた。そして実験参加者が自分の好みの写真を指差しして選ぶと，今度はその指差しした写真を実験者から手渡しされ，その写真をみながら自分がなぜその異性を選んだのかの理由を説明することを求められた。ただし，この実験では実験者側のトリックによって，実験参加者は時々，自分が実際には選んでいない方の写真を手渡され，その写真をみながらなぜ自分がその異性を「選んだ」のかを説明することを求められた。ところがこのような場合，参加者は最大9割近い試行で実際には選んでいない異性の写真とは気が付かずに「選んだ」理由を説明していた。このような知見は，人の考える選択した理由が後付けであって，理由があるからある対象を選択したのではなく，自分が行った選択に対して後から理由を作り上げていることを示している。このような現象は，ジャムの味覚（Hall et al., 2010），倫理的判断（Hall, et al., 2012）

といった判断でも生じることが報告されている。

8.4 意思決定のモデル

さて，このような現実の人間の意思決定に関するさまざまな現象を踏まえ，これらの背後に共通する基本的な原理を描き出そうとするさまざまな意思決定モデルがこれまで提案されている。本節ではこれらのモデルの中でも代表的なものを取り上げて紹介する。

8.4.1 限定合理性モデル

サイモン（Simon, 1955）は，人間がすべての情報を処理した上で最適化を行っているのではなく，限られた情報の下で最適化とは異なった**限定合理性**に基づいて意思決定を下していると考えた。サイモン（Simon, 1955）によれば，期待効用理論が想定するような意思決定を行うには，対象とされている選択肢がすべて特定され，かつ選択肢の属性数や属性値，あるいはその確率分布がすべて既知であり，その情報に基づいてすべての選択肢がもたらす結果について熟慮することができる必要がある。ただし実際の人間には選択対象となるような選択肢を特定できているわけでもなければ，個々の選択肢に関する情報をすべて知っているわけでもなく，そして直接記憶範囲のような認知能力の制約があるため，最適な解に必ず到達できる訳ではない。以上の人間の決定能力の限界を踏まえると，期待効用最大化原理は現実の人間の意思決定の記述原理としては無理があるものと考えられるだろう。

サイモン（Simon, 1955）は，このような効用最大化を目指すより，最低限守るべき基準だけは満たせるような選択を行えるような意思決定を下す限定合理性モデルの方が，人間の意思決定を記述する上では適切であると考え，現実の意思決定が従うべき基準は，自分にとってこの程度をクリアすれば最低限満足はできる，といったような主観的な基準である満足化基準（satisfying; Simon, 1957）であると主張した。この満足化基準は，最適化基準のように常に最適な

意思決定を導くものではないが，多くの場合でそれなりに満足できる決定を導く，いわば目分量のような機能を果たしうる基準となりえるものと考えることができる。

8.4.2 高速倹約ヒューリスティックと再認原理

このサイモンの限定合理性モデルを発展させる形で提案され，現実の人間の意思決定を説明する上で 2000 年代以降，特に大きな注目を集めてきたのが，ギガレンツァーら（Gigerenzer et al., 1999）の**高速倹約ヒューリスティック**である（日本語の紹介として，例えば中村，2004 を参照）。この高速倹約ヒューリスティックとは，人間の判断が制約された時間と情報の下で行われるため，現実世界の中の環境情報を利用した倹約的な情報処理に基づいて，確実ではないが多くの場合うまくいく決定方略のことをギガレンツァーが称したものであり，基本的な以下のような仮定と決定プロセスに基づくものである；

（1）決定に関連する手がかりは，妥当性の高い順に心内に配置されている
（2）意思決定の際，人は手がかりを系列的に探索する
（3）手がかりは妥当性の高い順に検索され，特定の選択肢を選択した時点で探索を終了する

このようにこの高速倹約ヒューリスティックは，基本的には系列的に手がかりを探索して選択肢を絞り込んでいくという点では先に紹介した EBA と同様の決定プロセスを描くものである。ただしこのモデルで特徴的なのは，決定を下す人間が自分の置かれた環境情報に関する知識に基づいて，決定に際して重要な手がかりを利用することを強調している点である。ギガレンツァーら（Gigerenzer et al., 1999）は，限られた情報処理能力と迅速に決定を下さなければならない人間の意思決定状況を反映している点で，このモデルは生態学的合理性（ecolo-gical rationality）を満たしており，現実の人間の意思決定を記述する上で適切なモデルであると主張している。

この高速倹約ヒューリスティックの中で代表的なのが**再認ヒューリスティッ**

ク（recognition heuristic: Goldstein & Gigerenzer, 1999, 2002）である。このヒューリスティックは，選択対象の名前を知っているかを一番重要な手がかりとして，名前を知っている選択対象と知らない選択対象の比較の場合，名前を知っている方を選び出すという決定方略である。極端にいえば，この決定方略に従えば，仮に他の属性でどんなに優れていても，名前を聞いたことのない選択肢は名前を聞いたことのある選択肢と比較されれば決して選ばれることはない。ただし直観的には明確かつ単純，そしてある意味極端なこの決定方略は，スポーツ（Serwe & Frings, 2006），株式（Borges et al., 1999），選挙（Marewiski et al., 2005）などの数多くの決定場面でそれなりに高い正答率を示すことが知られている。このような知見は，少なくとも人にとって"名前を聞いたことがある"という情報がそれ自体，現実場面の決定に際して多くの情報を持っているということを示している。ただし，実際の人間が高速倹約ヒューリスティックや再認ヒューリスティックが想定するほどの単純な決定を下しているかについては批判も多く（このあたりの議論については中村，2004 を参照），理論的な部分でも議論の余地が残されているモデルである。

8.4.3　サンプルによる決定（Decision by sampling）

サンプルによる決定（Decision by sampling; 以下 DbS, Stewart, Gordon, & Chater, 2006）とは，人間のある刺激への主観的評価は序数的な刺激間の比較と記憶頻度の累積から構成され，評価対象の刺激が記憶痕跡の中で関連する刺激と比較して何回"より大きい"と判断されたかによって決まると予測する。加えて，主観的評価を構成する記憶痕跡は，実世界における刺激の出現分布を反映すると仮定する。そして，ある刺激の記憶痕跡が高いほど，より下位の刺激との比較が多く行われたことになり，その刺激の主観的な評価は相対的に高くなると予測するのである。

このアプローチの興味深い適用例として，プロスペクト理論に関する研究がある。スチュワートら（Stewart et al., 2006）は，British National Corpus の中における"possible"，"uncertain"といった不確実性を表す 71 の表現の出現

頻度をカウントし，20 名の被験者にそれら 71 の表現が指し示す確率を評定さ
せ，表現の相対順位と評定確率との関連を調べたところ，表現の相対順位は評
定確率に対して確率加重関数に類似した関数型を示しており，相対順位に対す
る確率加重関数（Tversky & Kahneman, 1992）の当てはまりは高く，推定され
たパラメタ値は先行研究で得られていた値に近い値であった（Stewart et al.,
2006）。また，スチュワートとシンプソン（Stewart & Simpson, 2008）では，DbS
に基づいて導かれた確率加重と価値に基づいて，カーネマンとトヴァスキー
（Kahneman & Tversky, 1979）で用いられていた 14 種類の賭けの選択結果の説
明を試みている。この検討にあたっては，まず 14 種類の対を構成する賭けの
中からランダムに 1 つを選び，確率値で比較するか，それとも金額で比較する
かをランダムに決定したうえで，比較対象（対となっている賭けと比較するか，
それとも記憶痕跡にしたがって比較するか）をランダムに決定した上で比較する，
という手続きを 1,000 回繰り返し，ターゲット属性が優っていた回数の，比較
を行った回数全体の中の比率を "選択確率" として，実際のデータとの相関を
算出した。比較の際には，確率値であれば 0.05（5%），金額であれば $50 以上
の差があれば上回っている方が優っているとし，記憶痕跡の元となるデータ
ベースは先行研究（Stewart et al., 2006）で構成した価値，および確率加重の分
布の中からランダムに抽出した（より詳細な手続きは Stewart & Simpson, 2008 を
参照）。このような形でシミュレーションを行った結果，DbS の予測は実験結
果と整合していると評価できるものであった。

　このように，DbS から導かれた確率加重はこれまで確認されてきた特徴とよ
く一致し，かつ実験的な意思決定行動とも合致することがこれまで示されてい
る。DbS は確率加重の他にも価値関数，時間割引（temporal discounting, Lowenstein
& Thaler, 1989）といった現象に対しても興味深い説明を提供しており，確率加重
関数の起源に対する有力なアプローチの 1 つと考えることができる。

8.4.4　二重過程理論
　また，人間の思考プロセスを前意識的なプロセスと意識的なプロセスの 2 つ

に区分する，いわゆる**二重過程理論**（Evans, 2008; Kahneman, 2003; Sloman, 1996; Stanovich & West, 2000）も，人間の意思決定を考える上での重要な枠組みとして位置づけられている。この二重過程理論に含まれるような理論的枠組みの提案は多岐にわたるが，直観的で迅速な処理と意識的で時間のかかる処理の2つのプロセスを仮定する点で共通するものである。このような枠組みからは，いわゆるヒューリスティックのような方略を用いた決定は直観的なプロセスに基づくのに対し，期待効用や確率の公理に基づいた熟慮的な判断は後者のプロセスに基づくものと考えられている。この二重過程理論は，もともとは意思決定の心理学的研究でみられたヒューリスティックな判断やそこから生じる規範理論からのアノマリーを説明するために提案されたものであるが，一方で道徳的・感情的判断に関する説明モデルとしても考えられている（e. g., Haidt, 2001）。ただし，理論的側面（e. g., Kruglanski & Gigerenzer, 2011），さらには脳科学的知見（e. g., Grayot, 2019）からも近年疑義が呈せられ，今後の検討が待たれている。

第8章　消費者の意思決定 | 195

ケース　自分が選んだのは本当にそのクレープ？

　普段はまったくそんなものに関心はないのに，あなたは最近，大学の近くにできたというだけでちょっと気になってしまったクレープ屋に入ってしまった。普段関心がないので，当然クレープ屋のことなど何も知らない。メニューをみてみると，ナントカ風だとかホニャラカトッピングとか，自分にとっては無意味綴りにしかみえない，そもそも名前だけではクレープかどうかもわからない品目がずらりと並んでいる。しまった。

　ふと，メニューの下の方に「チョコバナナ」ナントカとかいう文字が目についた。さすがにこれを頼めば，少なくともチョコとバナナは入っているだろう。この2つが入っていればさすがに想像がつくし，その想像を裏切るような代物は出てこないだろう。あなたは，その「チョコバナナ」ナントカを注文してみた。

　やってきた代物は，想像には違っていなかった。チョコとバナナが入っていて，適度にクリームが盛られている。自分が想像していたクレープそのものだ。少し心に余裕が出てきたところで，隣の二人組のテーブルが目に入る。すると，一人がフルーツが山盛りのクレープを食べている。ああ，あんなのがあったのか。アレに比べると，自分のはバナナしか入っていなくて，ちょっとお粗末だ。チョコバナナなんて中途半端なものにせず，もっと冒険すればよかった。あなたは後悔し始める。

　すると，もう一人が頼んだものがやってきた。そっちは物凄い山盛りのクリームの中にバナナが盛られている。ちょっとチョコのソースも掛かっているようだ。それをみて，またあなたの気が変わった。あんなとんでもないもの，とても自分は食えないだろう。フルーツの山盛りだって，いざ自分の目の前に来ていたらどう思ったかわからない。だとすると，自分の頼んだものはちょうどよかったのだ。自分の判断に間違いはなかった。このクレープも悪くない。そう納得して，あなたは目の前のクレープを楽しんだ。

　ただし，この話には先がある。実は店員が注文を取り違えていたのだ。あなたが頼んだのは，隣の客に来た山盛りのクリームにバナナが乗っかっているもので，あなたが頼んだ程々のクレープが，隣の客が実際に頼んだものだったのだ。もちろん，あなたも隣の客もそんなことには気が付かずに満足して店を出た。さて，あなたが本当に望んでいたものは，一体何だったのだろう・・・。

＊　　＊　　＊

　本章で学んだことを元に，上のケースであなたのこころに何が起きていたかを考察してみよう。また，日常生活の自分を振り返って似たようなことがないか，あるいは本章で学んだようなことが起きていないかどうかを具体的に考えてみよう。

196 |

練習問題

1．Allais のパラドックスと Ellsberg のパラドックスについて説明しなさい。
2．期待効用理論と比較したプロスペクト理論の特徴を述べなさい。
3．人間が用いていると考えられているヒューリスティックについて説明しなさい。
4．多属性意思決定にみられる人間の意思決定の特徴を述べなさい。
5．意思決定に関する心理学的モデルについてまとめなさい。

参考文献

Allais, M.（1953）. Le comportement de l'homme rationel devant le risque, critique des postulates et axiomes de l'ecole americaine. *Econometrica*, *21*, 503-546.

Allen, E. J., Dechow, P. J., Pope, D., & Wu, G.（2016）. Reference-dependent preferences: evidence from marathon runners. *Management Science*, *63*, 1657-1672.

Borges, B., Goldstein, D. G., & Gigerenzer, G.（1999）. Can ignorance beat the market? in Simple heuristics that make us smart. In G. Gigerenzer, P. M. Todd, and The ABC Research Group（Eds.）, *Simple heuristics that make us smart*, 59-72, New York: Oxford University Press.

Edwards, W.（1954）. The theory of decision making. *Psychological Bulletin*, *51*, 380-417.

Ellsberg, D.（1961）. Risk, ambiguity, and the Savage axioms. *Quarterly Journal of Economics*, *75*, 643-669.

Evans, J. St. B. T.（2008）. Dual-processing accounts of reasoning, judgment, and social cognition. *Annual Review of Psychology*, *59*, 255-278.

Farquhar, P. H., & Pratkanis, A. R.（1986）. Market phantoms and consumer choice. *Paper presented at the meeting of the Marketing Science*, Dallas.

Franklin, J.（2018）. *The science of conjecture: evidence and probability before Pascal*. Baltimore: John Hopkins University Press.（南條郁子（訳）.『蓋然性の探求』. みすず書房.）

Gigerenzer, G., Todd, P. M. & the ABC research group（1999）. *Simple heuristics that make us smart*. New York: Oxford University Press.

Goldstein, D. G., & Gigerenzer, G.（1999）. The recognition heuristic: How ignorance makes us smart. In G. Gigerenzer, P. M. Todd, & The ABC Research Group（Eds.）, *Simple heuristics that make us smart*, 37-58. Oxford University Press.

Goldstein, D. G., & Gigerenzer, G.（2002）. Models of ecological rationality: The recognition heuristic. *Psychological Review*, *109*, 75-90.

Grayot, J. D.（2019）. Dual process theories in behavioral economics and neuroeconomics: a critical review. *Review of Philosophy and Psychology*, *11*, 105-136.

Haidt, J.（2001）. Emotional dog and its rational tail. The emotional dog and its rational tail: A social intuitionist approach to moral judgment. *Psychological Review*, *108*, 813-834.

Hall, L., Johansson, P., Tärning, B., Sikström, S., & Deutgen, T.（2010）. Magic at the marketplace: Choice blindness for the taste of jam and the smell of tea. *Cognition*, *117*, 54-61.

Hall, L., Johansson, P., & Strandberg, T. (2012). Lifting the Veil of Morality: Choice Blindness and Attitude Reversals on a Self-Transforming Survey. *PLoS ONE*, *7*(9): e45457.

Hsee, C. K. (1996). The evaluability hypothesis: An explanation for preference reversals between joint and separate evaluations of alternatives. *Organizational Behavior and Human Decision Processes*, *67*, 247-257.

Hsee, C. K., Loewenstein, G. F., Blount, S., & Bazerman, M. H. (1999). Preference reversals between joint and separate evaluations of options: A review and theoretical analysis. *Psychological Bulletin*, *125*, 576-590.

Huber, J., Payne, J. W., & Puto, C. (1982). Adding asymmetrically dominated alternatives: Violations of regularity and the similarity hypothesis. *Journal of Consumer Research*, *9*, 90-98.

Huber, J., & Puto, C. (1983). Market boundaries and product choice: Illustrating attraction and substitution effects. *Journal of Consumer Research*, *10*, 31-44.

Johansson, P., Hall, L., Sikström, S., Olsson, A. (2005). Failure to detect mismatches between intention and outcome in a simple decision task. *Science*, *310*, 116-119.

Johnson, E. C. & Goldstein, D. G. (2003). Do default save lives?. *Science*, *302*, 1338-1339.

Kahneman, D., & Tversky, A. (1979). Prospect theory: an analysis of decision under risk. *Econometrica*, *47*, 263-291.

Kahneman, D. (2003). Maps of bounded rationality: Psychology for behavioral economics. *American Economic Review*, *93*(5), 1449-1475.

川越敏司 (2020). 『「意思決定」の科学』. 講談社ブルーバックス.

河野敬雄 (1999). 『確率概論』. 京都大学学術出版会.

Knight, F. H. (1921). *Risk, Uncertainty and Profit*. Chicago: University of Chicago Press.

Kruglanski, A. W., & Gigerenzer, G. (2011). Intuitive and deliberate judgments are based on common principles. *Psychological Review*, *118*, 97-109.

Levin, I. P., & Gaeth, G. J. (1988). How consumers are affected by the framing of attribute information before and after consuming the product. *Journal of Consumer Research*, *15*, 374-378.

Levin, I. P., Schneider, S. L., & Gaeth, G. J. (1998). All frames are not created equal: A typology and critical analysis of framing effects. *Organizational Behavior and Human Decision Processes*, *76*, 149-188.

Loewenstein, G., & Thaler, R. H. (1989). Anomalies: Intertemporal choice. *Journal of Economic Perspectives*, *3*, 181-193.

Marewski, J. N., Gaissmaier, W., Dieckmann, A., Schooler, L. J., & Gigerenzer, G. (2005). Ignorance-based reasoning? Applying the recognition heuristic to elections. *Paper Presented at the 20th Biennial Conference on Subjective Probability*. Stockholm : Utility and Decision Making.

Meyerowitz, B. E., & Chaiken, S. (1987). The effect of message framing on breast self-examination attitudes, intentions, and behavior. *Journal of Personality and Social Psychology*, *52*, 500-510.

中村國則 (2004). 高速倹約ヒューリスティクをめぐる実証的・概念的議論の動向. 『心理学評論』, *47*, 253-277.

中村國則 (2013). 確率加重関数の理論的展開. 『心理学評論』, *56*, 42-64.

Nakamura, K. (2019). Do round numbers always become reference points?: An examination by Japanese and Major League Baseball data. *Proceedings of the Fortieth Annual Conference of the Cognitive Science Society*, 2435-2440.

Navarro-Martinez, D., Salisbury, L. C., Lemon, K. N., Stewart, N., Matthews, W. J., & Harris, A. J. L. (2011). Minimum required payment and supplemental information disclosure effects on consumer debt repayment decisions. *Journal of Marketing Research*, *48*, S60-S77.

Neilson, W., & Stowe, J. (2002). A further examination of cumulative prospect theory parameterizations. *Journal of Risk and Uncertainty*, *24*, 31-46.

奥田秀宇 (2003). 意思決定における文脈効果―魅力効果，幻効果，多数効果―. 『社会心理学研究』, *18*, 147-155.

Pope, D., & Simonsohn, U. (2011). Round numbers as goals : evidence from baseball, SAT takers, and the lab. *Psychological Science*, *22*, 71-79.

Poundstone, W. (2010). *Priceless: The Myth of Fair Value (And How to Take Advantage of It)*. New York: Hill & Wang Pub. (松浦俊輔・小野木明恵 (訳) (2010). 『プライスレス：必ず得する行動経済学の法則』. 青土社.)

Rieger, M. O., & Wang, M. (2006). Cumulative prospect theory and the St. Petersburg paradox. *Economic Theory*, *28*, 665-679.

Ruggeri, K., Ali, S., Berge, M. L., Bertoldo, G., Bjørndal, L. D., & Cortijos-Bernabeu, A. (2020). Replicating patterns of prospect theory for decision under risk. *Nature Human Behavior*, *4*, 622-633.

Sakaguchi, H., Stewart, N., Gathergood, J., Adams, P., Guttman-Kenney, B., Hayes, L., & Hunt, S. (2022). Default effects of credit card minimum payments. *Journal of Marketing Research*, *59*, 775-796.

Serwe, S., & Frings, C. (2006). Who will win Wimbledon 2003? The recognition heuristic in predicting sports events. *Journal of Behavioral Decision Making*, *19*, 321-332.

Simon, H. A. (1955). A behavioral model of rational choice. *Quarterly Journal of Economics*, *69*, 99-118.

Simonson, I. (1989). Choice based on reasons: The case of attraction and compromise effects. *Journal of Consumer Research*, *16*, 158-174.

Sjoberg, L. (1977). Choice frequency and similarity. *Scandinavian Journal of Psychology*, *18*, 103-115.

Sloman, S. A. (1996). The empirical case for two systems of reasoning. *Psychological Bulletin*, *119*, 3-22.

Stanovich, K. E., & West, R. F. (2000). Individual differences in reasoning: Implications for the rationality debate?. *Behavioral and Brain Sciences*, *23*, 645-665.

Stewart, N., Brown, G. D., & Chater, N. (2006). Decision by sampling. *Cognitive Psychology*, *53*, 1-26.

Stewart, N., & Simpson, K. (2008). A-decision-by-sampling account of decision under risk. In Chater, N., & Oaksford, M. (Eds), *Probabilistic mind*, 261-276. Oxford: Oxford University Press.

Stewart, N. (2009). The cost of anchoring on credit card minimum payments. *Psychological Science*, *20*, 39-41.

Tversky, A. (1972). Elimination by aspect: a theory of choice. *Psychological Review*, *79*, 281-299.

Tversky, A., & Kahneman, D. (1974). Judgment under uncertainty: heuristics and biases. *Science*, *185*, 1124-1131.

Tversky, A., & Kahneman, D.（1981）. The framing of decisions and the psychology of choice. *Science*, *185*, 1124-1131.

Tversky, A., & Kahneman, D.（1992）. Advances in prospect theory: Cumulative representations of uncertainty. *Journal of Risk and Uncertainty*, *5*, 297-323.

Tversky, A., & Simonson, I.（1993）. Context dependent preferences. *Management Science*, *39*, 1179-1189.

von Neumann, J., & Morgenstern, O.（1944）. *Theory of games and economic behavior*. Princeton: Princeton University Press.

（中村國則）

第9章

消費者の購買行動

　私たちはスーパーマーケットやドラッグストアなどの小売店舗で買い物をする時，どのくらい事前に買う商品を決めてから買っているのであろうか。特定の商品の購入を決めて来店し，予定通りの商品を購入することを**計画購買**という。そして，ある店舗に来店した消費者が当該店舗内で行った意思決定の結果として，来店前に意図していなかった商品を購入することを**非計画購買**（unplanned purchasing）という。消費者の購買全体のうち6割から9割程度が非計画購買だということが言われているとおり（西道，2000），その割合は大きい。すなわち消費者は店頭で意思決定をする割合が大きいことから，マーケティング・コミュニケーション活動においては，店頭マーケティングの重要性が示唆されてきた。

　このように，実際の購買行動を検討する際には，非計画購買の知見は欠かせない。本章では非計画購買，とりわけ衝動購買に焦点を当てて，どのような要因で衝動購買が生じているのかについて概観していく。さらに，購買時点でのマーケティング活動であるセールス・プロモーション（以下SP）に焦点を当て，SPが消費者行動に与える心理的メカニズムを概観していく。

9.1　非計画購買および衝動購買に関する概念

　非計画購買の特徴を明らかにするためにも，まずは計画購買から整理する。計画購買には購入した商品をどのレベルまで計画していたかによって，ブランド計画購買，カテゴリー計画購買，ブランド代替に分類される。ブランドレベ

ルまで計画して実際に購入する場合が**ブランド計画購買**（狭義の計画購買）であり，カテゴリーレベルまで計画して実際に購入する場合が**カテゴリー計画購買**である。計画していたブランドの代わりに（同じカテゴリーの）別のブランドを購入した場合が**ブランド代替購買**である（流通経済研究所編，2016）。

　次に非計画購買について整理する。青木（1989）は Stern（1962）の分類を修正して，非計画購買が発生する条件や理由やきっかけについて想起購買，関連購買，条件購買，衝動購買として分類している。**想起購買**とは，家庭内の在庫切れなど，店頭にて必要性を思い出し，商品を購入する購買行動である。**関連購買**とは，他の購入商品との関連で必要性を認識し，商品を購入する購買行動である。**条件購買**とは，価格等の条件により店頭で購入意向が喚起されて商品を購入する購買行動である。**衝動購買**（狭義の非計画購買）とは，新奇性や衝動により商品を購入する購買行動である。つまり，衝動購買は非計画購買の 1 つであり，非計画購買よりも狭義に捉えられている。

　想起購買に対する店頭マーケティング施策としては，棚における優位置を確保して視認率を高めたり，POP 広告などで必要性を喚起したり買い忘れに注意を促すこと，パワーカテゴリー（購買率の高いカテゴリー，スーパーでは牛乳や豆腐やヨーグルトなど）を主通路の動線上に分散して配置することで店舗内の回遊性を高めることなどがあげられる。商品そのものの視認率を高めて商品を想起させることがポイントである。関連購買に対応する店頭マーケティング施策としては，惣菜売場の揚げ物コーナーの横にタルタルソースを並べるなど，カテゴリーが異なる商品を使用状況や使用目的に合わせて並べて陳列することや，POP 広告などによる店頭でのメニュー提案などがあげられる。用途や使用場面を想起させることがポイントである。条件購買に対応する店頭マーケティング施策としては，値引きやクーポン販促やバンドル販促，POP 広告などでお得感を強調したり商品を大量に積み上げる大量陳列などがあげられる。割安感やお得感を訴求することがポイントである。衝動購買に対応する店頭マーケティング施策としては，POP 広告による新商品告知，試食販売，凝った売場演出などがあげられよう。新奇性，希少性，特別感の訴求がポイントで

ある。

　図表 9 − 1 は，店内における購買行動の類型とその割合（スーパーマーケットにおける調査），すなわち総買物品目数に対する各購買品目数の割合である[1]。青木（1989）によれば購買商品全体の 76.1％が非計画購買であるが，衝動購買は 15.3％に過ぎないことがわかる。言うまでもなく，調査対象の業態やチェーンによって調査結果は異なる。ここでの調査結果は，あくまで生鮮食品を除く

| 図表 9 − 1 | 店内における購買行動の類型とその割合 |

	購買の種類	青木（1989）		流通経済研究所編（2016）	青木（1983）
計画購買	ブランド計画購買	11.0%		5.8%	
	カテゴリー計画購買	10.8%		16.2%	
	ブランド代替購買	2.1%		0.6%	
非計画購買	想起購買		27.8%		36.4%
	関連購買	76.1%	6.4%	77.4%	8.4%
	条件購買		26.8%		35.1%
	衝動購買		15.3%		20.1%
		100.0%	76.3%	100.0%	100.0%

（出所）著者作成。

食品についてスーパーマーケット業態（の数店舗）で行われたものであり，他の業態やチェーンでは異なる調査結果となるであろう。

　注意を要するのは，測定方法によって非計画購買の数値が変わるという点である。上記の青木（1989）をはじめとする流通経済研究所の調査は2段階面接法でおこなわれており，店頭で消費者に入店前と入店後の二度にわたって面接をおこなうものである。すなわち，入店前に購買を予定している商品を尋ね，入店後に実際に購入した商品のうち入店前から購買計画を立てていた商品がいくつあるかを数え，商品レベルで非計画購買をカウントしている[2]。

　一方で，買物の直後に購入した商品について，入店前から購入予定があったかを尋ねる1段階面接法がある。この場合には，来店客の購買品目数のうち店内で商品を決定した品目数の割合である非計画購買率は低めになる傾向がある。スーパーマーケットにおいて1段階面接法で実施された林ら（1992）の調査結果によると，店内決定率は，調味食品で20.8 〜 27.0％，飲料で35.9 〜 39.2％，惣菜で64.6％であった。1段階面接法では，自分の購買行動と意図を一致させたいという欲求（認知的不協和の解消の欲求）のバイアスが生じて計画購買率が高まっている可能性があるため，注意が必要である。

　その一方で，そもそも消費者は2段階面接法が想定しているような商品カテゴリーレベルで，計画購買を捉えていない可能性もあるだろう。消費者は入店前から計画をもって来店するが，その計画が必ずしも店頭にある商品と1対1対応する訳ではない（西道，2000）。例えば「午後3時におやつとして紅茶に合う甘いものを買いたい」という場合，商品分類（例えばJICFS分類[3]）でのカテゴリーレベルの計画購買には該当せず，広義の計画購買にすら該当しない。しかし，消費者にとってはそれを計画購買と捉えている可能性は充分にある。つまり，想定している計画購買のカテゴリーの構造が，分類学的なカテゴリー構造のような硬い構造ではなく，典型性に基づくカテゴリー構造，もしくはアドホック・カテゴリー構造のような柔構造の場合，2段階面接法では計画購買を捕捉できなくなる。

　さらに注意しなければならないのは，購入を中止した商品があるということ

である。1段階面接法にせよ2段階面接法にせよ，実際に購入した商品についての調査である。しかしながら，買う計画をしながら実際には購買しなかった商品は少なくない。流通経済研究所編（2016）によると，事前に計画されていた商品のうち 19.3％が購買中止であった。「気にいった商品がなかった」，「今日買う必要がなかった」，「特売をしていなかった」，「買い忘れた」，「品切れしていた」，「売場が見つからなかった」が主な理由である。これらの購買が中止された商品は，図表9－1のような分類にはカウントされていない。購入した商品だけが調査対象となるためである。

　もう1つさらに注意しなければならないのは，想起購買・関連購買・条件購買・衝動購買の集計方法である。この4つを単回答式とするか複数回答可とするかによってそれぞれの割合が変わってくる。例えば青木（1989）の観察結果は，想起購買，関連購買，条件購買，衝動購買は重複部分があるため，それぞれを合計しても非計画購買率 76.1％とは一致しない。一方で青木（1983）は単回答式であり，想起購買，関連購買，条件購買，衝動購買を合計すると 100％となる。

　次に衝動購買についてみていく。Rook（1987）は，衝動購買を「消費者が突然，しばしば強力かつ持続的に何かをすぐに買いたいという衝動を経験する症状の出現」と定義している。Stern（1962）の純粋衝動購買や青木（1989）の衝動購買とほぼ同一概念と考えてよいであろう。Rook（1987）はさまざまなタイプの行動を包含する非計画購買ではなく，消費者の心理的状態に焦点を絞った衝動購買に注目することで，消費者研究の精緻化が進むとしており，Rook（1987）以降の消費者行動研究では衝動購買に焦点を当てた研究が展開されてきている（石井，2009）。

　ここにマーケティング実務家と消費者行動研究者との非計画購買に関する問題認識に乖離が生じることとなる。実務家にとってみれば，店頭でどのようなマーケティング刺激を与えて非計画購買に繋げるかという観点が重要であり，非計画購買全般（想起・関連・条件・衝動購買の合計）への関心が高まる。対して消費者行動研究者にとっては，消費者の内的な心理状態や心理プロセスの解

明が重要であり，衝動購買への関心が高くなる。

　次節（9.3）では Rook（1987）の問題意識にしたがい，衝動購買に焦点を当て
て議論を進めることとする。

コラム　ブランド・コミットメントとバラエティ・シーキング
column

　消費者は商品を購入する際に，商品に関する情報を処理して購入の意思決定を行
う。カテゴリーによって情報処理の仕方は異なり，情報処理の仕方としては，広く情
報処理を行う方法と深く情報処理を行う方法がある。すなわち，さまざまなブランド
の情報を幅広く集めて選択肢を評価しようとするカテゴリーと，特定のブランドにつ
いての情報を集中的に集めて評価しようとするカテゴリーが存在する。前者の情報処
理を「広い情報処理」，後者の情報処理を「深い情報処理」という。
広い情報処理を行う場合，特定の製品カテゴリー内において多様性を求める行動であ
り，**バラエティ・シーキング**（variety seeking）と呼ばれる。これは飽きの解消や新
奇性を求めて行われるブランド・スイッチングとしても捉えられる。具体的には，以
下の4項目によって7段階尺度で測定される（Hoyer & Ridgway, 1984）。すなわち，
「いろいろな●●（カテゴリー名）のブランドを使い比べる」，「●●の新製品が出て
いればついつい買ってみたくなる」，「試しにいつもとは違う●●のブランドを買って
みたくなる」，「比較するために普段買っている●●のブランドとは別のブランドを
買ってみたくなる」である。
　深い情報処理をおこなう場合，カテゴリー内の特定のブランドに対するコミットメ
ントを高める行動であり，**ブランド・コミットメント**と呼ばれる。具体的には以下の
3項目によって測定される（小嶋・杉本・永野，1985）。すなわち，「この製品の中
にはお気に入りのブランドがある」，「この製品を次に買うとすれば，購入したい特定
のブランドがある」，「買いに行った店に決めているブランドがなければ他の店に行っ
ても同じものを手に入れたい製品である」である。
　ブランド・コミットメント（BC）およびバラエティ・シーキング（VS）をカテゴ
リーごとに測定すると，BC および VS ともに高い**複数ブランドロイヤル型**，BC は高
いが VS は低い**特定ブランド固執型**，BC は低いが VS は高い**バラエティ・シーキング
型**，BC も VS も低い**慣性的購入型**の4つにカテゴリーが分類される。以下の図は流通
経済研究所によって測定されたカテゴリーの分類である。

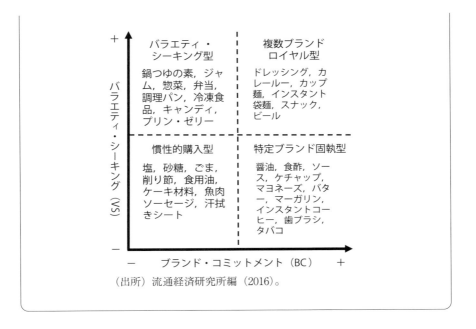

(出所) 流通経済研究所編 (2016)。

9.2 衝動購買を規定する要因

　消費者による衝動購買は，消費者行動研究において多くの研究が行われている分野である。Iyer et al. (2020) は衝動購買に関するメタ分析（同じテーマの論文を複数集めて統合し，解析する研究方法）を行っており，これに沿って衝動購買を規定する要因を概観する。衝動購買を規定する要因の研究としては，大きく3つの流れがある。第一に，個人の心理的要因に関する研究群である。

　衝動購買を誘発する心理的要因として，刺激欲求，衝動買い欲求，自己同一性などが検討されている。第二に，消費者の動機と資源である。動機として快楽動機や実用動機，資源として心理的資源，時間・金銭などが検討されている。第三に，マーケティング刺激である。店舗や棚の配置，ディスプレイ，店頭プロモーションなど，衝動購買を誘発するようなマーケティング刺激が検討されている。

図表9-2　衝動購買の規定要因

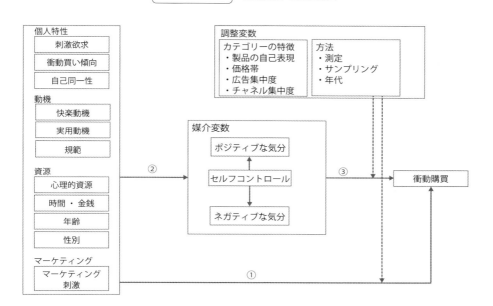

(出所) Iyer et al. (2020) をもとに一部修正。

　これらの直接的要因に加えて，セルフコントロール（自己統制）およびそこから生じるポジティブもしくはネガティブな気分が媒介する媒介効果が検討されている。さらに調整要因として，カテゴリー要因（平均価格，広告集中度やチャネル集中度，カテゴリーのアイデンティティ表現能力など）が検討されている。

9.2.1　衝動購買の変貌

　衝動購買の測定方法は大きく実データによるものと質問表調査によるものがある。実データによる分析では，「衝動購買した品目の総数」や「衝動購買した品目の割合」によって測定されている（Mohan et al., 2013）。質問表調査による分析では，「衝動買い（買い物リストにないものを買うこと）をする頻度」（4件法）などで測定されている（Harmancioglu et al. 2009）。

9.2.2　衝動購買の要因（1）　消費者の個人特性

　消費者の個人特性としては，パーソナリティに関連するものであり，刺激欲求，衝動買い傾向，自己同一性があげられる。**刺激欲求**とは，リスクに巻き込まれることを顧みずに新奇な経験と感覚を求める性質である[4]（Zuckerman, 2008）。新奇な体験を求める欲求の高い人ほど衝動購買をする傾向が高いことが確認されている。刺激を求める人ほど，購買の多様性を求める人ほど，新しさを求める人ほど衝動購買が多くなる（Olson et al., 2016；Sharma et al., 2010）。**衝動買い傾向**とは，衝動的に購買しようとする永続的な性質である[5]（Rook & Fisher, 1995）。衝動買い傾向は，衝動購買に正の影響がある（Rook & Fisher, 1995；Vohs & Faber, 2007）。**自己同一性**とは，人が自分自身について抱いている主観的な考えまたは表現のことである[6]（Vignoles et al., 2006）。自己同一性の欠如は衝動購買に正の影響がある（Dittmar & Bond, 2010）。

9.2.3　衝動購買の要因（2）　消費者の動機と資源，およびデモグラフィック（人口統計的）属性

　消費者の動機として，快楽動機，実用動機，衝動購買に関する規範がある。**快楽動機**とは，製品やサービスの感覚的な属性に起因する感情的に満足させる動因のことである[7]（Hirschman & Holbrook, 1982）。**実用動機**とは，直接的な経済的・機能的・実用的な利益や価値を求める内的な動因のことである[8]（Foxall, 2007）。消費者の快楽動機や実用動機は衝動購買の重要な内的要因であり，目標志向的な覚醒を反映して購買に影響する。例えば消費者は購買によって感情的な満足が得られる（もしくは否定的な感情を抑えられる）と考えれば，衝動購買に正の影響を与えるであろう。実際に，快楽動機は消費者の衝動購買に正の影響を与えていることが確認されている（Park et al, 2012；Ramanathan & Menon, 2006）。同じく実用動機も，消費者の衝動購買に正の影響を与えている（Park et al., 2012）。

　規範とは，特定の社会的単位において，何が正常な社会的行動とみなされるかについての非公式的な指針のことである（Rook & Fisher, 1995）。消費者の衝

動購買に関する規範的信念も衝動購買に影響を与える。衝動購買に関する**規範的信念**とは，衝動購買について良いことであると評価している，という意味である9)。したがって規範的信念が高いということは，衝動購買についてプラスの規範を持っているということを意味している。衝動購買に関する規範的信念は，消費者の衝動購買に正の影響を与えている（Luo, 2005；Rook & Fisher, 1995）。

消費者の持つ資源として，心理的資源および時間・金銭がある。**心理的資源**とは，購買プロセスに思考やエネルギーを使うことができる度合いのことである10)（Andrews et al., 1990）。心理的資源や商品カテゴリーへの関心が高い場合には衝動購買をしやすい（Jones et al., 2003；Kacen & Lee, 2002）。時間・金銭とは，使うことができる時間やお金のことである11)。買物に必要な資源（時間・金銭）がない消費者は衝動購買をしにくい（Hock & Loewenstein, 1991）。

消費者のデモグラフィック属性としては，年齢や性別があげられる。若い消費者ほど衝動的に購買する傾向がある一方，高齢者は感情を制御し，自制心を高めることで衝動購買を抑制する傾向がある（Wood, 1998）。Inman et al. (2009)は，女性の方が男性よりも非計画購買を行う確率が高いことを小売店舗における調査（2段階面接法）で明らかにしており，その理由として女性は男性よりも購買の機会が多く，店頭で家庭内在庫の少なさなどによる購買の必要性に気づきやすいため，としている。Dittmar et al. (1995)は，男性と女性では衝動購買する商品が異なり，衝動購買する際の購入検討項目も異なることを明らかにしている。具体的には，男性は独立性や活動性を表象する道具やレジャー用品を衝動的に購入する傾向があり，女性は外見や自己の情緒的側面に関わる象徴的・自己表現的な商品を衝動購入する傾向があるという。また，女性は男性に比べて後悔や喜びと罪悪感の混合を経験する可能性が高い（Coley & Burgess, 2003）。

9.2.4　衝動購買の要因（3）　マーケティング刺激

マーケティング刺激としては，コミュニケーション，価格，店舗の雰囲気，商品（の特徴），といった要因があげられる。コミュニケーションとは，マーケ

ティング・コミュニケーション・ミックスによる説得の度合いのことである[12] (Abratt & Goodey, 1990)。価格とは，衝動購買をもたらすために企業によってなされる価格および価格プロモーションのことである[13] (Grewal & Marmorstein, 1994)。店舗の雰囲気とは，消費者が感じるオンライン店舗およびリアル店舗における視覚・感覚刺激のことである[14] (Sharma & Stafford, 2000)。商品とは，消費者に提供される製品のバラエティと種々の属性のことである[15] (Park et al., 2012)。

衝動購買は，商品，店頭コミュニケーション，店舗の雰囲気，価格（値引きやポイント販促など）などのさまざまなマーケティング刺激によって引き起こされる (Mohan et al., 2013)。マーケティング刺激は，衝動購買に正の影響を与える (Mattila & Witz, 2001；Park et al., 2012；Verhagen & van Dolen, 2011)。

9.2.5 媒介メカニズム

消費者の動機，資源，デモグラフィック属性，およびマーケティング刺激が衝動購買に直接与える影響とは別に，消費者のセルフコントロールを媒介して衝動購買に間接的に与える影響も Iyer et al. (2020) は検討している。**セルフコントロール**（自制心）とは，衝動を制御し，規範に適合させ，行動を変える能力のことである[16] (Baumeister, 2002)。衝動購買は抗しがたい衝動に起因するという従来の議論に対して，Baumeister (2002) は，消費者のセルフコントロールがそのような衝動に抵抗することができると論じている。Muraven & Baumeister (2000) は，セルフコントロールは個人が欲望を抑え，規則に従い，思考・感情・行動を変えようとする試みであると論じている。そしてセルフコントロールには個人差があり，先天的な強さや特質であるという見解もある (Baumeister, 2002)。また，セルフコントロールの失敗は心理的資源の枯渇，目標の矛盾，自己監視の低下によって起こりうる (Baumeister, 2002)。さらには，喜びのような**ポジティブな気分**や感覚が衝動購買に正の影響を与える[17] (Beatty & Ferrell, 1998)。衝動購買する人は強い覚醒欲求を持っており，持続的な購買行動を繰り返すことで感情の高揚を経験する (O'Guinn & Faber, 1989；

第9章 消費者の購買行動 | 211

Verplanken & Sato, 2011)。その一方で、悲しみのような**ネガティブな気分**も衝動購買に正の影響を与える[18] (Mick & Demos, 1990；Rook & Gardner, 1993；Vohs & Faber, 2007)。衝動購買によってネガティブな気分の状態をコントロールしたり高揚させようとすることが想定される。このように、ポジティブな気分であれネガティブな気分であれ、衝動購買には正の影響を与えることが確認されている。

9.2.6 メタ分析の結果

　以上のような衝動購買に与える要因に関する研究について、実際にメタ分析を行った結果が図表9-3である。ここでは個人特性、動機と資源、マーケティングが衝動購買に与える直接効果に絞って述べる（図表9-2の①と③の矢印部分）。

　個人特性については、衝動買い傾向（0.36）および刺激欲求（0.23）は高かったが、自己同一性はそれほど高くなかった（0.10）。動機については、実用動機（0.36）および快楽動機（0.34）とも高く、規範（0.27）もそれに続いている。資源としては、時間・金銭資源が高く（0.28）、心理的資源（0.18）がそれに続いている。性別による差は確認されたものの効果量は低く（0.09）、年齢による差は確認されなかった（-0.05）。マーケティング刺激については、コミュニケーション（0.33）、価格（0.27）、店舗の雰囲気（0.23）、商品（0.17）と続き、全般的に高い効果量が得られている。媒介変数としては、セルフコントロールは弱い負の影響（-0.12）が確認されたが、そこから派生するポジティブな気分に高い効果が見られた（0.30）。ネガティブな気分も衝動購買に正の影響を与えるものの、その効果量はポジティブな気分に比べて低かった（0.09）。

　以上のことから、年齢や性別といった容易に観察できる特徴よりも、衝動性などの個人特性や動機などの消費者内部の要因が衝動購買に高い影響を与えていると言える。特に動機付けの効果量が高いことから、動機付けに即した店舗・売場づくりが極めて重要である。また、時間や金銭などの消費者資源は衝動購買に高い影響を与えるので、資源制約の影響を軽減することが必要であ

212

| 図表9－3 | 衝動購買の直接効果に関するメタ分析 |

被説明変数：衝動購買	研究数	標本サイズ	相関係数	95%CI 下限	95%CI 上限
個人特性					
刺激欲求	10	2,290	.23*	0.12	0.33
衝動買い傾向	51	14,095	.36*	0.26	0.45
自己同一性の欠如	12	1,656	.10†	−.03	0.23
動機					
快楽動機	24	6,979	.34*	0.23	0.45
実用動機	10	2,599	.36*	0.06	0.6
規範	28	5,953	.27*	0.14	0.38
資源					
心理的資源	24	5,647	.18*	0.08	0.27
時間・金銭	21	5,718	.28*	0.08	0.45
年齢	11	3,153	−.05	−.19	0.09
性別（女性＝1）	15	3,687	.09*	0	0.18
マーケティング					
マーケティング刺激	50※	13,910	.27*	0.21	0.32
コミュニケーション	18	6,423	.33*	0.22	0.44
価格	13	2,730	.27*	0.07	0.44
店内の雰囲気	42	10,013	.23*	0.17	0.28
商品	11	2,687	.17*	0.05	0.28
媒介変数					
セルフコントロール	20	3,330	−.12†	−.28	0.04
ポジティブな気分	30	7,144	.30*	0.21	0.38
ネガティブな気分	15	4,657	.09*	0	0.19

†p<0.10, *p<0.05
（※）研究数について，マーケティング刺激の内訳の合計が50にならないのは，研究が重複しているため
（出所）Iyer et al.（2020）.

る。マーケティングのうちコミュニケーション（広告）や価格が店内雰囲気や
商品以上に効果的であるため，小売・メーカーともに価格や広告に投資するこ
とが重要である。
　セルフコントロールの媒介効果についてもみてみよう（図表9－2の②および③の
矢印部分）。媒介効果を共分散構造分析という手法で検討した結果が図表9－4であ

る。衝動購買に対して最も重要な媒介変数はポジティブな気分（0.33）で、ネガティブな気分（0.19）よりも高かった。セルフコントロールは衝動購買に負の影響（-0.53）を与えている。ポジティブな気分に影響を与えるのは快楽動機（0.41）であり、次いで規範（0.32）である。衝動買い傾向（0.07）とマーケティング刺激（0.09）は影響の度合いが低い。実用動機は負の影響（-0.20）であった。ネガティブな気分に影響を与えるのは規範（0.34）、衝動買い傾向（0.24）であり、快楽動機（-0.29）と実用動機（-0.28）はネガティブな気分に負の影響を与えている。セルフコントロールに与える影響は、実用動機（0.43）、マーケティング刺激（0.35）、快楽動機（0.17）である。規範（-0.65）、衝動買い傾向（-0.14）は負の影響を与えている。直接効果としては、実用動機（0.54）、規範（0.44）の影響が強い。

このことから、快楽動機の高い消費者はポジティブな気分を媒介して、衝動

図表9－4　衝動購買の媒介効果に関するメタ分析

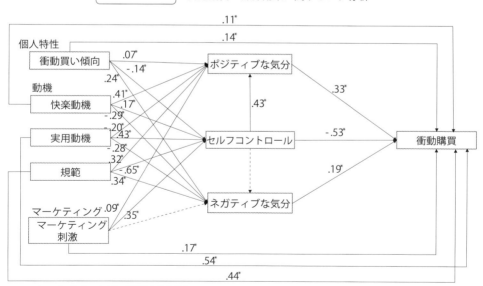

†p<0.10．*p<0.05．破線は非有意

（出所）Iyer et al.（2020）．

購買をしやすい。規範的信念の高い消費者および衝動買い傾向の高い消費者はネガティブな気分を媒介して衝動購買につながりやすい。また，快楽動機および実用動機の高い消費者はネガティブな気分には結びつきにくい。興味深いことに，マーケティング刺激は，セルフコントロールを向上させる効果がある。これはすなわち，企業が消費者に影響を与えて衝動購買をさせようとしていることを，消費者自身はよく自覚していることを示唆している。

コラム column　購買時の時間圧力

　消費者は購買時において，時間制約の中で購買意思決定を行う必要性に迫られることが多い。つまり，時間制約において消費者は**時間圧力**（time pressure）を知覚することになる。時間圧力とは，限られた時間の中で，意思決定や情報を検討する時間が不足していると認識した消費者が知覚する焦りないしはストレスである（三富，2023）。そもそも SP は「限定された期間」に購買を促すものであり，したがって SP は消費者に時間圧力をかけることによって購買を促すものと言える。

　三富（2023）の整理によれば，時間圧力が消費者行動に与える影響として，①情報処理・意思決定方略の変化，②知覚への影響，③購買・選択の影響，がある。①情報処理・意思決定方略の変化については，時間圧力を知覚すれば，消費者はより単純な情報処理方略を用いた意思決定を行う傾向にある（Rieskamp & Hoffrage, 2008）。②知覚への影響については，時間圧力を知覚した消費者は知覚リスクを高め（安藤，2007），妥協効果を弱め（Lin et al., 2008 など），製品の推奨効果を弱める（Kawaguchi et al., 2019 など）。③購買・選択の影響については，衝動購買を促し（Sohn & Lee, 2017; Zhao et al., 2019; Bahrainizad & Rajabi, 2018），購買意欲を高める（Van Steenburg & Naderi, 2020 など）。

　近年では専業主婦世帯が減少し，共働き世帯が増加する傾向にある中で，女性の買い物にかけることができる時間が減少傾向にある[19]。忙しい中で効率的に買い物をすることが求められている現在，時間圧力が消費者の購買行動に与える影響の重要度は高まっている。

9.3　セールス・プロモーションと消費者行動

　セールス・プロモーションとは，企業が自社の商品（サービス）を，直接的に消費者の購買に働きかけるために限定された期間に行われる，顧客（消費者，流通業者）を対象とするプロモーション活動のことである（渡辺・守口，2011）。販売促進，販促，SP とも呼ばれる。モノや金銭を手段として行われ，主として購買時点で行われるものが多く，購買そのものを誘発する効果がある。一方では，多数の人々への認知や態度形成といった面で，広告に劣ると言われる。本章では消費者を対象とする SP に関する消費者行動研究について述べていく。

9.3.1　内的参照価格
　SP の効果を検討する際，内的参照価格の概念が重要となる。**内的参照価格**とは，消費者が自分の記憶から想起する価格であり，ある商品の販売価格を観察する際にその価格が妥当であるかを判断するための基準として用いられる価格である（白井，2005）。具体的には**公正価格**（対象製品のコストを考慮して消費者が判断する価格），**留保価格**（対象製品について消費者が支払ってもよいと考える価格），**最低受容価格**（価格がこの水準を下回ると消費者が製品の品質について疑念を持つために購入を拒否する価格），最低観察価格，最高観察価格，平均観察価格，通常価格，**期待価格**（消費者が将来支払うと予想する価格），購入価格，など多様な価格が存在する。先行研究によれば，価格イメージと製品価格が高い製品においては，留保価格，最低受容価格，平均観察価格，通常価格，期待価格が重視され，中程度の製品においては通常価格と期待価格が重視され，低い製品では通常価格が重視される（白井，2005：中村，2005）。
　それでは，内的参照価格はどのような SP によって影響を受けるのであろうか。値引きが内的参照価格に与える効果を検証したのは Kalwani & Yim（1992）である。液体洗濯用洗剤の仮想的ブランドを用いて，値引き幅（10%，

20％，30％，40％），値引き頻度（10期中1回，3回，5回，7回）の4×4被験者間要因配置で実験室実験を行った結果，複数期間にわたって設定される値引きでは，値引きの頻度が多いほど内的参照価格（ここでは期待価格）は低下し，値引き幅が高いほど内的参照価格が低下することが確認されている。

ただし，通常価格の半額になる値引き，通常価格で1個買うともう1個が無料でもらえるSP，通常価格で2個買えば購入価格が半額になるSPの3つを比較したSinha & Smith（2000）によれば，内的参照価格（ここでは期待価格）ではプロモーションによる主効果は有意ではなかった。これは，50％値引きという通常あり得ない値引きは特別なことと知覚されて内的参照価格に影響を与えなかった可能性がある。このように，ベネフィット水準が大きすぎる場合には内的参照価格に影響を与えないことが明らかになっている。

さらに，値引きとプレミアム（おまけ）と増量が参照価格に与える効果を実験室実験により検証したのが，Diamond & Campbell（1989）である。この実験室実験では，被験者が販売価格を観察するのは20週で，3週間ごとにSPが提示される。液体洗濯用洗剤を対象に，値引き，増量，プレミアム，無し（コントロール）の4水準について，5つの内的参照価格（期待価格，平均価格，頻繁に設定された価格，留保価格，公正価格）を比較した。その結果，内的参照価格は値引きによっては低下するが，プレミアムや増量によっては低下しないことが明らかになった。

値引きとクーポンとキャッシュバックが内的参照価格に与える影響を検証したのは，Folkes & Wheat（1995）である。製品カテゴリーはアイスクリームメーカーとオイルステインである。その結果，内的参照価格は値引きとキャッシュバックの比較ではキャッシュバックの方が高くなり，クーポンとキャッシュバックの比較ではキャッシュバックの方が高くなることが確認された。キャッシュバックは内的参照価格を低下させないSPと言える。

このように，値引きは内的参照価格を低下させるが，プレミアムやクーポン，キャッシュバックは値引きに比べて内的参照価格を低下させない，ただしベネフィット水準が大きい場合（具体的には50％）には，値引きは内的参照価

格を低下させない，ということが明らかになっている。

9.3.2 取引効用理論

Thaler（1985）の**取引効用理論**とは，消費者の効用は獲得効用（acquisition utility）と取引効用（transaction utility）の和によって表されるとするものである。**獲得効用**とは，商品（サービス）を取得することによって生じる効用であり，消費者が知覚する価値を価格で表した**等価価格**と実際の支払価格との差の関数として表される。等価価格はWTP（支払意思価格）に近い概念と考えられる。したがって獲得効用は，経済学では消費者余剰に該当する。例えば500円の商品を購入した時に，消費者がその商品は1,000円の価値があると考えているとすると，1,000円 − 500円 = 500円分の価値が獲得効用である。

一方で**取引効用**とは当該取引によって生じる効用であり，内的参照価格と支払価格の差の関数として表される。消費者は内的参照価格によって商品の価格の高低を判断し，購入するか否かを決定する。例えば500円の商品を購入した時に，消費者がその商品は800円が相場だと考えているとすると，800円 − 500円 = 300円分の価値が取引効用である。

商品の実際の価格をp，等価価格を$\overline{p}$，内的参照価格をp^*とすると，獲得効用は$v(\overline{p},-p)$，取引効用は$v(-p:-p^*)$であり，全効用は$v(\overline{p},-p) + v(-p:-p^*)$で表される（Thaler, 1985）。ここでのポイントは，購買意思決定時に最も重要な変数は内的参照価格ということである。いくら獲得効用がプラスであっても，内的参照価格が低いために取引効用がマイナスということはあり得るし，その結果購入をやめるということはあり得る。

9.3.3 統合型 SP と分離型 SP

Thaler（1985）はプロスペクト理論の価値関数をもとにして，利得は損失と統合されて評価される場合と，損失と分離されて評価される場合では最終的な知覚価値が異なることを示している。すなわち，同じ100円の得でも，提示されるフレーム次第で得をしたと感じる度合いが異なる。図表9−5はプロスペ

| 図表9－5 | プロスペクト理論と分離型 SP および統合型 SP の価値

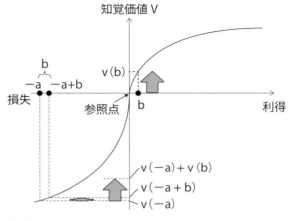

(出所) 中川 (2015)。

クト理論の価値関数 v を表現している。この価値関数の特徴は，①消費者の刺激に対する価値評価がニュートラルな参照点を基準として利得と損失の領域に分かれること，②関数形は利得の領域では凹関数に，損失の領域では凸関数になっていること，③曲線の傾きは利得よりも損失の方が急であることの 3 点である。

Thaler (1985) によると，利得の金銭的価値 (b) が損失の金銭的価値 ($-a$) よりもかなり小さい場合 (a, b ともに正の数)，それらが統合して評価されるよりも分離して評価される方が最終的な知覚価値は高くなる。というのは，利得が損失と分離して評価される場合には，利得は利得の領域で評価されるので利得自体の価値 $v(b)$ が意識され，損失の知覚価値 $v(-a)$ を大きく減少させることができるからである。この場合の最終的な知覚価値は，$v(-a)+v(b)$ である。反対に利得と損失が統合される場合には，損失は利得の分だけ減少するけれども，減少分が小さいために最終的な知覚価値 $v(-a+b)$ はそれほど改善しない。図表9－5は，$v(-a)+v(b) > v(-a+b)$ であることを示している。この結果は，上記②の「関数形は利得の領域では凹関数に，損失の

領域では凸関数となる」ことから導かれ，bがaに比してかなり小さい場合（通常のSPではそうなる）には成立する。まとめると，最終的な知覚価値は利得が利得の領域で評価されるのか，もしくは損失の領域で評価されるのかによって異なる。利得が損失よりもかなり小さい場合には，利得は利得の領域で評価される方が知覚価値は高くなる。このように，同じ額であってもフレームによって消費者は別々の勘定科目に振り分ける傾向を，Thaler（1985）は**メンタル・アカウンティング**と呼んでいる。

　出費という経済的負担を減少させるSP，言いかえれば利得が損失領域で評価されるSPは**統合型SP**と呼ばれ，出費とは無関係のSP，言いかえれば利得が利得領域で評価されるSPは**分離型SP**と呼ばれている（白井，2005）。統合型SPと分離型SPの分類について消費者に直接尋ねるという方法が考えられるが，現時点では妥当な測定方法が開発されていない。代替的な方法として，内的参照価格への影響からSPのタイプを分類する方法がある（Diamond & Campbell, 1989）。もしSPによって内的参照価格が低下したならば，そのSPは統合型SPとして評価される。内的参照価格の低下はSPによって販売価格が安くなったと解釈されるためである。逆に内的参照価格に変化が生じなかったならば，そのSPは分離型SPとして販売価格とは別に評価されたことを意味する。このような方法でなされた研究として，Diamond & Campbell（1989），Folkes & Wheat（1995），Sinha & Smith（2000）などがある。これらの研究の結果，一般的な大きさの値引きとクーポンは統合型SPとして，大きな値引き，キャッシュバック，増量，おまけ，1つ購入するともう1つをプレゼント，および2つ購入すると半額というSPは分離型SPとして判断されるという結果を得ている（白井，2005）。

　さらに白井（2005）は，統合型SP（値引きなど）と分離型SP（増量など）の知覚価値に関する実証研究に関する既存研究のサーベイを行っている。サーベイ対象となった研究は，Diamond & Sanyal（1990），Chen et al.（1998），Hardesty & Bearden（2003），Sinha & Smith（2000）である。これらの研究結果から白井（2005）は，消費者は，一般的な大きさの値引きとクーポンは統合型SPとし

て，大きな値引き，キャッシュバック，増量，おまけ，1つ購入するともう1つをプレゼント，2つ購入すると半額といったSPは分離型SPとしてカテゴリー化されると判断している。

　ポイントに関する知覚価値を値引きと比較したのが中川（2015）である。単品単位ではなくバスケット単位のSPについて，3要因2（プロモーション条件：値引き，ポイント付与）×3（購入金額：1,000円，5,000円，10,000円）×4（値引率・ポイント付与率：1％，5％，10％，25％）における被験者間要因配置でサーベイ実験を行った。その結果，値引率・ポイント付与率とプロモーション条件の2次の交互作用が有意であり，単純主効果の検定では値引率・ポイント付与率が1％および5％のときにポイント付与の方が値引きよりも知覚価値が高かった。しかしながら，値引率・ポイント付与率が10％および25％のときには，値引きとポイント付与間では有意差はなかった。このようにベネフィット水準の大きさによって値引きとポイント付与の知覚価値の大小関係が変わるマグニチュード効果が存在する。**マグニチュード効果**とは，金額の大きさによって消費者の選好や行動が一貫せずに変化することをいう。

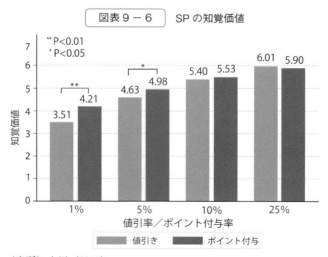

図表9−6　SPの知覚価値

（出所）中川（2015）。

池田（2012）によれば，小銭などの小さなお金は心理的な当座勘定に計上され，大きな額になると金利のつく貯蓄勘定に蓄えられると考えられる。少額の現金は当座勘定となるために，通常のベネフィットの値引きは，出費という経済的負担を減少させる統合型SPとなると考えられる。反対に多額の現金は貯蓄勘定となるために，ベネフィットの大きい値引きは出費とは無関係の分離型SPとなると考えられる。以上のことから，値引き額が大きくなるほど値引きの価値が高くなり，マグニチュード効果が発生すると考えられる。

　一方ポイントの場合は，ポイントが少額の場合にはポイントカード利用者はポイントを貯めようとし，ある一定程度以上のポイント数になった場合にポイントを使おうとする傾向が確認されている（中川，2015）。つまりポイントが少額のときには消費者の貯蓄勘定に計上され，ポイントが多額の時には消費者の当座勘定に計上されることが示唆される。したがって，ベネフィット水準の低い場合にはポイントは貯蓄勘定となるために分離型SPと認識される一方，ベネフィット水準の高い場合にはポイントは当座勘定となるために統合型SPと認識されると考えられる。

　以上をまとめると，提供されるベネフィットが一般的な水準の場合（商品価格の25％程度まで）では，各SPのベネフィットが同一水準であるとした時のSPの知覚価値は図表9－7のようになる。2個買うと半額になるというような強制購入感のあるSPほど知覚価値は低く，努力が不要なSPほど知覚価値が高い。また分離型SPと統合型SPの比較では，ベネフィットが一般的な水準（商品価格の25％程度）では分離型SPの方が選好される傾向がある。ところがベネフィットがかなり魅力的である場合（商品価格の50％以上）では図表9－8のようになり，ベネフィットが一般的な水準では統合型SPであった値引きなどのプロモーションが，ベネフィットが非常に大きい場合には分離型SPとして知覚されるようになる。ただし，ベネフィットが非常に大きいと消費者が感じ始める閾値となる水準があると考えられるが，既存研究からは少なくとも商品価格の50％以上だと考えられている。

| 図表 9 － 7 | SP の知覚価値（ベネフィットが一般的な場合） |

	相対的知覚価値		
	高	中	低
統合型SP	**努力不要SP** ・ストア・クーポン ・値引き	**要努力SP** ・媒体クーポン	**購入強制感のあるSP** ・他製品の同時購入で対象商品を同額分値引き
分離型SP	**努力不要SP** ・ポイント付与 ・増量 ・おまけ ・対象者限定の 　郵送型クーポン	**要努力SP** ・キャッシュバック	**購入強制感のあるSP** ・複数個購入による値引き・おまけ ・スタンプ○個でおまけ

（出所）白井（2005）に著者加筆。

| 図表 9 － 8 | SP の知覚価値（ベネフィットが非常に大きい場合） |

	相対的知覚価値	
	高	低
分離型SP	**価格SP** ・値引き ・キャッシュバック ・対象者限定の郵送型クーポン ・ストア・クーポン ・媒体クーポン	**非価格SP** ・ポイント付与 ・複数個購入による値引き・おまけ ・スタンプ○個でおまけ ・他製品の同時購入で対象商品を同額分値引き

（出所）白井（2005）に著者加筆。

【注】

1）生鮮食品は除く。

2）近年ではコスト軽減やコロナ禍等の影響により，入店前に Web での消費者アンケート調査に回答してもらい，買い物終了後に購買履歴データと突き合わせて非計画購買を測定する 2 段階調査が増えている。

3）JICFS（ジクフス）とは，（一財）流通システム開発センターが運営している JAN コードとこれに付随する商品情報を一元的に管理するデータベースサービスであり，そこで用いられている商品分類が JICFS 分類である。

4）刺激追求特性は，Zuckerman（2008）の 12 項目からなる 5 段階の SSS（Sensation Seeking Scale）尺度（「何でも一度は試してみる」「リスクを取ることをとても楽しむ」など）で測定される。

5）購買衝動性は，Rook & Fisher（1995）の 9 項目からなる 5 段階尺度（「よく衝動的に物を買う」など）で測定される。

6）自己同一性の欠如は，Dittmar & Bond（2010）が作成した 5 項目からなる 5 段階尺度の自己不一致指数（「自分は××であるが，××であることは嬉しい」「このことが心配でたまらない」など）で測定される。

7）快楽動機は，Park et al.（2012）の 4 項目からなる 7 段階尺度（「ただ楽しむためにインターネット上の商品を見て回る」など）で測定される。

8）実用動機は，Park et al.（2012）の 5 項目からなる 7 段階尺度（「商品に関する情報を集めるためにショッピングサイトを閲覧する」など）で測定される。

9）規範的信念は，Rook & Fisher（1995）の衝動購買のシナリオについて 10 個の二極の対となる形容詞（良い－悪い，無駄－生産的，合理的－おかしい，魅力的－魅力的でない，賢い－愚か，許容できる－許容できない，寛大－利己的，しらふ－ばか，成熟している－幼稚，正しい－間違っている）によって測定される。

10）ここでは関与度によって心理的資源を測定している。関与は製品カテゴリーに関する 10 項目のリスト（重要である－重要でない，大切－どうでもよい，など）を使って測定される（Jones et al. 2003）。

11）時間圧力は，Lin & Chen（2013）の 3 項目からなる 5 段階尺度（「早く買物を済ませなければならないというプレッシャーを感じる」など）で測定される。

12）POP 広告の効果は，5 項目からなる二極評価項目の 7 段階評価尺度（「今日の購買経験から店内の POP 広告の印象」など）で測定される（Zhou & Wong, 2004）。

13）低価格・割引の評価は，3 項目からなる 7 段階評価尺度「ショッピングサイトでは割引価格がとても安い」など）で測定される（Park et al., 2012）。

14) 店舗レイアウトが照明，音楽，レイアウトなどについての9項目からなる7段階評価尺度で測定される（Mohan et al., 2013）。

15) Liu et al.（2013）の3項目からなる7段階尺度（「オンラインショッピングサイトでは，充分な種類の商品が入手可能だ」など）で測定される。

16) セルフコントロールはSharma et al.（2014）の5項目からなる7段階尺度（「どんな状況でも自分の行動を調整することができることが分かった」など）で測定される。

17) ポジティブな気分の状態は，6項目からなる6件法（刺激的，興奮，熱意をかき立てる，など）で測定される（Weinberg & Gottwald, 1982）。

18) ネガティブな気分の状態は，3項目による7点尺度（「今日買物をしていて無気力になった」など）で測定される（Mohan et al., 2013）。

19) 令和3年社会生活基本調査（総務省）によると，6歳未満の子供を持つ世帯の妻の買い物にかける時間（1週間あたり）は，2001年には42分であったが，2021年には33分であった。

ケース CASE　ユニクロとZARAの販売促進計画

　同じアパレルの専門店であっても，ユニクロは機能的で汎用性の高い服を提供しているのに対し，ZARAはトレンドファッションの高い服を提供していることで知られている。ユニクロのような基本アイテムを売っている店に行く際には，「ジーンズを買おう」，「ヒートテックを買おう」などと目的購買が多くなる傾向にある。一方で，ZARAのようなトレンドファッションを売っている店に行く顧客は，「最新ファッションに触れて気に入ったものがあれば買おう」と，目的を持たずに来店してその場で購入の意思決定を行うことが多くなる傾向にある。

　あなたがユニクロおよびZARAの販促企画部門の統括部長の立場であれば，ユニクロおよびZARAの店内において非計画購買を促すために，それぞれどのような販売促進の施策を取るであろうか。

練習問題

1. 非計画購買と衝動購買の違いを説明しなさい。
2. バラエティ・シーキングとブランド・コミットメントを情報処理と行動の観点から説明しなさい。
3. 内的参照価格とは何かを説明しなさい。加えて，具体的に内的参照価格として考えられる価格を3つ以上述べ，それぞれ説明しなさい。

第 9 章　消費者の購買行動 ｜ 225

4. 取引効用理論における獲得効用と取引効用を説明しなさい。加えて，取引効用理論における全効用を数式を用いて示しなさい。
5. 分離型 SP と統合型 SP を説明しなさい。加えて，統合型 SP と分離型 SP の価値を価値関数の図を用いて説明しなさい。

参考文献

Abratt, R., & Goodey, S. D. (1990). Unplanned buying and in-store stimuli in supermarkets. *Managerial and Decision Economics*, *11*(2), 111-121.

安藤和代（2007）.時間圧力と購買者の知覚リスク―注文住宅購買者の購買行動データの分析―.『早稲田大学商学研究』, *64*, 29-42.

Andrews, J. C., Durvasula, S., & Akhter, S. H. (1990). A Framework for Conceptualizing and Measuring the Involvement Construct in Advertising Research. *Journal of Advertising*, *19*(4), 27-40.

青木幸弘（1983）.消費者の店舗内購買行動に関する一考察.『マーケティング・ジャーナル』, *3*(2), 11-23.

青木幸弘（1989）.店舗内購買行動に関する既存研究のレビュー.田島義弘・青木幸弘編『店頭研究と購買行動分析―店舗内購買行動分析とその周辺』, 105-218, 誠文堂新光社.

Bahrainizad, M., & Rajabi, A. (2018), Consumers' Perception of Usability of Product Packaging and Impulse Buying: Considering Consumers' Mood and Time Pressure as Moderating Variables. *Journal of Islamic Marketing*, *9*(2), 262-282.

Baumeister, R. F. (2002). Yielding to Temptation: Self-Control Failure, Impulsive Purchasing, and Consumer Behavior. *Journal of Consumer Research*, *28*(4), 670-676.

Beatty, S. E., & Elizabeth, Ferrell M. (1998). Impulse buying: Modeling its precursors. *Journal of Retailing*, *74*(2), 169-191.

Chen, S. F. S., Monroe, K. B., & Lou, Y. C. (1998). The effects of framing price promotion messages on consumers' perceptions and purchase intentions. *Journal of Retailing*, *74*(3), 353-372.

Coley, A., & Burgess, B. (2003). Gender differences in cognitive and affective impulse buying. *Journal of Fashion Marketing and Management: An International Journal*, *7*(3), 282-295.

Diamond, W. D., & Campbell, L. (1989). The Framing of Sales Promotions: Effects on Reference Price Change. *Advances in Consumer Research*, *16*(1), 241-247.

Diamond, W. D., & Sanyal, A. (1990). The Effect of Framing on the Choice of Supermarket Coupons. *Advances in Consumer Research*, *17*(1), 488-493.

Dittmar, H., Beattie, J., & Friese, S. (1995). Gender identity and material symbols: Objects and decision considerations in impulse purchases. *Journal of Economic Psychology*, *16*(3), 491-511.

Dittmar, H., & Bond, R. (2010). I want it and I want it now: Using a temporal discounting paradigm to examine predictors of consumer impulsivity. *British Journal of Psychology*, *101*(4), 751-776.

Dittmar, H., Halliwell, E., & Stirling, E. (2009). Understanding the impact of thin media models on women's body-focused affect: The roles of thin-ideal internalization and weight related self-discrepancy activation in experimental exposure effects. *Journal of Social and Clinical Psychology*, *28*(1), 43-72.

Folkes, V., & Wheat, R. D. (1995). Consumers' price perceptions of promoted products. *Journal of Retailing*, *71*(3), 317-328.

Foxall, G. R. (2007). *Explaining Consumer Choice*. Basingstoke: Palgrave Macmillan.

Grewal, D., & Marmorstein, H. (1994). Market Price Variation, Perceived Price Variation, and Consumers' Price Search Decisions for Durable Goods. *Journal of Consumer Research*, *21*(3), 453-460.

Hardesty, D. M., & Bearden, W. O. (2003). Consumer evaluations of different promotion types and price presentations: the moderating role of promotional benefit level. *Journal of Retailing*, *79*(1), 17-25.

Harmancioglu, N., Finney, R. Z., & Mathew, J. (2009). Impulse purchases of new products: an empirical analysis. *The Journal of Product and Brand Management*, *18*(1), 27-37.

Hirschman, E. C., & Holbrook, M. B. (1982). Hedonic Consumption: Emerging Concepts, Methods and Propositions. *Journal of Marketing*, *46*(3), 92-101.

Hoch, S. J., & Loewenstein, G. F. (1991). Time-inconsistent Preferences and Consumer Self-Control. *Journal of Consumer Research*, *17*(4), 492-507.

Hoyer, W. D., & Ridgway, N. M. (1984). Variety Seeking As an Explanation For Exploratory Purchase Behavior: a Theoretical Model. in Thomas, C., Kinnear, & Provo (Eds.), *NA - Advances in Consumer Research Volume 11*, 114-119. UT : Association for Consumer Research.

池田新介 (2012).『自滅する選択：先延ばしで後悔しないための新しい経済学』. 東洋経済新報社.

Inman, J. J., Winer, R. S., & Ferraro, R. (2009). The Interplay Among Category Characteristics, Customer Characteristics, and Customer Activities on In-Store Decision Making. *Journal of Marketing*, *73*(5), 19-29.

石井裕明 (2009). 消費者視点の衝動購買研究.『マーケティングジャーナル』*29*(1), 98-107.

Iyer, G. R., Blut, M., Xiao, S. H., & Grewal, D. (2020). Impulse buying: a meta-analytic review. *Journal of the Academy of Marketing Science*, *48*(3), 384-404.

Jones, M. A., Reynolds, K. E., Weun, S., & Beatty, S. E. (2003). The product-specific nature of impulse buying tendency. *Journal of Business Research*, *56*(7), 505-511.

Kacen, J. J., & Lee, J. A. (2002). The Influence of Culture on Consumer Impulsive Buying Behavior. *Journal of Consumer Psychology*, *12*(2), 163-176.

Kalwani, M. U., & Yim, C. K. (1992). Consumer Price and Promotion Expectations: An Experimental Study. *Journal of Marketing Research*, *29*(1), 90-100.

Kawaguchi, K., Uetake, K., & Watanabe, Y. (2019). Effectiveness of Product Recommendations under Time and Crowd Pressures. *Marketing Science*, *38*(2), 253-273.

Lin, C. H., Sun, Y. C., Chuang, S. C., & Su, H. J. (2008). Time Pressure and The Compromise and Attraction Effects in Choice. in Angela Y. Lee and Dilip Soman (ed.), *Advances in Consumer Research*, *20*, Duluth, MN; Association for Consumer Research, 348-352.

Lin, Y. H., & Chen, C. F. (2013). Passengers' shopping motivations and commercial activities at airports - The moderating effects of time pressure and impulse buying tendency. *Tourism Management*, *36*, 426-434.

Liu, Y., Li, H., & Hu, F. (2013). Website attributes in urging online impulse purchase: An empirical investigation on consumer perceptions. *Decision Support Systems*, *55*(3), 829-837.

Luo, X. (2005). How Does Shopping With Others Influence Impulsive Purchasing?. *Journal of Consumer Psychology*, *15*(4), 288-294.

Mattila, A. S., & Wirtz, J. (2001). Congruency of scent and music as a driver of in-store evaluations and behavior. *Journal of Retailing*, *77*(2), 273-289.

Mick, D. G., & Demoss, M. (1990). Self-Gifts: Phenomenological Insights from Four Contexts. *Journal of Consumer Research*, *17*(3), 322-332.

三富悠紀 (2023). マーケティングにおける時間圧力・時間制約研究の可能性と課題.『消費者行動研究』.（早期公開論文）.

Mohan, G., Sivakumaran, B., & Sharma, P. (2013). Impact of store environment on impulse buying behavior. *European Journal of Marketing*, *47*(10), 1711-1732.

守口剛 (2002).『プロモーション効果分析』. 朝倉書店.

Muraven, M., & Baumeister, R. F. (2000). Self-regulation and depletion of limited resources: does self-control resemble a muscle?. *Psychol Bull*, *126*(2), 247-259.

中川宏道 (2015). ポイントと値引きはどちらが得か？：ポイントに関するメンタル・アカウンティング理論の検証.『行動経済学』, *8*, 16-29.

中村博 (2005). 消費者の値頃感は，いつどこで作られるのか. 杉田善弘・上田隆穂・守口剛編『プライシング・サイエンス』. 同文舘出版.

O'Guinn, T. C., & Faber, R. J. (1989). Compulsive Buying: A Phenomenological Exploration. *Journal of Consumer Research*, *16*(2), 147-157.

小嶋外弘・杉本徹雄・永野光朗 (1985). 製品関与と広告コミュニケーション効果.『広告科学』, *11*, 34-44.

Olsen, S. O., Tudoran, A. A., Honkanen, P., & Verplanken, B. (2016). Differences and Similarities between Impulse Buying and Variety Seeking: A Personality-based Perspective. *Psychology & Marketing*, *33*(1), 36-47.

Park, E. J., Kim, E. Y., Funches, V. M., & Foxx, W. (2012). Apparel product attributes, web browsing, and e-impulse buying on shopping websites. *Journal of Business Research*, *65*(11), 1583-1589.

Ramanathan, S., & Menon, G. (2006). Time-Varying Effects of Chronic Hedonic Goals on Impulsive Behavior. *Journal of Marketing Research*, *43*(4), 628-641.

Rieskamp, J., & Hoffrage, U. (2008). Inferences under Time Pressure: How Opportunity Costs Affect Strategy Selection. *Acta Psychologica*, *127*(2), 258-276.

Rook, D. W. (1987). The Buying Impulse. *Journal of Consumer Research*, *14*(2), 189-199.

Rook, D. W., & Gardner, M. P. (1993). In the mood: Impulsive Buyings' antecedents. In Arnold-Costa, J., & Belk, R. W. (Eds.), *Research in consumer behavior*, 1-28. Greenwich: JAI Press.

Rook, D. W., & Fisher, R. J. (1995). Normative Influences on Impulsive Buying Behavior. *Journal of Consumer Research*, *22*(3), 305-313.

流通経済研究所編（2016）.『インストア・マーチャンダイジング』. 日本経済新聞出版社.

西道実（2000）. 消費者の非計画購買過程. 竹村和久編（2000）.『消費行動の社会心理学：消費する人間の こころと行動』, 40-51. 北大路書房.

Sharma, A., & Stafford, T. F.（2000）. The Effect of Retail Atmospherics on Customers' Perceptions of Salespeople and Customer Persuasion: An Empirical Investigation. *Journal of Business Research*, *49* (2), 183-191.

Sharma, P., Sivakumaran, B., & Marshall, R.（2014）. Looking beyond impulse buying. *European Journal of Marketing*, *48*(5/6), 1159-1179.

Sharma, P., Sivakumaran, B., & Marshall, R.（2010）. Impulse buying and variety seeking: A trait-correlates perspective. *Journal of Business Research*, *63*(3), 276-283.

白井美由里（2005）.『消費者の価格判断のメカニズム：内的参照価格の役割』. 千倉書房.

Sinha, I., & Smith, M. F.（2000）. Consumers' perceptions of promotional framing of price. *Psychology & Marketing*, *17*(3), 257-275.

Sohn, H. K., & Lee, T. J.（2017）. Tourists' Impulse Buying Behavior at Duty-free Shops: The Moderating Effects of Time Pressure and Shopping Involvement. *Journal of Travel & Tourism Marketing*, *34*(3), 341-356.

Stern, H.（1962）. The Significance of Impulse Buying Today. *Journal of Marketing*, *26*(2), 59-62.

Thaler, R.（1985）. Mental Accounting and Consumer Choice. *Marketing Science*, *4*(3), 199-214.

Van Steenburg, E., & Naderi, I.（2020）. Unplanned Purchase Decision Making under Simultaneous Financial and Time pressure. *Journal of Marketing Theory and Practice*, *28*(1), 98-116.

Verhagen, T., & van Dolen, W.（2011）. The influence of online store beliefs on consumer online impulse buying: A model and empirical application. *Information & Management*, *48*(8), 320-327.

Verplanken, B., & Sato, A.（2011）. The Psychology of Impulse Buying: An Integrative Self-Regulation Approach. *Journal of Consumer Policy*, *34*(2), 197-210.

Vignoles, V. L., Regalia, C., Manzi, C., Golledge, J., & Scabini, E.（2006）. Beyond self-esteem: Influence of multiple motives on identity construction. *Journal of Personality and Social Psychology*, *90*(2), 308-333.

Vohs, K. D., & Faber, R. J.（2007）. Spent Resources: Self-Regulatory Resource Availability Affects Impulse Buying. *Journal of Consumer Research*, *33*(4), 537-547.

渡辺隆之・守口剛（2011）.『セールス・プロモーションの実際（第 2 版）』. 日本経済新聞出版社.

Weinberg, P., & Gottwald, W.(1982). Impulsive consumer buying as a result of emotions. *Journal of Business Research*, *10*(1), 43-57.

Wood, M.（1998）. Socio-economic status, delay of gratification, and impulse buying. *Journal of Economic Psychology*, *19*(3), 295-320.

Yadav, M. S., & Monroe, K. B.（1993）. How Buyers Perceive Savings in a Bundle Price: An Examination of a Bundle's Transaction Value. *Journal of Marketing Research*, *30*(3), 350-358.

Zhao, Z., Du, X., Liang, F., & Zhu, X.（2019）. Effect of Product Type and Time Pressure on Consumers' Online Impulse Buying Intention. *Journal of Contemporary Marketing Science*, *2*(2), 137-154.

Zhou, L., & Wong, A.（2004）. Consumer Impulse Buying and In-Store Stimuli in Chinese

Supermarkets. *Journal of International Consumer Marketing*, *16*(2), 37-53.

Zuckerman, M.（2008）. Personality and sensation seeking. In Boyle, G. J., Matthews, G., & Saklofske, D. H.（Eds.）, *The SAGE handbook of personality theory and assessment: Volume 1 - Personality theories and models*, 379-398. SAGE Publications Ltd.

（中川宏道）

第 10 章

消費者の満足

10. 1　顧客満足の重要性

　ドラッカー（Drucker, P. F.）は，「事業の目的は，顧客を創造することである。
事業によって提供される財やサービスに対して，顧客が満足することで顧客が
生まれる」と述べ，企業の目的が顧客の創造であることから，企業には 2 つの
基本的な機能が存在するとして，マーケティングとイノベーションを示した
（Drucker, 1954）。これは，マーケティングが**顧客満足**の仕組みを構築すること
で，**顧客創造**が実現できるとしたものである。顧客創造によって企業は成長で
き，企業成長のためにマーケティングが必要となる。このことから，顧客満足
がマーケティングにおいて重要な役割を果たしていることがわかる。

　米国の研究者であるレビット（Levitt, T.）は，「マーケティングと販売は，字
義以上に大きく異なる。販売は売り手のニーズに，マーケティングは買い手の
ニーズに重点が置かれている。販売は製品を現金に替えたいという売り手の
ニーズが中心だが，マーケティングは製品を創造し，配送し，最終的に消費さ
れることによって，顧客のニーズを満足させようというアイデアが中心である」
と説明している（Levitt, 1960）。まず，販売とマーケティングは異なるものだと
いう視座に立つ必要がある。販売とは，今ある製品を売って売り上げを最大化
することを目的とする活動であり，マーケティングは，顧客に合った製品を作
り，顧客満足を得ることを目的にしている。最終的にどちらも利益を追求する
こととなるが，その過程がまったく異なる。販売は，売り上げを向上させるこ

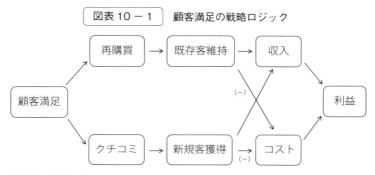

図表10－1　顧客満足の戦略ロジック

（出所）著者作成。

とで利益を上げることを目指すのに対して，マーケティングは顧客満足を向上させることで利益を上げることを目指す。

　顧客満足を向上させると企業の利益が増加する理由を，図表10－1に示すロジックで説明する。まず，新規顧客と既存顧客に分けて考える。新規顧客の観点から説明すると，満足を得た顧客は，クチコミで新しい顧客を引き寄せる。クチコミによる新規顧客の獲得は，宣伝や販売促進などの費用がほとんど発生しないため，費用を抑えて新規顧客を得ることができる。一方で，既存顧客の観点では，既存の顧客の満足度が向上すれば，再購買が増え既存顧客が維持できる。経費を抑え，効率的に売り上げを増やすことができ，利益を得ることにつながる。新規顧客と既存顧客の両方から，効率的に利益を上げるロジックが生まれるのである。

　このように，顧客満足が企業の利益にプラスの影響を与えることが，多くの先行研究によって実証的に確認されている。最近の研究では，顧客満足が企業の将来の販売コストを削減する効果があることが実証されている（Lim, Tuli, & Grewal, 2020）。したがって，顧客満足は現在および未来の企業利益に貢献する重要な要素であることがわかる。

　ここで，販売とマーケティングの特徴の違いについて整理する。販売は今ある製品を既存顧客に販売しようとするため，市場は既存市場をみており，現在

	販売概念	マーケティング概念
利益	売上増による利益追求	顧客満足による利益追求
視点	現在	未来
市場	既存市場	潜在市場
期間	短期	長期
組織	組織の一部	全社
志向	製品志向	顧客志向

図表 10 − 2　販売概念とマーケティング概念

（出所）著者作成。

に視点がある。一方で，マーケティングは顧客の満足を第一に考えることから，今ある製品をベースにするのではなく，ターゲット顧客のニーズに合った新しい製品を開発しようとする。そのため，市場は潜在市場をみており，未来に視点がある。販売は製品志向であり，短期的な行動に終始するが，マーケティングは顧客志向であり，長期的な活動が求められる。販売は，組織の一部または一販売員でも成果をだすことが可能であるが，マーケティングは，顧客満足を実現するために全社的な活動が必要となる。社長が顧客満足を掲げても，現場の従業員が顧客満足を得るための活動を行わなければ実現はしない。逆に，現場の従業員が顧客満足を目指して奔走している時に，社長が顧客満足を無視し，売り上げを優先する指示をだすと，顧客満足は下がる一方となる。したがって，顧客満足を実現するためには全社的な活動が必須となる。

10.2　顧客満足とは何か

　顧客満足とは，「顧客が製品・サービスの使用経験後に，顧客が感じる充足感に対する反応」と定義される。この定義には，3つの要点がある。第1に，

顧客の主観的な評価であるという点である。したがって，製品やサービスの客観的な品質が高い場合や，他社に比べてお得感のある価格が設定されていても，高い満足度につながるかどうかはわからない。第2に，顧客が購買し使用した後の評価であるという点である。実際に製品やサービスを経験した後でしか，顧客は評価をすることはできない。第3に，感情を伴った心理状態であるという点である。したがって，感情的な評価が伴っているため，合理的に説明ができない場合もある。感動，歓喜，失望といった際立った感情を表す顧客満足の概念もあり，感動や歓喜を戦略的に目指すサービスを企業が実際に行う場合もある。

　顧客満足と言われると，接客サービスなどに対する顧客の反応をイメージする方が多いと思うが，もっと広い概念であることが定義からわかる。企業が顧客に提供する製品やサービスすべてに対する顧客の反応となるので，企業が行うビジネスを顧客がどう評価しているかを表す指標と言える。顧客満足は，キャッシュを生み出す主役である製品やサービスに対する，顧客からの通信簿のような役目を担うため，企業にとっては非常に重要なものとなる。よって，企業は経営戦略の目標の中で，注視すべき指標の一つに位置づけるべきものである。

　それでは，顧客満足はどのように作られるのか考えてみる。その説明には，消費者行動研究で提唱された心理プロセスを描いた**期待不一致モデル**がわかりやすい。まず，顧客が製品やサービスに対して，何らかの期待を事前に持っている。顧客が実際にその製品やサービスを経験すると，その経験に基づく主観的な判断が期待と同等であれば，期待に沿っているので満足することになる。知覚したものが期待を上回っていれば満足，下回っていれば不満足，大きく上回っていれば大きな満足，大幅に下回っていれば大きな不満足となる。

　例えば，家族4人の台湾旅行のツアーを買いに，旅行会社を訪れた主婦がいたとする。予算は10万円程度で，ゴールデンウィークに予約が取れればと考えていた。予算と同額でゴールデンウィークのツアー予約をとることができた場合，期待と成果水準が同じなので満足することができる。たまたま，キャン

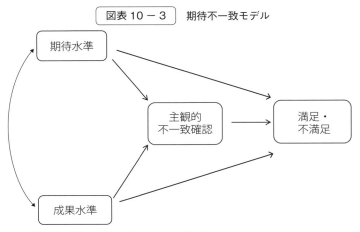

（出所）Oliver（2014）をもとに著者作成。

ペーンで半額の5万円で購入できた場合，期待を上回る成果水準となるため大きな満足となる。逆に，ゴールデンウィークシーズンは航空予約が混んでいて航空座席が取れず，希望の日程ではないが時期をずらしてなんとか予約が取れた場合，成果水準が期待を下回る結果となるので，不満足になるわけである。

　ただし，期待が高まれば，それにより顧客が知覚するパフォーマンスが向上し，顧客満足が高まることも知られている。では，どのような条件下であれば，期待が顧客満足にプラスに働くのか，またはマイナスに働くのだろうか。この問いに対して，近年の研究が答えている。顧客がサービスを評価する能力や動機が低い場合，顧客の期待を高めることは，顧客満足を高めることにつながる。一方で，顧客がサービスを評価する能力や動機が高い場合，顧客の期待は控えめにした方が，顧客満足につながりやすいことが実証的に指摘されている（Habel et al., 2016）。

　近年，人工知能（AI）の活用が広がる中，サービス提供者が人という前提で確立された理論を見直すための研究が増えている。サービス提供がAIの場合と人である場合で，顧客満足に対する反応の違いが確認されている。期待より悪い製品・サービスが提供された場合，人が対応するよりもAIが対応した方

が，顧客満足が高まる。一方で，期待より良い製品・サービスが提供された場合，AIが対応するよりも人が対応した方が，顧客満足が高まることが実証的に確認されている（Garvey et al., 2023）。

　また，最近の研究によって，セレンディピティの感情が顧客の満足を高めることがわかっている。市場におけるセレンディピティとは，ある製品・サービスや経験によって生じる一連の感情のことで，ポジティブで予期しない，そしてある程度の偶然性に起因するものである（Kim et al., 2021）。消費者が市場との出会いを期待するのではなく，よりセレンディピティに見えるようにマーケティングを実施することがこれからは求められる。

10.3　顧客満足の規定要因

10.3.1　知覚品質

　消費者は製品やサービスの品質を判断して，満足したり不満足となったりする。品質に関する消費者の評価は主観的であり，この主観的な評価を消費者行動論では**知覚品質**と呼んでいる。その製品やサービスが本来持っている客観的な品質の高低は関係なく，あくまで消費者の主観によって評価されるものである。この知覚品質には，結果品質とプロセス品質の2つの側面がある。結果品質は，消費者が製品やサービスの結果に対して，どれほど優れているかまたは劣っているかを評価するものだ。例えば，清涼飲料水の美味しさ，薬の効き目，Webサイトのユーザビリティ，航空便の定時出発率などがこれに該当する。一方，プロセス品質は，製品やサービスがどのように提供されたか，そのプロセスの優劣を顧客が評価するものである。例えば，航空会社が提供する機内食の配膳のされ方，家電量販店での専門性が高い適切な商品紹介，不動産販売における販売員の物件紹介の仕方，スーパーでレジ待ちが少なく短い時間で買い物が終わる仕組みができているかなどが該当する。

　また，製品・サービスの品質を顧客がどのように評価するかについて，有形要素と無形要素の割合の違いにより，次に示す3つに分けられる。

塩，洗剤，家具といった有形要素の割合が高いものは，消費者が製品を購入する前に品質を評価できる。実際に触ったり，商品の性能を確認できたりするので，評価基準がある程度明確にわかるものである。このような，購入する前に評価できる品質を**探索品質**と呼ぶ。

レストラン，観光旅行，美容院といった有形要素と無形要素の割合がどちらもある程度あるものは，購入前の情報によって品質を評価することは難しくなる。消費者が，その商品を実際に経験したとき初めて，その品質の評価ができる。例えば，レストランであれば，食事をした味や見た目，お店の雰囲気や接客サービスから受ける刺激によって判断される。観光旅行で考えてみると，5万円でハワイ旅行が購入でき，経験する前はお得にハワイ旅行が買えたと喜んでいたとしよう。実際に行ってみて，航空会社の機内サービスで嫌な経験をし，泊まったホテルが老朽化しており，接客サービスも良くなかったと感じた場合，使用経験後は購入前の品質評価より格段に下がってしまうことはよくある話である。このように，商品の購入後の使用経験によって評価される品質を**経験品質**と呼ぶ。

法律相談，コンサルティング，医療のような無形要素の割合が高いものは，使用経験後であっても，そのサービスの品質を評価することは難しい。例えば，企業間の契約を進めるにあたり，法律相談を受けた場合，アドバイスによって迅速に契約締結まで運ぶことができ，サービスを受けた直後は満足していたとする。しかし，3年後に相手企業から損害を受けるような事案が発生し，損害賠償条項が明確に定められていなかったために賠償請求ができなかったとしたら，受けた法律相談に対して不満足を通り過ぎて失望に変わるだろう。また別のケースとして，経営コンサルティングのサービスを受けて大規模なリストラを行い，経費は削減され直近では利益がでるようになったとする。しかし，新しい製品やサービスを生み出すリソースまで削減されてしまい，売上成長ができなくなり，5年後には利益を生み出せない赤字企業となってしまった場合はどうであろうか。このように，商品の使用後でもある程度時間が経過しないと評価が難しい品質を**信頼品質**と呼ぶ。

第10章 消費者の満足 | 237

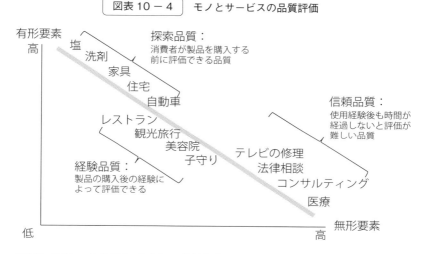

図表10-4 モノとサービスの品質評価

（出所）Zelthaml（1981）をもとに著者作成。

　探索品質は比較的，品質評価が容易であり，経験品質，信頼品質となるにつれ，品質評価が難しくなっていく。このように，商品の有形要素と無形要素の割合によって，品質を知覚するタイミングが変わることを知っておくことは，マーケティング戦略を実践する上でも有益である。

10.3.2　サービス品質

　知覚品質の中でもサービス部分の品質を測るための尺度として，**SERVQUAL**が広く知られている。消費者はまず特定の業界の各種サービス特性に対する期待度を事前に評価し，そのサービスを利用した後に，実際に経験したサービス内容についてその実績を評価する。事前に評価した数値に比べて，実際の経験後に評価した数値が高ければ高品質なサービス，低ければ低品質なサービスと判断される。初期の研究では，10評価基準（信頼性，安全性，アクセス，コミュニケーション，顧客理解，有形要素，安心性，対応性，能力，丁寧な対応）であったが，最終的には5次元の22項目の基準に集約されている。パラスラマン

| 図表 10 − 5 | SERVQUAL

有形性
1. 現代的な設備を整えている
2. 施設の見た目が立派である
3. 従業員の身なりがきちんとしている
4. サービスに関連したパンフレットや書類のような資料の見た目が魅力的である

信頼性
1. 何かを実行すると約束した時間までに，それを実行する
2. あなたが問題を抱えたとき，その解決に真摯に取り組んでくれる
3. 最初から正しくサービスを実行する
4. 約束した時間にサービスを提供する
5. 間違いのない記録にこだわる

対応性
1. 従業員は，サービスがいつ行われるかを正確に伝える
2. 従業員は，迅速なサービスを提供する
3. 従業員は，いつでも喜んで助けてくれる
4. 従業員は，忙しすぎてあなたの要望に対応できないことはない

確実性
1. 従業員の振る舞いは，顧客に信頼感を与える
2. 取引相手として安心感がある
3. 従業員は，常に礼儀正しく接してくれる
4. 従業員は，あなたの疑問に答える知識を持っている

共感性
1. 個別に対応してくれる
2. すべての顧客に便利な営業時間を設けている
3. 個人的な配慮をしてくれる従業員がいる
4. あなたの利益を一番に考えている
5. 従業員は，あなたの具体的なニーズを理解している

（出所）Parasuraman et al.（1991）をもとに著者作成。

（Parasuraman, A.）たちは，1988 年の Journal of Retailing に発表した論文の中で SERVQUAL を示し，1991 年に発表した論文で改訂版の尺度（図表 10 - 5）を提示している。

　SERVQUAL は，実務においても利用価値がある尺度である。ある企業が，現場のサービススタンダードを作成したいと考えた時，一から網羅的なものを作成することは難しい。SERVQUAL を土台として，その企業の独自性をだす部分を加えて作成することで，基本品質を踏まえた独自なものを作ることができる。

- ・有形性：設備，施設，従業員の身だしなみ
- ・信頼性：約束されたサービスを確実かつ正確に実行する能力
- ・対応性：顧客を助け，迅速にサービスを提供する意欲
- ・確実性：従業員の知識と礼儀，信頼させる能力
- ・共感性：顧客一人一人に合わせたきめ細やかな対応

10.3.3　知覚価値

　レストランでの食事が美味しくても，その価格が高すぎれば満足することはない。知覚品質がいくら高くても，コストが高ければ満足には至らないのである。逆に，立ち食い蕎麦がまあまあ美味しくても，値段が安ければ満足することはある。知覚品質がそれほど高くないけれど，価格が安ければ満足するわけだ。支払ったコストに対してどれだけのベネフィットを得られたかを表すものを**知覚価値**と呼び，これが顧客満足に影響を及ぼす要因となる。

　知覚価値を構成するコストは，金銭的なものだけに限らない。例えば，旅行会社でニューヨーク行きの航空券を買う場合，専門知識のあるスタッフは 10 分ですべての手配と説明を完了できるのに対し，新人スタッフは 1 時間かかってしまったらどうだろうか。時間的なコストが違うので，顧客の満足度は大きく変わってくる。また，陳列が非常にわかりやすく，買いたい商品がすぐ見つかるスーパーと，陳列がわかりづらく，買いたい商品がなかなか見つからない

スーパーがあれば，売っている商品や価格がほぼ同じであっても満足度は変わってくる。これは労力的なコストの違いが原因である。さらに，初めて行く店では慣れていないため，心理的に不安な部分がどうしてもある。この心理的コストも満足度に影響する。要するに，金銭的，時間的，労力的，心理的といったコストに対する消費者が感じるベネフィットとなる知覚価値が，顧客満足に影響するのである。

10.4 顧客満足の成果要素

10.4.1 クチコミ

　あるブランドに満足した顧客は，そのブランドの良さを友人や家族に伝え，そのブランドの購入を勧めたりする。友人とショッピングに行く際に，前回のショッピングで素晴らしいサービスを受けて満足した店に行こうと提案することはよくあることである。話題のスイーツを食べに行って，美味しく大満足した体験をソーシャルメディアで発信する人も多い。このように，クチコミはリアルの対面で行われる場合と，デジタル上のバーチャルな世界で行われる場合がある。

　逆に，不満足だった顧客は，そのブランドに対して批判的な意見を述べ，友人や家族に購買を控えるように説得することがある。例えば，前評判が高かった映画を，期待して休日を割いて正規料金を支払って見に行ったが，まったく面白くなく，せっかくの休日の時間を無駄に過ごした気分になったとしよう。期待との不一致も高く，金銭的コストと時間的コストを支払った割にベネフィットが小さかったため，知覚価値が低くなり，不満足につながったケースとなる。この映画の不評を友人や家族などに伝えるだけでなく，ソーシャルメディアでも酷評を発信して，広く知らせることがある。不満足な顧客の方が，満足した顧客よりもクチコミの伝播力が高いことは知られている。図表10－6は，顧客満足度が高いところと低いところでクチコミが多く発生していることを示しており，満足度が高いところよりも，満足度が低いところの方がクチ

図表10-6　顧客満足とクチコミの関係

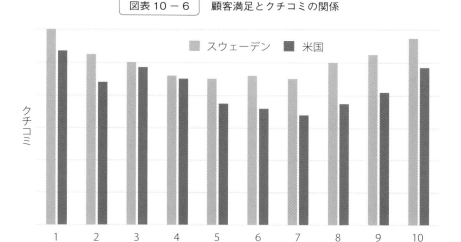

(出所) Anderson (1998) をもとに著者作成。

コミの発生が多いことがわかる。

10.4.2　ロイヤルティ

　満足を得た顧客が，そのブランドを再び購入したいと考えるのは自然なことであり，再購買へつながる。さらに，満足が重なることで複数回の購買につながり，リピーターやロイヤル・カスタマーと呼ばれるようになる。このような再購買という行動面から捉えて，**ロイヤルティ**と呼ぶ。リピーターは，広告などのコストをかけずに購買してくれるため，費用を抑えて利益を効率よく生み出す源泉となる重要な顧客となる。

　しかし，顧客満足が上がれば再購買はそれに比例して高まるかというと，そう単純な関係ではない。顧客満足が低いエリアでは，極端に再購買は低下する。一定のゾーンを越えると，離反顧客も現れ，再購買へのマイナス効果は高まる。逆に，満足度が高いエリアでは，顧客とブランド間の関係性が生まれ，一度高い満足によって信頼関係が生まれると，再購買へのプラス効果が複合的

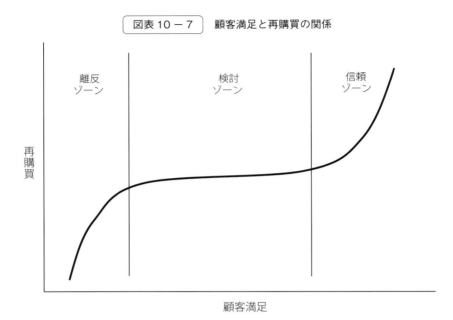

図表10-7　顧客満足と再購買の関係

（出所）Anderson & Mittal（2000）をもとに著者作成。

に高まる。効果が見えづらいのが，顧客満足が中程度のゾーンである。このゾーンで顧客満足が多少上下しても，再購買にはつながりにくい。このように，顧客満足と再購買の関係が非線形の関係になりやすいことは，学術研究で実証的に指摘されている。

10.4.3　心と行動のロイヤルティ

　ロイヤルティには2種類ある。1つは再購買という**行動面**から捉えるロイヤルティであり，もう1つはそのブランドに愛着があり使いたいと思う**心理面**から捉えるロイヤルティである。行動面と心理面の両方が共存している顧客は，**真のロイヤルティ**と呼ばれる。心理面のロイヤルティは高いが，行動が伴っていない顧客は，**潜在的なロイヤルティ**と呼ばれる。例えば，ある家電量販店が大好きで，東京にいた時は，買いたいものがあれば，必ずその家電量販店を訪

れていた顧客がいたとする。しかし，引っ越しをしてその店がない地域になった場合，行きたくても行けない状況となり，心理的なロイヤルティはあるが行動が伴わなくなる。また，高級寿司店が好きで独身時代は頻繁に通っていたが，結婚して子供ができ自由に使えるお金が少なくなったため，あまり行けなくなった場合も潜在的なロイヤルティにあたる。

　一方，心理的なロイヤルティは低いが行動的ロイヤルティが高い場合は，**偽のロイヤルティ**と呼ばれる。これは，心は伴っていないが購買をしているケースとなる。例えば，勤務先の企業が北米の出張で指定する米国の航空会社があり，日系の航空会社が好きでマイレージも貯めていて，プライベートの旅行であれば必ずその日系の航空会社を使っている顧客が，出張では会社指定の米国の航空会社を使わざるを得ないことがある。宿泊施設も会社指定のホテルを予約することになり，毎回出張で同じホテルに泊まることになる。ホテル側からするとロイヤル・カスタマーとして位置づけられるので，手厚いサービスを提供する。しかし，この顧客は，そのホテルのことを好きでもなんでもないということがある。

　この偽のロイヤルティの厄介なところは，すぐにはわからないところだ。購買データは企業が常に把握しているものになるが，心理面はアンケートをとらないと把握できない。したがって，偽のロイヤルティなのか真のロイヤルティなのか，企業は把握できていない場合が多い。そうすると，何かの条件によって購買していた顧客の心理的ロイヤルティが低かった場合，その条件がなくなると一気にロイヤルティなしに陥ってしまう。しかし，このような場合も，ロイヤルティの分類を把握していれば，ある特定の顧客の離反が偽のロイヤルティ顧客の離反だと推測できる。このように，ロイヤルティを心理面と行動面の両面から捉えた分類に基づいて顧客をマネジメントすることは，企業にとって重要なマーケティング活動となる。

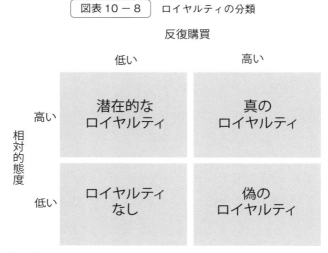

図表10－8　ロイヤルティの分類

（出所）Dick & Basu（1994）をもとに著者作成。

10.5　まとめ

　これまで，顧客満足の中心概念，顧客満足がどのようにして生み出されるのか，そして，顧客満足によってどのような便益が得られるかを主に考察してきた。顧客満足は，企業が行ったマーケティング活動の通信簿のような役割を果たす，重要で幅広い概念である。実務においては，マーケティング戦略の策定時に利用される大切な概念となっている。

　Donthu et al.（2022）が，サービス・マーケティングのトップジャーナルであるJournal of Service Researchに，1998年から2019年までに掲載された論文の主要テーマを調査した。顧客満足をテーマにした論文は66本あり，2位の顧客ロイヤルティの35本を大きく引き離してトップであった。昔から近年にわたり研究が続けられているということは，顧客満足が人の本質的な反応であり，消費者行動において基本的な概念であることを示している。

ケース CASE ドーミースターリッチホテル

　近年，ビジネスホテルは，安さと最低品質の提供だけでは生き残るのが難しくなってきている。そのため，天然温泉の完備，長期滞在利用のためのキッチン設備やドラム式洗濯乾燥機の設置など，独自のサービスを次々に打ち出すことにより，サービス価値を高めている。

　ビジネスホテル「ドーミースターリッチホテル」は，日本全国50施設を展開している。3ヵ月前，新しい社長が外部からヘッドハンティングされ就任した。新社長は，米国のビジネススクールでマネジメントの教育を修了し，外資系企業のマーケティング責任者として実績を上げてきた人物である。

　これまでのドーミースターリッチホテルの経営方針は，効率性と売り上げが重視され，各ホテルの支配人は，主に売り上げとコスト削減で評価されていた。しかし，新社長は，顧客満足を第一優先にする経営方針を打ち出した。これまで行ってきたホテル施設のハード部分からサービスまで，すべてを抜本的に見直し，各ホテルの支配人の評価を顧客満足度によって行うようにする改革が始まった。このような一連の事業変革を事業開発部長の田中氏がリーダーとなって，各部署を取りまとめ，事業開発を推進するように社長から指示がされた。

　田中部長は，今の利益を最終的にはさらに伸ばすことが求められている。そこで，ドーミースターリッチホテルが，顧客にどのような価値を提供することができるかをまずは考えてみることにした。

　あなたが田中部長の立場であれば，どのようにして顧客満足を高めるホテルに変革していくか，考えてみよう。

練習問題

1．販売とマーケティングの利益を上げる過程の違いを述べなさい。
2．顧客満足が作られるプロセスを，期待不一致モデルで説明しなさい。
3．SERVQUALの5次元をあげて，それぞれを簡単に説明しなさい。
4．顧客満足とクチコミの関係について述べなさい。
5．顧客満足と再購買の関係について述べなさい。

参考文献

Anderson, E. W. (1998). Customer Satisfaction and Word of Mouth. *Journal of Service Research*, *1*(1), 5-17.

Anderson, E. W., & Mittal, V. (2000). Strengthening the Satisfaction-Profit Chain. *Journal of Service Research*, *3*(2), 107-120.

Dick, A. S., & Basu, K. (1994). Customer Loyalty: Toward an Integrated Conceptual Framework. *Journal of the Academy of Marketing Science*, *22*(2), 99-113.

Donthu, N., Gremler, D. D., Kumar, S., & Pattnaik, D. (2022). Mapping of Journal of Service Research Themes: A 22-Year Review. *Journal of Service Research*, *25*(2), 187-193.

Drucker, P. F. (1954). *The Practice of Management*. London: Heinemann. (現代経営研究会 (訳) (1956) 『現代の経営』. 自由国民社.)

Garvey, A. M., Kim, T., & Duhachek, A. (2023). Bad News? Send an AI. Good News? Send a Human. *Journal of Marketing*, *87*(1), 10-25.

Habel, J., Alavi, S., Schmitz, C., Schneider, J. V., & Wieseke, J. (2016). When Do Customers Get What They Expect? Understanding the Ambivalent Effects of Customers' Service Expectations on Satisfaction. *Journal of Service Research*, *19*(4), 361-379.

Kim, A., Affonso, F. M., Laran, J., & Durante, K. M. (2021). Serendipity: Chance Encounters in the Marketplace Enhance Consumer Satisfaction. *Journal of Marketing*, *85*(4), 141-157.

Kumar, V., Pozza, I. D., & Ganesh, J. (2013). Revisiting the Satisfaction-Loyalty Relationship: Empirical Generalizations and Directions for Future Research. *Journal of Retailing*, *89*(3), 246-262.

Levitt, T. (1960). Marketing Myopia. *Harvard Business Review*, *38*(4), 45-56.

Lim, L. G., Tuli, K. R., & Grewal, R. (2020). Customer Satisfaction and Its Impact on the Future Costs of Selling. *Journal of Marketing*, *84*(4), 23-44.

Oliver, R. L. (2014). *Satisfaction: A Behavioral Perspective on the Consumer (2nd ed.)*. London, UK: Routledge.

小野讓司 (2010). 『顧客満足 [CS] の知識』. 日本経済新聞出版.

Parasuraman, A., Berry, L. L., & Zeithaml, V. A. (1991). Refinement and Reassessment of the SERVQUAL Scale. *Journal of Retailing*, *67*(4), 420-450.

Parasuraman, A., Zeithaml, V. A., & Berry, L. L. (1988). Servqual: A Multiple-Item Scale For Measuring Consumer Perceptions of Service Quality. *Journal of Retailing*, *64*(1), 12-40.

Wilson, A., Zeithaml, V., Bitner, M. J. & Gremler, D. (2020). *Services Marketing: Integrating Customer Service Across the Firm (4th ed.)*. London, UK: McGraw-Hill.

Zeithaml, V. A. (1981). How consumer evaluation processes differ between goods and services. Donnelly, J. H. & George, W. R. (Eds.), *Marketing of services* (pp.186-189). Chicago: American Marketing Association.

（山岡隆志）

第11章

消費者の感情

　普段，我々消費者が商品を選ぶ際には，さまざまな情報に基づいてその選択を決定している。例えばPCを購入する場面を考えてみよう。PCにある程度の知識を持っている消費者であれば，メモリやCPU，ビデオカードなどのさまざまな商品属性情報を比較しながら商品を選択するであろう。そこまで詳しくない消費者であれば，メーカーやブランドに対する好みや，当該商品のCMに出演していたタレントに抱く好感度といった，感情的な情報によって意思決定がなされることがある。しかし，消費者が商品情報を精緻化する能力を持っていたとしても，あるメーカーやブランドに対して強いロイヤルティを有していた場合には，競合商品と比較して多少性能的に劣っていたとしても当該メーカー・ブランドの商品を選択してしまうことも多いだろう。また，小売りとの関係においても，多少高くても贔屓の店で購入したり，魅力的な営業パーソンの推薦する商品を購入するというケースもよくあるのではないだろうか。

　このように，我々の購買行動には我々の持つ感情に影響される部分が大きい。本章では感情とその研究史，よさと好ましさの異同，消費者行動と感情との関係について探っていきたい。

11.1　感情の定義

　感情や**気分**，**情動**は，これまでにさまざまな定義がされている。代表的な定義として，気分（mood）とは，何によってそれが喚起されたのかが明確ではなく，中長期的にその状態が持続するような感情の状態を指す。例としては「も

の悲しい」や「うきうきしている」といった，比較的緩やかな心的状態があげられる。一方で，情動（emotion）とは短期的な状態変化である，とされる。情動の場合は気分とは異なり，それを喚起した当人の身体変化や，何によってそれが喚起されたのかを，自覚することが可能である。例として，幸福や悲しみ，怒り，驚き，嫌悪，恐怖の**基本6情動**などがあげられる。我々がなんとなく苛立たしい気分の時は，その気分が何によってもたらされたのかを自覚することが困難であるが，強い怒りを感じた時は，その対象が明確であることが多い。そして，感情（feeling）とは気分や情動の包括的概念である，とする定義がある一方で，研究者によって多少定義が異なり，例えば上述の気分を感情として，情動と区別して定義されることもある。あるいは，発汗したり心拍が速まったりするといった身体反応を情動とし，その身体反応に対する主観的なラベル（例えば，楽しい，悲しい，腹立たしい，など）を感情とする立場もある。そのため，感情や情動に関係した文献を読むにあたっては，まずはその著者が感情や情動をどのように定義づけているかを確認しておくことが重要となる。

11.2　感情研究の系譜

　包括的概念としての感情は心理学研究の中心テーマの1つである。近代以前の感情研究において，感情は概ね否定的に捉えられてきた（乾，2018）。この時代において感情は理性や論理といった，精緻化された人間の精神活動と対比される対象でもあった。理性や論理に重きをおく西洋文明にあって，感情は否定されるべき対象であったと言える。

　西洋文明に大きな影響を与えたアリストテレス（Aristotelēs）は，その著書『弁論術』の中で聞き手の感情を惹起する手法について紹介している。アリストテレス自身は感情に対して否定的な立場をとっており，感情惹起の手法を否定するだけではなく，弁論の中に感情が入ることを忌避すべきだとも述べている（野津，2002）。

　ところが19世紀に入り，医学の分野で実験生理学の手法が確立されるよう

第11章 消費者の感情 | 249

図表11－1　「感情」研究の系譜

W. James（1884）
Concordia University Library HPより。

W. B. Cannon（1927）
Harvard Square Library HPより。

S. Schachter（1962）
Pennsylvania State University HPより。

A. R. Damasio（1994）
©2011 Robert Leslie.

ジェームズは「抹消身体の反応こそが情動体験の源泉である」とする『情動の抹消起源説』を提唱。デンマークの生理学者であったランゲもジェームズと同様の説を提唱したために，彼らの説は『ジェームズ・ランゲ説』と呼ばれている。

キャノンは「脳内にある視床が外部刺激を弁別し，その刺激が情動的なものであればその情報を大脳皮質にある感覚皮質に信号を送り，その感覚皮質で情動経験が起こると主張した。彼の説は『情動の中枢起源説』あるいは『キャノン・バード説』とも呼ばれている。

シャクターは哲学者のB.ラッセルによる「情動が生じる際の生理的変化と，その原因に対する認知」という考察からヒントを得て，シンガーとともに『情動二要因説』を提唱した。生理的覚醒に続いて原因の探究が始まり，認知的過程を通じて情動経験に至る道筋を明らかにした。

神経科医・神経科学者であったダマシオは，脳と身体の双方向関係を重視した感情理論を展開した。彼の理論で大切なことは，感情が意思決定に影響を与える点である。そして意思決定に影響する身体から脳への信号をソマティック・マーカーと呼んだ。

（注）各説明文は，大平（2010），船橋（2007）を参考に著者が編集。

になると，その手法はやがて心理学研究でも取り入れられるようになった。ここに感情研究は哲学の手を離れ，科学としての研究が始まったと言える（乾，2018；大平，2010）。

　実験生理学ではヒトの神経系についての研究も進んだ。神経系は大きく分けて「中枢神経」と「末梢神経」に分類される。中枢神経はコンピューターの本体に，末梢神経はコンピューターからの情報を伝えるケーブルにそれぞれ喩えることができる。また中枢神経は大脳，小脳，脳幹からなり，末梢神経は中枢神経からの情報を抹消（脳以外の器官）に伝える**遠心性線維**（例：運動神経）と，

抹消からの情報を中枢に伝える**求心性線維**（例：感覚神経）とから成り立つ。

　実験生理学からの成果やその研究手法を取り入れた近代心理学は，感情に関するさまざまな理論（以下，感情の理論）を提示してきた。以下では近代心理学研究から提示された主要な感情の理論（図表11 - 1）について，簡単に振り返ってみたい。

　近代心理学における感情研究の最初の成果は，アメリカの心理学者ジェームズ（James, W.）によってもたらされた。ジェームズは，ヒトの中枢神経と末梢神経の働きに関する生理学的知見を所与とし，感情が抹消での身体的反応を伴うという経験的事実に基づいて，情動の抹消起源説を唱えた（James, 1884; 大平, 2010）。ここで言う経験的事実とは，例えば「恐怖」や「好き」という感情が，私たちの心拍数を上げたり，瞳孔を散大させたりする反応を伴うことである。こうした反応は末梢神経に含まれる自律神経系のうちでも，交感神経の働きによるものである。反対に心拍数が低下したり，瞳孔が縮小したりする反応は主に副交感神経の働きである。交感神経と副交感神経はつねに拮抗関係，つまり，一方が亢進すればもう一方は抑制されるという関係にある。

　ジェームズの理論によれば，外部刺激としての情動刺激はまず，末梢の受容器（視覚や聴覚などの感覚器）から求心性神経線維を介して大脳皮質へと伝わる(1)。大脳皮質の感覚皮質で受けとられたシグナルが，近接する運動皮質領域へと伝えられ，今度は遠心性神経線維を介して抹消の身体器官（内臓，骨格筋や循環器）へと伝わることで，身体反応を引き起こす(2)。そして最終的に身体器官からフィードバックされたシグナルが，再び求心性神経線維を介して大脳皮質へと伝わることで，我々は感情を経験する (3)。これがジェームズの情動の抹消起源説である（阿部, 2019）。ジェームズの理論によれば，外界からの刺激に伴う身体器官の活動刺激が，大脳の感覚皮質へと伝達されることが，感情体験となると解釈できる（船橋, 2007）。

　ジェームズと同じ時期に外部刺激による血管の反応に注目したデンマークの心理学者ランゲ（Lange, C.）は，血液循環の変化によって抹消で引き起こされる血管反応のパターンを，中枢である感覚皮質が感知することで，情動が生じ

るという理論を提唱した（Lange, 1885; 大平，2010; 阿部，2019）。この理論でも情動経験の引き金が抹消にあると考えられたことから，ジェームズとランゲの考え方を**ジェームズ・ランゲ説**と呼んでいる。

　ジェームズらが提示した感情の理論に対して，キャノン（Cannon, W. B.）はジェームズ・ランゲ説とは相入れない5つの矛盾点を根拠に情動の中枢起源説を唱えた（船橋，2007）。5つの矛盾点とは，（1）動物実験で内臓や筋肉を大脳から切り離しても情動行動には変化がないこと，（2）交感神経の活性化は情動刺激以外でも発生すること，（3）内臓には感覚神経の分布はまばらであること，（4）刺激の知覚によって引き起こされる内臓の変化は感情の発生よりも遅いこと，（5）薬物によって交感神経を賦活化することで，情動刺激に伴う身体反応を引き起こすことができることの5つである。キャノンの考え方は，当時，彼の共同研究者であったバードの名と共に**キャノン・バード説**と名付けられている。

　キャノン・バード説では，外部刺激はまず皮質下領域である視床へと入力される。視床ではこの外部刺激が感情的意味を有するか否かが判断される。感情的意味があると判断された外部刺激は，視床から大脳の感覚皮質へと伝えられることで，情動経験が生じるとキャノンらは考えた。キャノンらはまた，視床へと入力された外部刺激は視床下部を通じて抹消である身体にも伝えられると主張した。キャノン・バード説では感覚皮質での情動経験と抹消での身体反応は独立して同時に起こると考え，ジェームズ・ランゲ説にみられる内臓などの身体機関からのフィードバックは感情経験には必要ないと主張した（船橋，2007; 阿部，2007）。

　ジェームズ・ランゲ説とキャノン・バード説は古典的な感情の理論として，その後の感情の理論研究に大きな影響を与えると同時に，さまざまな論争も巻き起こした（Purves, 2004）。感情がどのようにして生まれるのかに関してジェームズ・ランゲ説は「泣くから悲しい」という立場，キャノン・バード説は「悲しいから泣く」という立場をとるなどと比喩的に言われることもある。

　20世紀の中盤になると，哲学者であったラッセル（Russel, B.）が提起した

「情動の発生には生理的変化とともに，その原因に対する認知が必要」という仮説に基づいて，シャクター（Schachter, S.）とシンガー（Singer, J.）はジェームズ・ランゲ説とキャノン・バード説を折衷した感情の理論である**情動二要因説**を提唱した。シャクターらはまず，外部刺激としての情動刺激は不随的に交感神経の興奮の結果である身体反応（＝抹消反応）を引き起こすと考えた。彼はこの抹消での反応を「生理的覚醒」と呼んだ。この生理的覚醒は原因に左右されないものの，人間の認知の働きによってその原因には「ラベル付け＝意味付け」が行われると考えた。この「ラベル付け」が情動経験だと主張するのが，シャクターらの情動二要因説である（船橋, 2007；大平, 2010）。

シャクター以後も，感情についてのいくつかの理論が提唱された。エクマン（Ekman, P.）らによる表情フィードバック仮説（Ekman, 1972）や，アーノルド（Arnold, M.）による認知的評価説（Arnold, 1960）の他，ザイアンス（Zajonc, R.）による感情優先説（Zajonc, 1980）などが，その主な理論である。中でもザイアンスの感情優先説では感情と認知はそれぞれ独立しており，感情反応は認知評価に先行すると唱えた。マーフィ（Murphy, S. T.）とザイアンスはこの考えを敷衍し，サブリミナル呈示された感情刺激が，別の無関係な刺激の認知評価に影響を与えることを証明した（Murphy & Zajonc, 1993）。

その一方で神経科学の分野からも，その後の感情の理論へとつながるいくつかの理論が，徐々に提唱されるようになった。例えば，記憶の重要な回路として海馬を中心とした「神経ネットワーク」として知られる**Papez（パペツ）回路**（Papez, 1937）や，情動や感情の発生に深く関係する「扁桃体」を中心とした神経ネットワークである**Yakovlev（ヤコブレフ）回路**の発見がそれである（武田・内原・石塚・岩田, 2007）。図表11－2にそれぞれの回路の構成部位と位置関係を示した。

心理学分野での感情研究が人間の認知を重視する研究が盛んであった最中，神経科学研究の知見から感情問題に対してユニークな理論を展開したのが，神経内科医であり神経科学者でもあったダマシオ（Damasio, A. R.）であった。

ダマシオは脳損傷患者の行動記録や脳機能イメージング法といった実証的な

第 11 章 消費者の感情 | 253

figure 11 − 2　Papez 回路と Yakovlev 回路

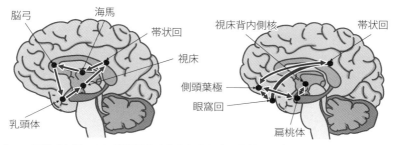

Papez回路（上図・左）は海馬を中心としたヒトの記憶に関与する重要な神経ネットワーク。海馬，脳弓，乳頭体，視床，帯状回，海馬という経路を辿る環状のネットワークである。これとは別に扁桃体を中心とした感情の発生に重要な役割を果たすYakovlev回路（上図・右）が存在する。この回路は眼窩回・帯状回，側頭葉極，扁桃体，視床背内側核といった部位を経由する神経ネットワークである。図で見るように，Papez回路とYakovlev回路は近接している。感情を伴った記憶が定着しやすいのは，この2つの回路の相互作用によるものではないかとも考えられている。

（出所）脳神経内科医の勉強 & gadget「Papez 回路」（https://note.com/nagasakiya/n/nc264b7ba0738）を参考に著者が編集。

研究結果に基づいて「身体的変化そのものが情動（emotion）であり，身体的変化を知覚した結果が感情（feeling）である」と主張して（藤村，2019），中枢である脳と抹消である身体の双方向的な関係を重視した感情の理論を展開した。

　ダマシオは感情反応の起点となる扁桃体からの信号は，身体反応を変化させる機能も併せ持つと考えた。さらに扁桃体の活動を調整する機能が脳内には存在し，脳内には身体活動全体を常にモニタリングしている領域（＝体性感覚領野：sensory area と島皮質：insula）があると主張した（Damasio, 1994, 1999）。

　ダマシオの感情の理論は，近代心理学における感情の理論の草分け的存在であるジェームズ・ランゲの「情動の抹消起源説」をより精緻化した構造を持っていると言われる（大平，2010）。いわばダマシオの理論は現代の「情動の抹消起源説」とも考えられている。

　ダマシオの理論で特筆すべきは，身体反応には価値による重み付けが行われるという仮説と，感情は人間の意思決定に影響を与えているという仮説の2つ

である。人は意思決定の場において，過去の経験から身体反応の価値を重み付けし，行動の選択肢を感情的に評価することで意思決定を容易にしていると，ダマシオは考えた。バイアスを含んだこのような意思決定に影響する身体からの信号のことを，ダマシオは**ソマティック・マーカー**（somatic marker）と呼んだ（Damasio, 1994; 遠藤，2007）。

　私たちが意思決定をする場面を想像してみてもらいたい。ある選択肢に関連して悪い結果を想像すると，私たちは不快感を感じることがある。いわゆる「虫の知らせ」というもので，これは感覚というよりも「体の状態（somatic state）」に関連するものと考えられ，ある選択肢に付随して生じる「しるし（mark）」のようなものである（船橋，2007）。これはダマシオのいうソマティック・マーカーの一例である。

　ダマシオ以降も感情の理論構築への勢いはとどまることはなく，心理学分野における感情の理論研究は進歩を続けていると言える。例えばイタリアの心理学者リゾラッティ（Rizzolatti, G.）らの研究グループは，大脳皮質の運動前野から**ミラー・ニューロン**と呼ばれるニューロン活動を発見している。元来は，他人の手や口の動きを見ることで，自分自身も同じような動きをした時と同じような神経活動をする細胞として，ミラー・ニューロンは特定された。このニューロンの発見以降，他人の行動を理解したり，新しい行動を習得したり，さらに進んで言語を理解・習得したりという領域まで，このニューロンが関与するのではないかと予想された。こうした予想のもとに，嫌悪表情に対する共感を示すニューロンの存在が報告された。これによりミラー・ニューロンの存在は自分自身の感情経験だけではなく，他人の感情を読み取り共感するといった，より広い感情の理論を提示できる可能性を秘めていることが示唆された（船橋，2007）。ミラー・ニューロンの実際的な働きに関しては後述する。

11.3　学際的な研究としての感情研究

　近代心理学と現代神経科学が感情問題を前進させたことの意義は大きい。意

義の1つは，感情の理論の構築に高度な医療機器，例えばCT（Computed Tomography）やfMRI（functional Magnetic Resonance Images）の助けを借りることにより，主観的要素から切り離された，客観的な感情研究が行えるようになったことである（大平，2010）。医療機器から得られた情報は，実験が行われる環境や被験者の体調といったバイアスに左右されることが比較的少ない。また得られたデータの視覚的な処理が可能なことから，研究結果の評価がより客観的になるという利点がある。

　もう1つの大きな意義は感情研究に統計学を持ち込んだことである。統計学的手法を持ち込むことで，定量化が困難と思われた感情は「データ」としての比較可能性が生まれた。これにより心理学以外の学問領域との学際的な研究が進むことになった。例えば経営学はこうした学際的研究の恩恵を受けている分野の1つと言って良い（Elfenbein, 2007）。

　ビジネスの現場では，人は日常的に情動的外部刺激に曝されているといって良い。企業内での人間関係，クレームなどの顧客対応は，こうした情動的外部刺激の例と言えよう。こうした外部刺激によって引き起こされたさまざまな生理的反応（＝身体反応）を通じて，私たちは多様な感情を経験することになる。

　ビジネスの現場で経験されたこうした感情は，個々に意味付けが行われ認知的評価を受ける。認知的評価を経た外部刺激は感情表現として最終的に外部へと表出され（＝**感情ディスプレイ**），周囲へと伝播する（Stawet et al., 1994）。

　情動的外部刺激にはポジティブな刺激とネガティブな刺激の2種類があり，それぞれからポジティブ感情とネガティブ感情が発生する（阿部，2007）。一般的にポジティブ感情よりもネガティブ感情の方が，心理的な影響度が強いとされる（＝「感情」の非対称性）。このことを実証した消費者行動に関する研究もある（Pham, 1998; Isen, 2001）。

　例えば，企業の従業員を対象とした心理実験によると，ネガティブなイベント（＝外部刺激）が従業員に与える心理的効果は，ポジティブなイベントが与える心理的効果と比較して「5倍も強い」という結果が得られている（Miner, 2005）。あるいはビジネスの場面で発生するポジティブな出来事は，ネガティ

ブな出来事に比べるとビジネスパーソンに思い出される機会が少ないとも言われている（Dasborough, 2006）。

　感情は直接的な言葉で表現されるよりも，表情や視線や身振りのような非言語的な手段を通じて他者に表出されることも多い。このことは経験的にも明らかではないだろうか。この非言語的な感情ディスプレイの効果についての研究も，経営学の分野では数多く報告されている。

　例えば，ノースカロライナ大学のプー（Pugh, S. D.）がアメリカ国内の地方銀行の行員と顧客のペアに対して行ったアンケート調査から，銀行員が笑顔・アイコンタクトを通じて顧客に接すれば，顧客はこの行員にポジティブな感情を抱き，顧客サービスの満足度が高まるという研究結果を発表している（Pugh, 2001）。

　外部刺激の性質の違いによる心理的効果や，非言語的な感情ディスプレイが顧客満足度に繋がるという上記のような学際的な研究結果は興味深い。しかし経営の分野での感情に関する研究は，意外に複雑であるということも知っておく必要がある。ポジティブな外部刺激が経営指標にプラスの効果のみをもたらし，ネガティブな外部刺激はマイナスの効果しかもたらさないという訳ではないからである。企業の成長ステージによって，この原因と結果の関係は逆転することもありうる（入山, 2019）。

　例えば創業間もないスタートアップ企業では，ポジティブな外部刺激が事業成長を促すかもしれないが（Saavedra, 1991），成熟企業ではむしろネガティブな外部刺激が，イノベーションを生み出す原動力となることが報告されている（入山, 2019）。ポジティブ・ネガティブがそのままプラス・マイナスに直線的には結びつかない現象が観察されるのである。

　経営学のほかに社会学の分野でも，感情に関する研究は盛んに行われている。その1つが**感情労働（論）**に関する研究である。

　感情労働は，アメリカの社会学者ホックシールド（Hochschild, A. R.）によって提唱された概念である。感情労働についてまとめた彼女の最初の著書『管理される心・感情が商品となるとき』の中で，ホックシールドは感情労働を次の

ように定義している。すなわち「職務を遂行するにあたって『公的に観察可能な表情と身体的表現を作るために行う感情の管理』」であると（ホックシールド，2000）。

　ホックシールドはまた感情労働が他の労働，例えば肉体労働や知識労働と区別される要素として，(1) 対面あるいは声による顧客との接触があり，(2) 感情労働を行う者は，他人の中に何らかの感情変化（感謝の念や恐怖心等）を起こさせる，(3) そのような職種における雇用主は，研修や管理体制を通じて労働者の感情活動をある程度支配している，という3点をあげている。ホックシールド以降，感情労働に関する研究は進み，研究論文も年を追うごとに増えている。

　日本でも2000年以降に感情労働に関する研究は増えている（山本・岡島，2019）。日本での感情労働研究は，看護師や介護士といったメディカル・ワーカーを対象とした実証研究が多く，看護師や介護士の燃え尽き症候群（バーンアウト症候群）や離職，うつ病といった側面から感情労働を扱った研究が多いのが特徴である。

　興味深い研究として，川本らは医療現場での医師や看護師の感情労働は医療機関の内部資源として働き，収益性向上に結びつくという結果を報告している（川本・松田，2022）。

　このように感情研究の裾野は着実に広がっている。もはや人を対象とする学問分野では，感情という視点を欠いた研究は充分な検証に耐えることができなくなってしまったと言っても過言ではない。

　先の節で紹介したダマシオは感情の本質的な機能の1つとして，人や組織の計画の立案とその実行をよどみなくスムーズに行えるようにすることをあげている。彼は知識や知能といったものは，感情の支えなしには何の役にも経たないという仮説を持っていたと言われている（遠藤，2007）。感情研究が学際的になればなるほど，ダマシオのこの仮説はいっそう意義深いものとなるのではないだろうか。

　このように感情の理論に則った学際的な研究がすすみ，感情が果たす役割は心理学の範囲を超えて，大きな拡がりを見せている。では感情の発生や由来に

ついて，今現在どのような研究が進んでいるのであろうか。次節からは感情あ
るいは情動の発生メカニズムについて論を進めてみたい。

11.4　感情・情動はどのようにして起こるのか

　前述したように，「泣くから悲しい」のように情動を不随意の身体反応の知
覚であると主張したジェームズ・ランゲ説に対する反証として，「悲しいから
泣く」のように刺激によって解発された視床の活動を情動とするキャノン・
バード説が立てられた。

　そしてその後の情動二要因説（Schachter & Singer, 1962）では，情動の認知は
生理的喚起状態の原因帰属という要因と，それに基づいた情動のラベル付けと
いう要因の2段階を経て成立する，としている。このシャクターらの主張のも
ととなったエピネフリンを用いた実験の手続きは，下記のとおりである。

　エピネフリンとは，興奮性の神経作用を持つ薬物であり，シャクターらは参
加者に対して「ビタミン剤を注射する」と教示した上でエピネフリンを注射し
て，その作用を調べた。参加者は4つの群に分割され，Epi Inf 群の参加者に
は「動悸や身震いがある」という正しい情報を，Epi Ign 群には「動悸が静ま
り，気分が落ち着く」という実際の反応とは逆の情報が与えられた。Epi Mis
群と Placebo 群の参加者には特に情報は与えられず，Placebo 群の参加者には
エピネフリンの代わりに生理食塩水が注射された。なお，エピネフリンを投与
された参加者は総じて「不快経験」を報告している。その後に参加者は別室に
て待機しているように求められた。参加者が待機しているとそこにサクラが入
室し，サクラは喜びないし怒りを表現した（ただし怒り条件では Epi Mis 群は未
設定であった）。すると，Epi Ign 群と Epi Mis 群の参加者は Epi Inf 群と比較し
てサクラの情動に強く影響された。Placebo 群と他の群との間には有意な差は
見られなかった。この結果は，Epi Inf 群の参加者は自身の生理的変化をエピ
ネフリンの作用に帰属することが可能だったのに対して，Epi Ign 群と Epi
Mis 群の参加者は動機や身震いといった身体反応を自身の興奮のせいだと誤解

したためである，と解釈された。そしてここから，身体反応に対して脳が解釈
することが情動であると結論付けた。

　エピネフリンの実験で得られたこの知見は，カナダ・バンクーバーのキャビ
ラノつり橋でダットン（Dutton, D. G.）とアーロン（Aron, A. P.）によって行わ
れた有名な**つり橋実験**（Dutton & Aron, 1974）においても示されている。つり
橋実験では，10代後半から30代中頃までの独身男性が，つり橋を渡っている
最中ないし渡り終えてから10分以上経過したのちに，美人の女性参加者から
アンケート調査を依頼された。参加者がアンケートに回答し終えたのちに，
「研究結果に興味があれば連絡してほしい」と女性実験者が電話番号の書かれ
た紙を手渡した。すると，つり橋を渡っている最中に声をかけられた参加者の
方が電話をかける割合が高い結果となった。エピネフリン実験と同様に，この
実験でも男性参加者はつり橋に対する恐怖によって喚起された心拍や血圧の上
昇といった生理的反応を，つり橋ではなく女性実験者に誤帰属させて，恋愛感
情によるドキドキ感であると推定した，と解釈された。知覚的防衛現象やソマ
ティック・マーカーのように先行経験に基づいている場合は，その後の反応に
ある程度の方向づけがされるが，エピネフリン実験やつり橋実験のように新規
な状況での身体変化は，その後の原因帰属のされ方によっては実際とは異なる
情動変化が生じうることが明らかとなった。とはいえ，このつり橋実験には重
大な理論的な過失があることも指摘されている。すなわち，この実験では参加
者はつり橋によってドキドキ感を生じさせているが，女性実験者によっても同
様にドキドキは生じ得る。いずれも生理的反応は起こるわけで，いずれか一方
を生理的反応を喚起させる条件として，他方を認知のみで説明しようとするこ
とに理論的破綻がある。

　つり橋実験はその後にさまざまな追試が行われており，例えばつり橋ではな
く短距離走で心拍が上昇した後に同様の手続きを行った場合でも効果があるこ
とが示されている。ほかにも，男性と比較して女性は効果が生じにくいことを
示したものや，美人の女性実験者を美人でない実験者と入れ替えたところ男性
参加者に対して逆の結果が得られることを示した恐ろしい研究も行われてい

る。メディア等では，つり橋実験の応用例として，意中の人を遊園地のジェットコースターやお化け屋敷，バンジージャンプに連れて行ってドキドキさせることで，デートの成功率を上げられると吹聴されている。ジェットコースターについては実際に研究で効果が立証されているが，お化け屋敷とバンジージャンプについては現在までにエビデンスが示されていない（妹尾，2016）。

　生理的喚起状態について，情動を喚起させるような外部情報が感覚受容器を通じて脳（扁桃体）に伝えられると，自律神経の交感神経系が優位となり，心拍数や血圧の上昇，瞳孔径の拡大，末梢血管の収縮といったさまざまな身体の変化が生じる。この時の，外部情報の受容によって生じる感覚を**外受容感覚**（exteroception）といい，心拍の上昇や呼吸数の増加といった身体の内部で生じた変化を認識する感覚を**内受容感覚**（interoception）という。この内受容感覚は島皮質によって認識され，前頭前野等からの情報と統合されて，情動が喚起される（レビューとして，寺澤・梅田，2014）。

　しかし，実際には身体変化が生じていなくても，身体反応を認知するだけでも感情・情動が喚起されたり，反対に感情・情動の喚起によって身体変化が生じたりすることもある。前者については，「偽の心音実験」として知られる実験において，参加者に本人の心音としてダミーの心音を聞かせながらスライドを呈示したところ，ダミーの心音が速まった際に呈示されたスライドへの選好判断が高まることが示された（Valins, 1966）。また，参加者にペンを噛ませて人為的に笑顔の状態を作った実験では，参加者はその笑顔を保った状態で読ませた書物の内容をより面白いと評価する結果となった（Strack et al., 1988）。

　後者については，**プラシーボ（偽薬）効果**や**ノーシーボ（反偽薬）効果**が有名であろう。プラシーボ効果とは，例えば「鎮痛作用がある」や「症状の改善が見られる」と言われてゼラチン等の偽薬を服用すると，ある程度の効果が得られる現象を指す。プラシーボ効果は，全試行のおよそ3割で有効性が示され，副作用を伴うこともある。偽薬を服用しなくとも，「痛いの痛いの飛んでいけ」のようなおまじないによって鎮痛効果が現れるケースも，これに含まれる。交差点の歩行者ボタンやエレベーターの閉じるボタンが仮にダミーであっ

たとしても，それを押すことによって自身が状況をコントロールできているという自己効力感の錯覚が生じ，待機時間のストレスが軽減されるような仕組みも，同様の範疇で考えることができる。ノーシーボ効果とは，偽薬によってかえって望まない効果が得られてしまう現象をいう。例として，服用したただのゼラチンを毒薬と思い込むことで具合が悪くなってしまったり，本当は健康体であっても重病と誤診されることによって本当に体調を崩してしまうような効果である。プラシーボ効果やノーシーボ効果は，身体反応の誤帰属が前提とされていることから，それが偽薬であることを自覚した場合には効果はかなり下がると考えられてきた。しかし，近年の研究では「これは偽薬である」と説明を受けたうえであっても効果が現れることも示されている（Carvalhoa et al., 2016）。ノン・アルコールのビールとわかっていてもなぜか酔っぱらってしまうような状況が，それに該当する。

　それ以外にも，**逆プラシーボ効果**という現象も報告されている。ストームズ（Storms, M. D.）とニスベット（Nisbett, R. E.）は，不眠症に悩む参加者に「興奮剤」あるいは「鎮静剤」と称して実際にはビタミン剤を服用させたところ，興奮剤条件の参加者の方が早く眠れるという，プラシーボ効果とは逆の結果が得られた（Storms & Nisbett, 1970）。この結果は，興奮剤条件の参加者は興奮して眠れないという不眠症の症状を興奮剤（実際はビタミン剤）に帰属することができるのに対して，鎮静剤条件の参加者は薬を飲んだはずなのに興奮が収まらないことでかえって情動が強く知覚されてしまった，と解釈された。つまり，偽薬によってもたらされると伝えられた情報と参加者がもともと持っている症状が一致していたことによってこの効果が生じたと考えられ，逆プラシーボ効果もプラシーボ効果と同様に，生理的喚起状態そのものというよりはその認知が情動を規定していることを示すものである。

11. 5　感情・情動の伝達と理解

　我々は幸福，悲しみ，驚き，恐怖，怒り，嫌悪の**基本6情動**を持つとされ，

さらにそれぞれを表す表情がある。よって、表情は他者に自身の感情・情動状態を伝達する非言語的なコミュニケーションであると言える。各情動の表情の検出において、怒り顔の優位性が知られるが（Hansen & Hansen, 1988）、反対に幸せ顔の優位性を示す研究などもあり、一貫した結果は得られていない。

　表情は新生児でも先天性盲者でもほぼ共通してみられることから、遺伝的な反応であると言える。ただし、新生児は感情の状態とは独立した表情（新生児微笑）を持つとされる。新生児微笑は生理的な反射であり、生後2ヵ月を過ぎたあたりにはほぼ消失し、社会的微笑に切り替わるとされる。成人が口をすぼめたり舌を出したりするような表情をした際に新生児がそれを模倣する現象（新生児模倣）も知られるが、こちらも生後2ヵ月ほどで消失すると言われる。

　表情の表出や認知は、異文化間でもほぼ共通であるとされる。エクマン（Ekman, P.）とフリーセン（Friesen, W. V.）は、西洋人との接触の少ないニューギニアの部族を相手に、ストーリーを呈示したうえでそのストーリーにふさわしい感情を示した西洋人の顔の表情を選択させる実験を行ったところ、恐怖と驚きの表情の区別を除けば、基本6情動における表情認知の文化普遍性が示された（Ekman, & Friesen, 1971）。とはいえ、この実験で用いられた表情の画像は、役者がその情動の表情を演じているに過ぎず、実際にその情動の表情を表出しているとは言い難いことから、この研究結果に対して疑問を呈すような立場も存在する（例えば、Barrett, 2017）。

　我々は、他者の表情を見ることでその人の感情状態を読み取ることができる。さらにそこから当該他者に対して共感を覚えたりすることもある。表情の理解が成立する時期については、ヒトは生後12ヵ月ごろになると他者の表情理解に基づいた行動変容を見せるようになる。また、他者の顔の表情から相手の心理状態を推察する能力は、3歳から4歳頃には獲得される（Myowa-Yamakoshi et al., 2015）。他者の表情の変化を見ると、自動的な表情模倣が生じることもあるが（Sato & Yoshikawa, 2007）、この模倣が生じる程度には内受容感覚への感度が影響していることを示す研究もある（Imafuku et al., 2020）。

　また前述したように、他者が悲しみのあまり涙を流しているような場面に遭

遇すると，なぜかそれを見ているだけで自分自身も悲しい気持ちになったりするようなケースには，**ミラー・ニューロン**と呼ばれる神経細胞の活動が関与していると考えられる。ミラー・ニューロンは，リゾラッティらのマカクザルを用いた研究（Rizzolatti et al., 1996）の中で，運動前野という手や足のコントロールに関わる大脳皮質の部位や頭頂葉から発見したことで，多くの人々に知られるようになった。自分自身が行う何らかの行動のみならず，自身が行動を起こさない状態で他者が同様の行動を行っているのを観察した場合においても，同一の活動が見られる。他者の行動を容易に模倣できたり，単に観察するだけでも学習が成立したりするのも，このニューロンが関与していると思われる。

　運動のコントロール以外にも，例えば他者のとった行動やその時の表情を観察することで，その人の感情状態を読み取り，共感したり同情したりすることができるのも，ミラー・ニューロンの活動を考えると理解しやすい。共感性羞恥心と呼ばれる現象も，同様に考えることができる。共感性羞恥心とは，ミラー（Miller, R. S.）によって提唱されたもので，例えば他者が恥をかいているような場面に遭遇すると，それを見ているだけの自分も恥ずかしさのあまりその場から逃げ出したくなるような心理現象を指す（Miller, 1987）。そして，共感性羞恥心を感じている時には，他者の痛みの代償感情に関わる部位である前帯状皮質と左前帯状皮質の活動が高まることから，これらの部位が他者の「社会的痛み」の経験にも強く関与していることが明らかにされている（Krach et al., 2011）。

　そもそも，脳の活動の多くは外界をミラーのように映し出す機能が多い。ミラー・ニューロンの発見により，こうした機能が改めて注目されるようになった。例えば，他個体の表情や行動が映りこむことで，これが自身の身体反応を刺激し，これがフィードバックされることで共感が生じることが考えられる。前頭眼窩野や扁桃体にも同様の機能を考えれば，ソマティック・マーカーについても同様のメカニズムで説明可能である。

11. 6 　良さと好ましさ

　一般的には消費者は商品選択場面においてより良い商品を求める傾向にあり，その要求に応えるためにメーカーもより良い商品を世に送り出そうと日々努力している。また，近年 SNS 上では他者の投稿に対して「イイね」の評価を付けることがある。それでは，この「良さ」という我々の評価とは，いったいどのようなものであろうか。そして良さと好ましさとの間にはどのような関係性が見られるのであろうか。

　良さを定量的に測定した研究として，ガーナー（Garner, W. R.）らは複数の種類のドットパターンへの良さ判断を行い，より単純なパターンほど良いパターンであると評価されることを示した（Garner & Clement, 1963）。しかし，ここで測定されたのは幾何学的な安定性としての良さであり，その後の SD 法を用いた研究（行場・瀬戸・市川，1985）によって感性的な良さ判断とは必ずしも一致しないことが明らかになった。

　この結果は，バーライン（Berlyne, D. E.）の**覚醒ポテンシャル理論**（Berlyne, 1967, 1974）による解釈が可能である。すなわち，幾何学的安定性の低い複雑なパターンは，過去の記憶との照合性が低く新奇性の高い情報であり，安定性の高い単純なパターンは，その圧縮性の高さから照合性および親近性の高い情報である。入力された刺激の内包する新奇性に応じて知覚者の覚醒水準が上昇するが，その刺激に対する快楽価値（hedonic value）は覚醒水準が中程度に高まっている時に最も高まり，覚醒水準が高まり過ぎるとむしろ不快感を生じさせる（図表 11 - 3）。

　単純なパターンは知覚的な負荷が小さく早期に処理が完了することから，心的飽和が生じるのもまた早まり，特に乳児を対象とした場合にその傾向は顕著となる。すなわち，人は親近性と新奇性の同居した，適度に覚醒水準の高まる対象を最も好むと言える。メーカーの商品展開でも，定番商品は消費者に安定した価値を提供してくれるものの，市場のコモディティ化によって大量の他社

第 11 章　消費者の感情 | 265

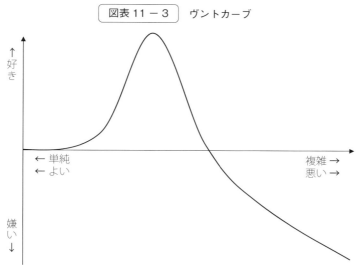

図表11-3　ヴントカーブ

（出所）Berlyne（1960）を著者が改変。

製品の中に埋もれてしまう。一方で、まったくの新しい商品は親近性の低さからむしろ消費者に拒絶される危険性をはらむ。そのため、新商品を展開させる際には、親近性の高い定番商品の中に新奇な要素を追加することで、市場に受け入れられる可能性が最も高まると言える。

　人物の顔に対する評価も、例えば複数人の顔を加算して作成された平均顔は、多くの人から良い顔、美しい顔であると評価されやすい。顔への評価において、幾何学的な良さ判断と美しさ判断との間には、ある程度の相関が想定できる。その一方で、その顔が好きであるかの評価は、良さ評価や美しさ評価の傾向とは必ずしも一致しない。人が他者を同定する際には平均顔との差異を手掛かりとしており、個人の顔の特徴をデフォルメした似顔絵をより本人らしく感じてしまうように、平均からの差異をより強調した形で他者の顔を記憶している（Rhodes et al., 1987）。さらに、その顔を好きであるという判断には、強調された差異がそれを決定づける役割を担っていることが考えられる。平均顔が、確かに美しいもののあまり魅力的に感じられないのは、そのためであろう。

もちろん，美しさの判断にも個人差がある。美の法則として「黄金比」の
1：1.1618…（≒5：8）が知られており，紀元前5世紀のギリシャの彫刻家ペイ
ディアス（Pheidias）にその起源があると言われている。一般的に黄金比は最
も美しい比率であるとされ，古代から現在までの多くの建築物やプロダクト，
企業ロゴなどのデザインにも用いられている。しかし，フェヒナー（Fechner, G.
T.）によって行われたさまざまな比率の矩形を用いた美しさ判断実験では，黄
金比の矩形を最も美しいと判断した参加者は全体のおよそ3割程度に過ぎな
かったという。ラロ（Lalo, C.）による調査でも，黄金比矩形の選択率は約3割
にとどまり，正方形の選択率が11％で，白銀比（1：14142…≒5：7）が5％ほ
どであった。

　比率への好みには文化差があるとも言われており，例えば日本人を対象に同
様の調査を行ったところ，白銀比が19.3％で正方形が17.7％，黄金比が15.0％
となり，白銀比が最も好まれる結果となった（中村，2002）。白銀比は大和比や
$\sqrt{2}$ 矩形とも呼ばれ，実際に日本国内では用紙の縦横比やキャラクターのサ
イズ，建造物（法隆寺から東京スカイツリーまで）などで，白銀比に触れる機会
は西洋諸国と比較して多いと考えられる。また，西洋人の顔のパーツの配置は
黄金比に近いのに対して，日本を含む東アジア人の顔の配置は白銀比に近いと
いう説もある。そして，これらへの接触経験の豊富さが，美しいと判断される
比率に影響した可能性がある。

11.7　好みの形成

　人が何らかの対象に好意的感情を抱く時，その感情には親近性に基づくもの
と新奇性に基づくものがある。いつもの定番を好んで購入するには親近性選好
が，発売されたばかりの新商品に手を伸ばしたくなるのは新奇性選好が，それ
ぞれ関与していると思われる。評価する対象によっても，どちらの選好が働く
かは異なり，パーク（Park, J.）らの実験によると，人物の顔は親近性選好，自
然風景は新奇性選好，そして幾何学図形は中立でわずかに新奇性選好寄りで

あった（Park et al., 2010）。

　日常の中で，何の感情も抱いていなかった人物と何度も会っているうちに徐々に魅力的に思えてきたり，TVCM等で複数回視聴した商品を店頭で見かけた時に買いたくなったりするような状況には，**単純接触効果**（mere exposure effect）が関わっている。単純接触効果とは，ある対象への接触頻度に応じてその対象への好意的反応が上昇する現象を指す（Zajonc, 1968）。好みの形成には過去の経験が非常に重要であり，新奇な対象を好きになるか否かは，既知の対象との類似度に依存しているとも言える（ヴァンダービルト, 2018）。音楽への好みにおいて原曲とカバー曲のどちらを好むかを調べた研究では，原曲が古典的ですでに十分な接触経験がある場合には原曲が好まれ，これまでに両方に接した経験がなく，実験内で先にカバー曲に接触した場合にはカバー曲が好まれるという結果となった（Pandelaere et al., 2010）。単純接触効果の生起要因としては諸説あるが，研究者の間で最も受け入れられている説として，**知覚的流暢性の誤帰属説**が唱えられている（例えば，Jacoby & Kelley, 1987）。これは，ある対象に反復して接触すると，その対象への知覚的な処理の流暢性が上昇する。そしてその効率化された処理によって生じた親近性が，対象そのものへの好意度に誤帰属される，というものである。

　事前の反復接触に基づく単純接触効果による好意的感情は親近性選好であり，新奇性選好の傾向の高い幼児には単純接触効果は検出されにくい（Bornstein, 1989）。成人を対象とした場合であっても，過度の反復接触（Bornstein et al., 1990）や同一の刺激の連続呈示（Harrison & Crandall, 1972）などによって親近性が高まり過ぎると接触対象への心的飽和が生じて，好意度の上昇は抑制されることが知られている。

　そこで，松田・楠見・細見・長・三池（2014）は，参加者に自動車の画像を反復呈示する際に，呈示ごとに毎回背景が変わる条件と同一背景が繰り返される条件を操作して，反復接触による親近性と背景変化による新奇性が自動車への単純接触効果に及ぼす影響について検討した。その結果，同一背景条件では反復呈示によって心的飽和が生じ，自動車への好意度が低下していった。それ

に対して背景が毎回変わる条件では，背景変化による新奇性の付加が心的飽和の生起を抑制し，自動車への好意度評価の上昇が検出された。また別の研究では，商品ポスター内のブランドロゴの呈示位置を変化させながら反復呈示したところ，商品の選択率とブランド・ロイヤルティが高まる結果となった (Shapiro & Nielsen, 2013)。

　これらの実験では，反復呈示される刺激そのものの変化ではなく，背景や呈示位置といった周辺的な情報による新奇性の付加であった。そこで，松田・橋口・藤野・楠見 (2019) は，刺激を反復呈示する際に刺激そのものの一部，具体的には，女性のアバターの化粧を変化させることで新奇性の付加を行った。その結果，女性参加者の好意度評価において，もともと好感度の高かったアバターの化粧を変化させた方が，変化させなかった時と比べて，評定値がより高まることが明らかとなった。アバターの髪型を変化させた実験 (松田・牛尾・楠見，2022) や，服装の明度を変化させた実験 (松田・奥・川原・楠見，2022) においても，同様の結果が得られた。

　我々の身の回りを見渡してみても，長い歴史を持つ老舗企業のブランドロゴなどは，細かい変化を繰り返しているものも多い。定番商品なども，もちろん発売開始当時と変わらぬ姿を維持し続けるものもあるが，その多くは定期的にリニューアルを繰り返したり，派生商品を展開したりすることで，親近感の中にも新鮮さを同居させることで，長く消費者に愛され続けているのである。

　また，近年ではデジタルマーケティング技術の向上により，例えばSNS上で「お腹が空いた」とつぶやくと，即座にバナー広告にお取り寄せグルメや飲食店などが表示されることがある (リアルタイムキーワードターゲティング)。さらに，AmazonやYouTubeなどのようにサイト内でのユーザーの行動履歴に基づいてお勧めのコンテンツを提示するケースも増えているが，そのサイトを長期に渡って使用するにつれて，そこで並べられたコンテンツ群は徐々に新鮮味がなくなっていき，ユーザーの興味を引きにくくなっていくこともある。その場合には一度cookieの削除ないしログオフをしてみるか，実店舗を訪れてみるのも良いかもしれない。

ケース CASE O 総合病院のニッチ戦略

「医者は金持ちが多いから，病院というのはよほど儲かっているのだろう」と思う人は多いかもしれない。しかし病院経営というのは，はたから見るほど楽な経営ではない。とりわけ地域医療で中核的な役割を期待される総合病院の場合，その半数以上が赤字経営というのが実情である。

しかし，そのような総合病院の中でも高い利益率を実現している病院もある。その1つが O 総合病院である。この病院は総合病院の看板を掲げているものの，整形外科に特化した「総合」病院として黒字経営を実現している。

当時（2000 年頃），この病院に就任した院長がたまたま整形外科医であったことから，この病院の黒字経営ストーリーが始まる。この院長は整形外科の手術で，世界的に有名な医師だった。就任当時は総合病院としての役割を果たすつもりだった。しばらくすると，院長の名声を聞きつけて全国各地から患者が集まり始めた。

それと同時に，この院長のもとで手術を学びたいと希望する国内外の医師が，この病院へ「留学」するようになった。整形外科患者の割合が増えたこの病院では，医師と看護師との間に LMX（リーダー・メンバーエクスチェンジ）理論に見られるような「感情的一体感」が生まれるようになった。

この「感情的一体感」は職場の中に一種のルーティンを生み出した。この独自のルーティンは，この O 総合病院に特有で模倣困難な内部資源となった。ちなみに，「感情的一体感」が内部資源へと結びつくプロセスについては，医師や看護師による感情表出（表層演技，深層演技など）をコントロールする能力（＝感情労働資本）を使って説明できる（川本・松田，2022）。

しかし話はここで終わらない。この O 総合病院が整形外科に特化した病院となり，高い収益率を達成する背景には，もう1つの重要な要因が隠れている。それは O 総合病院が，総合病院として期待される役割を棄て，地域医療への貢献を最小限度にとどめるという当時の院長の意思決定である。

O 総合病院がある医療圏は競争環境が厳しく，病床数からみた O 総合病院の事業シェアは数％と低い。このため地域医療への貢献を最小限にしたところで，地域への影響は小さいと院長は判断した。またこの O 総合病院の立地は新幹線「のぞみ」も停車するターミナル駅からも近く，高速道路や空港へのアクセスも良好である。

こうした事業環境が院長の地域医療からの撤退と整形外科への特化を後押しした。院長の決断が発端となり，O 総合病院は感情労働資本を大きく積み上げ，結果的に高い収益性を実現することになった。

後任の病院長（専門は整形外科ではない）となったあなたは，どのような感情マネジメント手法を発揮すべきであろうか。

練習問題

1. 近代以前の科学者や哲学者たちの間では，感情は概ね否定的に捉えられてきたが，それはなぜか。その理由を述べなさい。
2. エクマンらとフリーセンによって主張された「表情認知の異文化間での共通性」に対して近年出てきている反証意見は，どのような根拠に基づいていると考えるか。
3. ホックシールドによって提唱された感情労働論とは，どのようなものであるか。その定義を述べなさい。
4. つり橋効果の生起メカニズムについて，情動2要因理論に基づいて説明しなさい。
5. 情動2要因理論において，生理的覚醒状態の「認知」が重要であることを，「偽の心音実験」に基づいて説明しなさい。

参考文献

阿部恒之（2019）. 感情の理論. 内山伊知郎監修『感情心理学ハンドブック』, 14-24. 北大路書房.

Arnold, M. B.（1960）. *Emotion and personality. Vol. 1. Psychological aspects*. Columbia Univer Press.

Barrett, L. F.（2017）. *How emotions are made: The secret life of the brain*. Houghton Mifflin Harcourt.

Berlyne, D. E.（1967）. Arousal and reinforcement. In D. Levine（Ed.）, *Nebraska symposium on motivation*, 1-110. Lincoln: University of Nebraska Press.

Berlyne, D. E.（1974）. The new experimental aesthetics. In D. E. Berlyne（Ed.）, *Studies in the new experimental aesthetics: Steps toward an objective psychology of aesthetic appreciation*, 1-25. Washington, D.C. : Hemisphere Publishing Corporation.

Bornstein, R. F.（1989）. Exposure and affect：Overview and meta-analysis of research 1967-1987. *Psychological Bulletin*, *106*, 265-289.

Bornstein, R. F., Kale, A. R., & Cornell, K. R.（1990）. Boredom as a limiting condition on the mere exposure effect. *Journal of Personality and Social Psychology*, *58*, 791-800.

Carvalho, C., Caetano, J. M., Cunha, L., et al.（2016）. Open-label placebo treatment in chronic low back pain: A randomized controlled trial. *Pain*, *157*, 2766-2772.

Damacio, A. R.（1994）. *Descartes' error: Emotion, reason, and the human brain*. London: Penguin Books.（田中三彦（訳）（2010）. デカルトの誤り―情動. 理性. 人間の脳―. 筑摩書房.）

Damacio, A. R.（1999）. *The feeling of what happens*. San Diego, CA: Harcourt Brace & Co.（田中三彦（訳）（2003）.『無意識の脳自己意識の脳』. 講談社.）

Dasborough, M. T.（2006）. Cognitive asymmetry in employee emotional reactions to leadership behaviors. *Leadership Quarterly*, *17*(2), 163-178.

Dutton, D. G., & Aron, A. P.（1974）. Some evidence for heightened sexual attraction under condition of high anxiety. *Journal of Personality and Social Psychology*, *30*, 510-517.

Ekman, P., & Friesen, W. V.（1971）. Constants across cultures in the face and emotion. *Journal of Personality and Social Psychology*, *17*, 124-129.

Ekman, P., & Friesen, W. V.（1972）. Hand movement. *Journal of Communication*, *22*(4), 353-374.

Elfenbein, H. A.（2007）. Emotion in organizations: A review and theoretical integration. Academy of

Management Annals, *Vol. 1*, 315-386.

遠藤利彦（2007）. 感情の機能をさぐる. 藤田和生編『感情科学』, 3-34. 京都大学学術出版会.

藤村友美（2019）. 感情の身体的変化. 内山伊知郎監修『感情心理学ハンドブック』, 161-173. 北大路書房.

船橋新太郎（2007）. 感情の神経科学. 藤田和生編『感情科学』, 85-110. 京都大学学術出版会.

Garner, W. R., & Clement, D. E. (1963). Goodness of pattern uncertainty. *Journal of Verbal Learning and Verbal Behavior*, *2*, 446-452.

行場次朗・瀬戸伊佐生・市川伸一（1985）. パターンの良さ評定における問題点：SD 法による分析結果と変換構造説の対応.『心理学研究』, *56*, 111-115.

Hansen, C., & Hansen, R. (1988). Finding the face in the crowd: An anger superiority effect. *Journal of Personality and Social Psychology*, *54*, 917-924.

Harrison, A. A., & Crandall, R. (1972). Heterogeneity of exposure sequence and theattitudinal effects of exposure. *Journal of Personality and Social Psychology*, *21*, 234-238.

ホックシールド, A. R.（2000）.『管理される心　感情が商品になるとき』. 世界思想社.

Imafuku, M., Fukushima, H., Nakamura, Y., Myowa, M., and Koike, S. (2020). Interoception is associated with the impact of eye contact on spontaneous facial mimicry. *Scientific Reports*, *10*, 19866.

乾敏郎（2018）.『感情とはそもそも何なのか：現代科学で読み解く感情のしくみと障害』. ミネルヴァ書房.

入山章栄（2019）.『世界標準の経営理論』. ダイヤモンド社.

Isen, A. M. (2001). An influence of positive affect on decision making in complex situations: Theoretical issues with practical implications. *Journal of Consumer Psychology*, *11*(2), 75-85.

Jacoby, L. L., & Kelley, C. M. (1987). Unconscious influences of memory for a prior events. *Personality and Social Psychology Bulletin*, *13*, 314-336.

James, W. (1884). What is an emotion? *Mind*, *9*, 188-205.

川本晃司・松田憲（2022）. 感情労働は医療機関の持続的競争優位の源泉となりうるのか.『北九州大学市立大学マネジメント論集』, *15*, 47-76.

Krach, S., Cohrs, J. C., De Echeverría Loebell, N. C., Kircher, T., Sommer, J., Jansen, A., et al. (2011). *Your flaws are my pain: Linking empathy to vicarious embarrassment*. PLoS ONE 6:e18675.

Lange, C. G. (1885). *The Emotions*. (Eds), Reprinted in C. G. Lange, & W. James (1967). *The emotions*. Hafner Publishing Company.

松田憲・橋口綾乃・藤野実由・楠見孝（2019）. 刺激への新奇性付加が単純接触効果に及ぼす影響.『日本認知心理学会第 17 回大会発表論文集』, 43.

松田憲・楠見孝・細見直宏・長篤志・三池秀敏（2014）. 選好に及ぼす呈示回数と背景の影響：車と風景画像を用いた検討.『心理学研究』, 85(3), 240-247.

松田憲・奥岐平・川原志緒・楠見孝（2022）服装色の明度変化による新奇性付加がアバターへの単純接触効果に及ぼす影響. 日本心理学会第 86 回大会.

松田憲・牛尾琴・楠見孝（2022）. アバターへの単純接触効果に髪型変化による新奇性が及ぼす影響. 日本認知心理学会第 19 回大会.

Miller, R. S. (1987). Empathic embarrassment: Situational and personal determinants of reactions to the embarrassment of another. *Journal of Personality and Social Psychology*, *53*, 1061-1069.

Miner, A. G., Glomb, T. M., & Hulin, C. (2005). Experience sampling mood and its correlates at work. *Journal of Occupational Organizational Psychology*, *78*(2), 171-193.

三浦佳世 (2007). 『知覚と感性の心理学』. 岩波書店.

Murphy, S. T., & Zajonc, R. B. (1993). Affect, cognition, and awareness: Affective priming with optimal and suboptimal stimulus exposures. *Journal of Personality and Social Psychology*, *64*(5), 732-739.

Myowa-Yamakoshi, M., Yoshida, C., & Hirata, S. (2015). Humans but not chimpanzees vary face-scanning patterns depending on contexts during action observation. *PLOS ONE*, *10*(11), e139989.

中村滋 (2002). 『フィボナッチ数の小宇宙：フィボナッチ数，リュカ数，黄金分割』. 日本評論社.

野津梯 (2002). アリストテレスにおける感情と説得：『弁論術』における「聴き手に拠る説得の内実. 『西洋古典学研究』. 50, 24-34.

大平英樹編 (2010). 『感情心理学・入門』. 有斐閣アルマ.

Pandelaere, M., Millet, K., & Van den Bergh, B. (2010). Madonna or Don McLean? The effect of order of exposure on relative liking. *Journal of Consumer Psychology*, *20*(4), 442-451.

Papez, J. W. (1937). A proposed mechanism of emotion. *Arch Neurpsych*, *38*(4), 725-743.

Park, J., Shimojo, E., & Shimojo, S. (2010). Roles of familiarity and novelty in visual preference judgments are segregated across object categories. *Proceedings of the National Academy of Sciences of the United States of America*, *107*, 14552-14555.

Pham, M. T. (1998). Representativeness, relevance, and the use of feelings in decision making. *Journal of Consumer Research*, *25*(2), 144-159.

Pugh, S. D. (2001). Service with a smile: emotional contagion in the service encounter. *Academy of Management Journal*, *44*(5), 1018-1027.

Purves, D., Augustine, G. J., Fitzpatrick, D., Hall, W. C., LaMantia, A. S., McNamara, J. O., & Willians, S. M. (eds.) (2004). *Newroscience (3rd Edition)*. Sunderland, MA, Sinauer Associate.

Rhodes, G., Brennan, S., & Carey, S. (1987). Identification and ratings of caricatures: Implications for mental representations of faces. *Cognitive Psychology*, *19*(4), 473-497.

Rizzolatti, G., Fadiga, L. Gallese, V., & Fogassi, L. (1996). Premotor cortex and the recognition of motor actions. *Cognitive Brain Research*, *3*, 131-141.

Saavedra, R. & Earley, P. C. (1991). Choice of task and goal under conditions of general and specific affective inducement. *Motivation and Emotion*, *15*(1), 45-65.

Sato, W., & Yoshikawa, S. (2007). Spontaneous facial mimicry in response to dynamic facial expressions. *Cognition*, *104*, 1-18.

Schachter, S., & Singer, J. (1962). Cognitive, social, and physiological determinants of emotional state. *Psychological Review*, *69*, 379-399.

妹尾武治 (2016). 『使ってはいけないエセ心理学使ってもいい心理学』. PHP研究所.

Shapiro, S. A., & Nielsen, J. H. (2013). What the blind eye sees: Incidental change detection as a source of perceptual fluency. *Journal of Consumer Research*, *39*(6), 1, 1202-1218.

下條信輔 (1996). 『サブリミナル・マインド』. 中公新書.

Stawet, B. M., Sutton, R. I., & Pelled, L. H. (1994). Employee positive emotion and favorable outcomes at the wort-place. *Organization Science, 5*, 51-71.

Storms, M. D., & Nisbett, R. E. (1970). Insomnia and the attribution process. *Journal of Personality and Social Psychology, 16*, 319-328.

Strack, F., Martin, L. L., & Stepper, S. (1988). Inhibiting and facilitating conditions of the human smile: A nonobtrusive test of the facial feedback hypothesis. *Journal of Personality and Social Psychology, 54*, 768-777.

武田貴裕・内原俊記・石塚典生・岩田誠 (2007). ヤコブレフ回路.『臨床神経学』, *47*, 135-139.

寺澤悠理・梅田聡 (2014). 内受容感覚と感情をつなぐ心理・神経メカニズム.『心理学評論』, *57*(1), 49-66.

トム・ヴァンダービルト著, 桃井緑美子 (訳) (2018).『好き嫌い:行動科学最大の謎』. 早川書房.

Valins, S. (1966). Cognitive effects of false heart-rate feedback. *Journal of Personality and Social Psychology, 4*, 400-408.

山本準・岡島典子 (2019). 我が国における感情労働研究と課題:CiNii 登録文献の分析をもとに.『鳴門教育大学研究紀要』, *34*, 237-251.

Zajonc, R. B. (1968). Attitudinal effects of more exposure. *Journal of Personality and Social Psychology Monograph, 9*, 1-27.

Zajonc, R. B. (1980). Feeling and thinking: preferences need no inferences. *American Psychology, 35*(2), 151-175.

（川本晃司・松田　憲）

第12章

消費者にとっての自己

　買い物をする際に，さまざまな情報を探索するのも，何を買おうかと迷うの
も，購入を決めた商品にお金を支払うのも，購入後に満足したり後悔したりと
さまざまな感情を抱くのも，すべて「自分（自己）」である。本章では，当た
り前のように存在する「自己」に焦点を当て，「自己」に関する心理学研究や
消費者行動研究を概観していく。

12.1　自己概念

　自分がどのような人物かを考える時，どのような特徴をあげるだろうか。
「真面目だ」，「明るい」，「足が速い」，「甘いものが好きである」など，さまざ
まな特徴が思い浮かぶだろう。自分自身に対する知識や信念を**自己概念**と呼
ぶ。過去の経験を通して自分自身に関する知識，すなわち自己概念が膨大に蓄
積されているおかげで，私たちは日々の生活をスムーズに送ることができてい
る。

　すでに4章で学習したように，構造化された知識の集合体を**スキーマ**と呼ぶ
が，スキーマの中でも自己に関する構造化された知識のことを，**自己スキーマ**
と呼ぶ（Markus, 1977）。そして，自己スキーマは，過去の経験によって形成さ
れ，自身に関連した情報処理をしやすくすることが知られている。マーカス
（Markus, 1977）は心理学実験を通して，自分のことをもともと自立的な性格で
あると考えている人は，自立的な単語が自分に対してあてはまるかどうかの判
断がより早く，他方で自分のことを依存的な性格であると考えている人は，依

存的な単語が自分自身にあてはまるかどうかについての判断がより早いことを示した。また，自己スキーマを持つことによって，自己スキーマと関連する他者情報の処理も早まることも知られている（Markus et al., 1985）。マーカスらは実験参加者に対して，男子大学生が寮の部屋で日常的な活動をしている様子を映した映像を見せ，その活動の様子を，意味があると思う行動の単位に分ける作業を行ってもらった。その結果，男性性スキーマを持つ参加者は，男性性スキーマを持たない参加者に比べて，映像に映る男子大学生の映像をより大きな単位に分割した。これは，男性性スキーマを持つ参加者は，寮での男子大学生の様子を「男性らしい行動」として大きく分類したのに対し，男性性スキーマを持たない参加者は，「男性らしい行動」として括らずに，細かい単位で映像を処理していたためであると考えられる。つまり，他者に関する同じ行動を見たとしても，行動に付与される意味が自己スキーマによって変わりうることがわかる。このように自己スキーマは，自分自身のみならず，他者に関する情報の処理にも影響を与えているのである。

12. 2　現在の自分と，ありたい自分

　私たちは自分自身についての知識や信念を持ち合わせているが，常に現在の自分自身について考えているわけではなく，こうなりたいなどの目標となるような自分の状態を思い浮かべることもある。私たちには，今の自分（**現実自己**：actual self）と，理想とする自分（**理想自己**：ideal self），こうでなくてはならないと思う自分（**義務自己**：ought self）という3種類の自己概念があることが知られている（Higgins, 1989）。そして，ヒギンズ（Higgins, 1989）は，これら3つの自己概念のうち，現実自己とその他の2つの自己概念に不一致が存在する時には，不快感情が生じるという点に注目し，**自己不一致理論**（self-discrepancy theory）にまとめた。自己不一致理論によると，理想自己と義務自己に違いがある時には，緊張や落ち着きのなさなどの動揺が生じ，理想自己と現実自己が一致していない時には，不満や悲しみ，落胆などの感情が喚起されるという。

自己概念に不一致が生じた時に生起するネガティブな感情は，現実自己と理想自己および義務自己との乖離を少なくすることが必要であるというサインとして働いていると考えることができるだろう。

　現実自己と理想自己や義務自己が完全に一致しないことは現実場面において多く存在すると考えられるが，自己概念が一致していない場合には，私たちはどのように行動すればよいのだろうか。近年では，どのように現実自己を理想自己に近づけていくのかを考えることによって，将来に関する否定的な思考が減少することが示されている。千島（2016）は，現実自己と理想自己の観点から，自己変容の想起がアイデンティティ形成に及ぼす影響に焦点を当て，研究を行った。その結果，現実自己を変えたいと思う点と，現実自己をどのような理想自己に変えたいと思うのかという点を同時に記述すると，現実自己や理想自己について考えない場合と比較して，人生で本当にやりとげたいことがはっきりしない，将来をどうしたいのか気がかりであるなどの，将来に対する反すう的思考が1ヵ月後に減少することを示した。将来に対する反すう的思考は，アイデンティティ形成における重要な要因の1つであることが知られている。具体的な理想自己を記述することによって，変容したいと考えるネガティブな現実自己概念を，未来のポジティブな自己概念（理想自己）に置き換えることができるため，肯定的な未来を考えることにつながり，反すう的思考が減少するのだという。ここでの重要な点は，自分にとって実現が可能な理想自己について考えることである。非現実的な理想自己を描いてしまうと，目標の追求や自己変容に向けた行動を促進しないことが知られているためである（e.g., Kappes & Oettingen, 2014）。ここから，自身がこうなりたいと思い描く姿と現在の自分の姿に乖離がある場合には，理想とする自分を実現可能なものとするという点と，その理想自己を達成するための方向性を定めるという点の2点が重要となることがわかるだろう。

12.3 自己表現

　私たちは，自分をありのままに他者に見せているわけではない。心理学では，自分を相手に対して伝えるということに関して，**自己呈示**（self-presentation）と**自己開示**（self-disclosure）という2つの異なる概念が存在する。自己呈示とは，「他者から見られる自己の印象に影響を与えようとする行動（安藤，1994, p.120）」であり，他方で，自己開示とは，自分がどのような人物であるかを他者に言語的に伝える行為（榎本，1997）と定義されている。つまり，定義的には，自己呈示と自己開示は，ある印象をコミュニケーション相手に対して与えようという目標が存在するかどうかが異なると考えることができる。以下では，自己呈示と自己開示に関する研究をそれぞれ概観していく。

　自己呈示は，他者が自身に対して抱く印象をコントロールすることであるが，他者に対してどのような印象を与えたいのかは，個人の持つ目標によって異なることが知られている（小島・太田・菅原，2003）。小島他（2003）によると，自己呈示における欲求は2つあり，自分の魅力を印象づけたいなどの他者からの肯定的な評価を獲得したいと思う**賞賛獲得欲求**と，相手からの反感を買わないようにするなどの他者からの否定的な評価を回避したいという**拒否回避欲求**である。ただし，これらの欲求に基づいた自己呈示が成功したかどうかは，自分に対する他者の行動から推測するしかない。他者から否定的なフィードバックを受けた時には，拒否回避欲求が高い人は恥ずかしさを感じやすいのに対し，賞賛獲得欲求が高い人は怒りを感じやすく，他方で，肯定的なフィードバックを受けると，賞賛獲得欲求が高いほど満足が高く，拒否回避欲求が高いと照れを感じやすいことが示されている。このように，自己呈示方略は各個人が持つ目標に応じて変わり，他者から得られるフィードバックに対してどのように反応するのかもまた異なることが示されてきた。また，他者に自分のある側面を見せることは，自分自身にも影響することが知られている。タイスの研究（Tice, 1992）では，実験参加者がインタビューを受ける際に，他者から観察

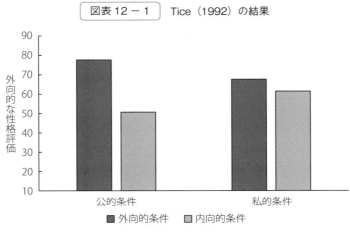

図表12－1　Tice（1992）の結果

（出所）Tice（1992）より著者作成。

されて個人情報が開示される条件（公的条件）と，誰にも観察されず個人情報の開示もない条件（私的条件）に分けた。さらに，インタビューを受ける際に，外向的に振る舞うように伝えられる条件（外向的条件）と，内向的に振る舞うように伝えられる条件（内向的条件）を設けた。すなわち，参加者は2（公的／私的条件）×2（外向的／内向的条件）の4条件のうちいずれか1つの条件に割り当てられた。インタビュー後に参加者に，自分がどの程度，外向的もしくは内向的な性格かを尋ねたところ，図表12－1のような結果となった。公的条件では，外向的条件に割り当てられた参加者は，内向的条件に割り当てられた参加者よりも，自身の性格をより外向的であると評価したが，私的条件では，内向的条件と外向的条件の間に，性格評価の違いが見られなかった。つまり，他者から見られるような状況で外向的な自己呈示を行うと，自分をより外向的な人物であると評価することが示されており，自己呈示によって自己概念が変化する可能性が示唆されている。

　他方で自己開示に関する従来の心理学の研究では，自己開示を通して悲しいという気持ちやふさぎこんだ気持ちなどの抑うつ気分を弱めることができるのかという視点から研究が多くなされてきた。実際，筆記療法をはじめとした自

己開示に関する研究では，自己開示を通して心身の健康を高めることができることが指摘されており（e.g., Pennebaker & Sandra, 1986），精神的な負担がある時には，自己開示を行うことによって，精神的な安定が促進される可能性があることが知られている。ただし，心身の健康が損なわれた時に，自己開示を闇雲に行えばよいというわけではない。それは，トラウマ的な出来事をただ開示させるとかえって心身にネガティブな影響がある可能性があるためである（Suedfeld & Pennebaker, 1997）。心身の症状を改善させるためには，無理やり開示させることをしてはいけないということ（心理的応急処置 WHO 版，2011），そして，本人が自己開示を望む場合には，ただ自由に自己開示をさせるのではなく，専門家の適切な指導のもとで自己開示をさせることが重要であることが知られている（Gidron et. al., 2002）。さらに，聞き手の存在を考慮した開示の仕方と聞き手の反応もまた重要となる（山田・及川，2016）。山田・及川（2016）によれば，自己開示をする際に，相手の都合を考えて個人的な話をするなど「適切に」自己開示を行ったうえで，聞き手が共感するなど受容的に反応をすると，自己開示者がストレスの源泉の良い側面に目を向けることにつながり，抑うつの低減につながるという。このように，抑うつ状態などの心身状態を低減させるという観点からは，自己開示は適切な方法で行うことが必要であることが示唆されてきた。

　上記のように，自己呈示と自己開示は，定義的に異なる概念として研究がなされてきたが，両者は相互に排他的な関係にあるわけではなく（Johnson, 1981），現実場面において切り離して考えることは難しいことに注意が必要である。例えば，「私はいつもお年寄りに席を譲ります」と他者に伝えることは，ただ真実を述べているという自己開示である可能性もあれば，心優しい人物であるということを他者に印象づける自己呈示である可能性もある。このように，私たちは，自分自身について良い印象を与えるために，自分についての真の情報を伝えることがあるため，自己呈示と自己開示を弁別することはそう容易ではない（Schlosser, 2020）。シュロッサー（Schlosser, 2020）によると，自己呈示と自己開示を切り離して考えるための方法の 1 つは，実際の自己（actual self）と真の自己（true self）の表現方法を比較することにあるという。実際の自己は，社会生活で他者に表現される自己の側面であり，真の自己は，他者に表現もされていない「本当の」自己のことである。過去の研究では，実際の自己は対面時により表現されやすい（自己呈示）のに対し，真の自己は対面よりもオンラインでより表現されやすい（自己開示）ことが示されている（Bargh, McKenna & Fitzsimons, 2002）。すなわち，自己開示と自己呈示が行われやすい場面は，異なっている可能性があるという。ただし，オンラインにおける自己表現が，自己開示なのか自己呈示なのかを「正確に」判断することは難しいことも指摘されている（for a review, Schlosser, 2020）ため，他者に対して自己を表現する際には，自己開示も自己呈示も両方の要素が含まれていることを考慮しておく必要があるだろう。

12.4　自己評価維持と社会的比較

　自分がどのような人物なのか，自分のふるまいはどの程度適切なのか，集団の中でどのような役割を果たせばよいのかなど，自分について考えることはないだろうか。このように，自分について主観的に考える時，それは**自己評価**（self-evaluation）をしていることになる（Sedikides & Strube, 1995）。セディキデスらによると，自己評価を行うことによって，自己への理解が高まるだけでなく，付き合う友人や恋愛相手，社会的グループをより多くの情報に基づいて選んだり，職業や趣味をより有益に選んだり，より適切な長期目標を選択できるようになるという。つまり，自己評価を行うことは，長期的なベネフィットが大きいと考えられる。

　ただし，絶対的な自己評価を行うことは難しい。そのため，私たちは自己評価を行う際には，自分を他者と比較する傾向があることが知られている（Festinger, 1954）。自分を他者と比較することを**社会的比較**（social comparison）と呼ぶが，社会的比較には大きく分けて2つの比較方法がある。1つは，自身よりも置かれている状況や立場，能力が低い他者と比較を行う**下方比較**

（downward comparison）である。そしてもう1つは，置かれている状況や立場，能力が自分よりも高い他者と比較する**上方比較**（upward comparison）である。一見すると，自分よりも優れた相手と比較すると自己評価が下がりそうだと感じるかもしれないが，比較方法と自己評価の関係性は，それほど単純ではない。社会的比較の際に，人々がどのように自己評価を維持しているのかについて理論をまとめたのが，テッサー（Tesser, 1988）である。テッサーは，**自己評価維持モデル**（self-evaluation maintenance model: SEM model）を提唱し，特に能力との比較について包括的な説明を試みた。自己評価維持モデルによると，他者との比較において自己評価が上昇するか低下するかは，他者が自分よりも優れているかどうか（**他者の優越**），他者と自己との親密度（**心理的近接性**），他者が優れている領域が自分にとって重要かどうか（**他者の優越領域の自己関与度**）という3つの要因によって決定されるという。また，優れた他者と比較した際に自己評価が変動するプロセスは2つあり，1つ目のプロセスである**反映過程**は，親密度の高い他者が得た優越が自分にとって重要ではない時に生じ，この過程では，自己評価が引き上げられる。例えば，親友が自分とはまったく別の仕事で優れた成績を挙げた場面を想像すると，自分まで誇らしい気持ちにならないだろうか。この時には，反映過程が働いているのである。他方でもう1つのプロセスである**比較過程**は，自分にとって重要な領域において親密度の高い他者が優れた時に生じ，この過程では自己評価が引き下げられるとされている。例えば，同じ職場の親友が優れた成績を挙げて落ち込むような場面が，比較過程にあたる。つまり，上方比較を通して必ずしも自己評価が下がるわけではなく，他者が優越している領域が自身にとって関与が低い場合には自己評価は高まり，他方で，関与が高い場合には自己評価が下がるのである。

　自己評価を維持するために，比較相手を「戦略」的に選ぶことも知られている。ウッドら（Wood et al., 1985）は，乳ガン患者にインタビュー調査を実施し，社会的比較の対象について調べた。その結果，多くの患者が自分よりも不運な患者と下方比較を行っていることが示された。例えば，自分よりも若くし

282 |

て病気になってしまった患者や，自分よりも重症で大きな手術を受けなくては
ならなくなった患者などと自身を比較して，自分が置かれた状況をポジティブ
に捉えていたのである。この結果は，私たちが社会的比較を上手に使ってお
り，病気やつらい出来事など自分にとって脅威となる出来事において，下方比
較を行うことが問題に対処するうえで有益である可能性を示唆している。

12. 5　社会的比較に伴う感情と消費者行動

　上で述べたように，私たちには自己評価を維持するために，他者との比較を
行う傾向にあるが，他者との比較によって，さまざまな感情が生起することが
知られている。社会的比較を通して感じる感情は，喜びや悲しみのような基本
感情とは異なり，**自己意識的感情**と捉えられることが多い。スミス（Smith,
2000）は，社会的比較という観点から自己意識的感情を整理した（図表 12 − 2
参照）。スミスによると，優れた他者と比較する場合（**上方比較**：図表 12 − 2 上
半分）と自分よりも劣った他者と比較する場合（**下方比較**：図表 12 − 2 下半分）
のそれぞれについて，他者が経験するであろう感情（e.g., 上方比較の場合にはポ
ジティブ感情）と同じ感情価で反応する場合（e.g., ポジティブ感情：同化的；図表
12 − 2 左上と右下）と，逆の感情価で反応する場合（e.g., ネガティブ感情：対比
的；図表 12 − 2 右上と左下）があり，計 4 つのカテゴリーのいずれかに当ては
まる感情を抱くことになるという。そして，その 4 つのカテゴリーに関して，
社会比較時に他者にのみ注意が向く場合（図表 12 − 2 濃い灰色部分），自己のみ
に向かう場合（図表 12 − 2 薄い灰色部分），そして他者にも自己にも二重に注意
が向かう場合（図表 12 − 2 白色部分）のそれぞれで生じる感情が異なることが
想定されている。例えば，優れた他者との上方比較を行った場合に感じるネガ
ティブ感情（対比的な感情）のうち，自分自身に注意が向く場合には抑うつや
恥が，他者のみに注意が向かう場合には憤慨が，自分と他者の両方に注意が向
く場合には，妬みが生じるという。先に紹介した乳がん患者を対象としたウッ
ドらの研究（Wood et al., 1985）では，下方比較を行う患者は同化的な感情を抱

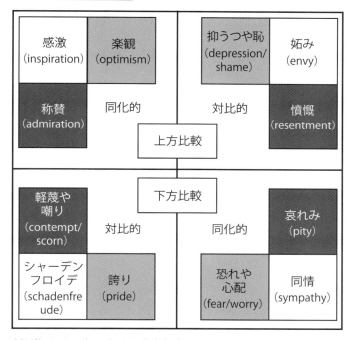

図表12−2　社会的比較に伴う自己意識感情

（出所）Smith（2000）より著者作成。

いていたことが想定され，自分に注意が向いた時には，恐れや心配の気持ちが，他者に注意が向いた時には，哀れみの気持ちが，自分と他者の両方に注意が向くと同情の気持ちが芽生えていたと考えられる。

　これらの自己意識感情は私たちの消費者行動に影響することが知られている。ここでは，優れた他者と比較した際に，劣った自己だけでなく，優れた他者にもまた同時に焦点を当てる時に生じる**妬み**に焦点を当て，妬みを感じた時の消費者行動を見ていく。自分よりも素敵なアクセサリーを身につけている友人や，自分よりも高価な時計を持っている知人を見た時に，あなたはどのように感じるだろうか。これまでの研究から，自分よりも能力や業績，所有物において優れた人物に対して，私たちは妬み感情を抱きやすいことが知られている

（Parrott & Smith, 1993; Smith & Kim, 2007）。妬みと聞くと，攻撃などを導く望ましくない感情であると感じるかもしれないが，近年の研究では，妬み感情は1種類ではなく，**悪意のある妬み**（malicious envy）と**悪意のない妬み**（benign envy）という2種類のサブタイプが存在することが指摘されている（van de Ven et al., 2009）。どちらのタイプの妬みも，優れた他者との上方比較を通して自己評価が低下し，フラストレーションが高まるという点においては共通しているが，優越した他者との違いを縮めるための行動（傾向）が異なる。悪意のある妬みは，他者を引きずり下ろして優位に立つことで，他者と自分との違いを縮めようとするが，他方で，悪意のない妬みは，自分自身を高めることで，他者との違いを縮めようとする[1]。そして，これら2つのタイプの妬みは，消費者行動に異なる影響を与えることが知られている。

　ファンデベン他（van de Ven et al., 2011）は，2つのタイプの妬みが消費者行動に及ぼす影響を検証するために心理学実験を実施した。その中の研究3では，iPhone および BlackBerry を持っていない参加者を対象に，新しい iPhone を購入した同級生が iPhone について話すビデオを視聴させた。この時に参加者が視聴したビデオは2種類あり，そのビデオの内容によって，ビデオ内の同級生に対する悪意のある妬み，もしくは悪意のない妬みが導出されやすいようになっていた。また，統制条件として，妬みを生じさせないようにするビデオももう1種類用意されていた。悪意のある妬みと悪意のない妬みの生起を分ける要因の1つとして，優越した人物がその優越に値するかどうかが重要な要因であることがわかっているため（van de Ven et al., 2012），ビデオの内容も，同級生が iPhone を持っているという状況をふさわしく感じるかどうかという点において，内容が異なっていた。悪意のある妬み条件に割り当てられた参加者が視聴したビデオでは，iPhone の入手方法が，父親に買ってもらったという内容であったのに対し，悪意のない妬み条件では，iPhone を一生懸命に働いたお金で手に入れたという内容が含まれていた。統制条件の参加者のビデオには，iPhone の入手方法に関する内容は含まれていなかった。入手方法に関する内容以外は，3条件の参加者が視聴したビデオ内容はすべて同一であった。

ビデオ視聴後，参加者はiPhoneおよびBlackBerryに対して支払いたいと思う金額（Willingness to pay；WTP）を回答した。ここでなぜBlackBerryが登場するかというと，著者らは，悪意のある妬みを感じると妬ましい相手を引きずり下ろそうとするだけでなく，妬ましい相手との差別化を図ろうとするのではないかと考えたためである。BlackBerryは，iPhoneとは類似した機能を持ちながらも，明確に異なるスマートフォンであるため，悪意のある妬みを感じると，iPhoneではなくBlackBerryに対してより支払いたいと回答するのではないかと仮説を立てた。他方で，悪意のない妬みを感じると，優越した相手に近づくために，iPhoneへの支払い金額が高まるのではないかと仮説を立てていた。

実験の結果は，図表12－3に示した通りとなった。iPhoneへのWTPは，悪意のない妬み条件の参加者が，統制条件の参加者および悪意のある妬み条件の参加者よりも統計的に有意に高くなっていた。他方で，BlackBerryへのWTPは，悪意のある妬み条件の参加者が，統制条件および悪意のない妬み条

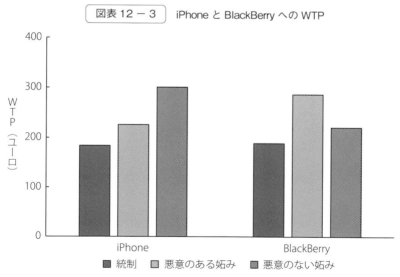

図表12－3　iPhoneとBlackBerryへのWTP

（出所）van de Ven et al.（2011）より著者作成。

件の参加者よりも有意に高くなっていた。したがって，著者らの仮説を支持する結果が得られた。このように，自分よりも良いものを持っている相手に対して妬みを抱くと，それが悪意のある妬みなのか，悪意のない妬みなのかによって消費者行動が変わることが示された。

12.6　心理的所有感と消費者行動

　買い物する時には，実店舗での購入とオンラインショップでの購入のどちらの機会が多いだろうか。以下では，私たちの生活に必要不可欠な存在になりつつあるオンラインでの購入に焦点を当て，「自分のものである」と感じることの効果を述べる。

　実店舗での購入とオンラインでの購入で最も違う点は，実物を目で見たり触ったりすることができないことであろう。近年では，ZOZOTOWN が販売する「ZOZOSUIT」や「ZOZOMAT」，「ZOZOGLASS」など，店舗で試着ができなくても自分にフィットするサイズを知ることのできるツールが開発されたり，仮想現実（VR）や拡張現実（AR）を使用したショッピング環境が登場したりと，実店舗に足を運ばずとも買い物をできるような環境が整いつつあるが，実際に商品を触ることができない時，消費者はどのような購買心理プロセスを経るのだろうか。

　この時ポイントとなるのが，**心理的所有感**，つまり，自分のものであるという感覚である（Pierce et al., 2003）。この感覚は，実際に所有しているかどうかにかかわらず生じることが知られている。ペックら（Peck et al., 2013）は，実際に商品を手に取らなくても，目を閉じて，商品を触る場面を想像し，どのように感じるのかを考えるだけで，心理的所有感が高まることを示した。つまり，商品を触るイメージをすることによって，その商品が自分のもののように感じるのである。井上（Inoue, 2023）は，ペックら（Peck et al., 2013）の研究知見を発展させ，商品を触るイメージが購買意欲に及ぼす影響には，**コントロール感**と**心理的所有感**が媒介していることを示した。井上（Inoue, 2023）は，大

第 12 章　消費者にとっての自己 | 287

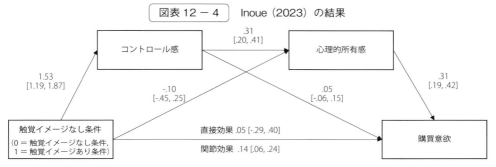

図表 12 − 4　Inoue（2023）の結果

（注）数値は標準化係数（カッコ内は 95％信頼区間）。
（出所）Inoue（2023）より著者作成。

　学生を対象に心理学実験を実施し，実験参加者は，触覚イメージあり条件と，触覚イメージなし条件にランダムに割り振られた。触覚イメージあり条件の参加者には，「その製品を触ったり，手で持ったりして，どのように感じるか」を想像させ，画像を見るように教示した。その後，商品画像を 30 秒間見せて，質問に回答してもらった。触覚イメージなし条件の参加者には，「その製品を購入すると思うか」を考えさせ，商品画像を見るように教示した。その後，商品画像を 30 秒間見せて，質問に回答してもらった。質問項目は，コントロール感 2 項目（例：先ほどの商品を見ている間，商品を動かすことができているかのように感じた）と所有感 3 項目（例：先ほどの商品を自分の物であるかのように感じる）[2]，購買意欲 2 項目（例：先ほどの商品を自分の物であるかのように感じる）であった。その結果，図表 12-4 に示すように，触覚イメージあり条件の参加者は，触覚イメージなし条件の参加者よりも，コントロール感が高まっており，それにより心理的所有感が高まり，購買意欲が高まることが示された。

　このように，オンラインショッピングで商品を触ることなく購入する場合には，商品を「自分」でコントロールし，所有しているという感覚の高まりが背後にあることがわかっている。

さいごに

　ここまで見てきたように，「自己」は自分だけで完結せず，自分の置かれた状況によって変化し，接する他者の存在によっても変化する。すなわち自分自身が取った購買行動には，知らず知らずのうちに身の回りの環境や他者の力が影響している可能性がある。そのような視点で自身の消費者行動を注意深く振り返ってみると，新たな気づきを得ることができるだろう。

【注】

1）悪意のない妬みに類似した感情として，称賛（admiration）があるが，称賛は他者との比較を行わずに生じる快い感情であることが知られている（van de Ven, et al., 2009）。

2）コントロール感と心理的所有感の測定項目は，井関・北神（2017）を引用した。

ケース CASE 　学習塾における生徒のモチベーションの低下

　学習塾を経営する中永氏が，最近の生徒のモチベーションの低下について悩んでいた。中永氏が経営する学習塾は個人経営の塾である。中永氏の教え方は上手く，近所でも評判の良い学習塾である。しかしながら，生徒は勉強に身が入らず悩んでいるようであった。よくよく話を聞いてみると生徒は次のような悩みを持っていることがわかった。平手さんは，勉強熱心で常にクラスのトップを狙っているが，一度も取ったことがなく，その結果，自己評価が低くなっている。坂野さんは親からの期待がとても高く，自分では到底できないと感じる目標を設定されており，勉強をしても楽しくない。高山さんは，SNS でクラスメイトが自慢する成績を見て，自分がそうでない状況に落ち込んでいる。中永氏は生徒の悩みを解消することが，取り組むべき課題であると考えている。中永氏は今後，どのように生徒と接すれば良いだろうか。

練習問題

1．自己スキーマについて説明しなさい。また，自己スキーマは情報処理にどのような影響を及ぼすのかを述べなさい。

2．自己不一致理論について，3 つの自己概念に言及しながら説明しなさい。

3．自己開示と自己呈示について説明しなさい。その際，両者の類似点と相違点にも言及すること。

4．自己評価維持理論について説明しなさい。その際に，自己評価に影響を与える3
つの要因に触れること。

5．2種類の妬みについて説明しなさい。そのうえで，それぞれの妬みが消費者行動
にどのような影響を及ぼすのか述べなさい。

参考文献

安藤清志 (1994).『見せる自分／見せない自分：自己呈示の社会心理学』. サイエンス社.

Bargh, J. A., McKenna, K. Y., & Fitzsimons, G. M. (2002). Can you see the real me? Activation and expression of the "true self" on the Internet. *Journal of Social Issues*, *58*(1), 33-48.

Carver, C. S., Scheier, M. F., & Weintraub, J. K. (1989). Assessing coping strategies: A theoretically based approach. *Journal of Personality and Social Psychology*, *56*, 267-283.

千島雄太 (2016). 自己変容の想起がアイデンティティ形成に及ぼす影響.『教育心理学研究』, *64*(3), 352-363.

榎本博昭 (1997).『自己開示の心理学研究』. 北大路書房.

Festinger, L. (1954). A theory of social comparison processes. *Human relations*, *7*(2), 117-140.

Gidron, Y., Duncan, E., Lazar, A., Biderman, A., Tandeter, H., & Shvartzman, P. (2002). Effects of guided written disclosure of stressful experiences on clinic visits and symptoms in frequent clinic attenders. *Family Practice*, *19*(2), 161-166.

Higgins, E. T. (1989). Self-discrepancy theory: What patterns of self-beliefs cause people to suffer?. In *Advances in experimental social psychology*, Vol. 22, 93-136. Academic Press.

Inoue, Y. (2023). Effects of haptic imagery on purchase intention. *Experimental Results*, *4*, E4.

井関紗代・北神慎司 (2017).商品を触るイメージと触覚の重要性が商品に対する所有感の生起に及ぼす影響.『人間環境学研究』, *15*(1), 59-64.

Johnson, J. A. (1981). The "self-disclosure" and "self-presentation" views of item response dynamics and personality scale validity. *Journal of Personality and Social Psychology*, *40*(4), 761-769.

Kappes, A., & Oettingen, G. (2014). The emergence of goal pursuit: Mental contrasting connects future and reality. *Journal of Experimental Social Psychology*, *54*, 25-39.

小島弥生・太田恵子・菅原健介 (2003).賞賛獲得欲求・拒否回避欲求尺度作成の試み.『性格心理学研究』, *11*(2), 86-98.

Markus, H. (1977). Self-schemata and processing information about the self. *Journal of personality and social psychology*, *35*(2), 63-78.

Markus, H., Smith, J., & Moreland, R. L. (1985). Role of the self-concept in the perception of others. *Journal of personality and social psychology*, *49*(6), 1494-1512.

Parrott, W. G., & Smith, R. H. (1993). Distinguishing the experiences of envy and jealousy. *Journal of Personality and Social Psychology*, *64*, 906-920.

Peck, J., Barger, V. A., & Webb, A. (2013). In search of a surrogate for touch: The effect of haptic imagery on perceived ownership. *Journal of Consumer Psychology*, *23*, 189-196.

Pierce, J. L., Kostova, T., & Dirks, K. T. (2003). The state of psychological ownership: Integrating and extending a century of research. *Review of General Psychology*, *7*, 84-107.

Pliner, P., & Chaiken, S.（1990）. Eating, social motives, and self-presentation in women and men. *Journal of Experimental Social Psychology*, *26*（3）, 240-254.

Schlosser, A. E.（2020）. Self-disclosure versus self-presentation on social media. *Current Opinion in Psychology*, *31*, 1-6.

Sedikides, C., & Strube, M. J.（1995）. The multiply motivated self. *Personality and Social Psychology Bulletin*, *21*（12）, 1330-1335.

心理的応急処置（サイコロジカル・ファーストエイド：PFA）WHO 版（2011）. https://saigai-kokoro.ncnp.go.jp/pdf/who_pfa_guide.pdf.（2022 年 3 月 27 日最終閲覧）.

Smith, R. H., & Kim, S. H.（2007）. Comprehending envy. *Psychological Bulletin*, *133*, 46-64.

Suedfeld, P., & Pennebaker, J. W.（1997）. Health Outcomes and Cognitive Aspects of Recalled Negative Life Events. *Psychosomatic Medicine*, *59*（2）, 172-177.

Tesser, A.（1988）. Toward a self-evaluation maintenance model of social behavior. In Berkowitz, L.（Ed.）, *Advances in experimental social psychology, Vol. 21*, 181-227. Academic Press.

Tice, D. M.（1992）. Self-concept change and self-presentation: The looking glass self is also a magnifying glass. *Journal of Personality and Social Psychology*, *63*（3）, 435-451.

van de Ven, N., Zeelenberg, M., & Pieters, R.（2009）. Leveling up and down: The experiences of benign and malicious envy. *Emotion*, *9*, 419-429.

van de Ven, N., Zeelenberg, M., & Pieters, R.（2011）. The envy premium in product evaluation. *Journal of Consumer Research*, *37*, 984-998.

van de Ven, N., Zeelenberg, M., & Pieters, R.（2012）. Appraisal patterns of envy and related emotions. *Motivation and Emotion*, *36*（2）, 195-204.

Wood, J. V., Taylor, S. E., & Lichtman, R. R.（1985）. Social comparison in adjustment to breast cancer. *Journal of Personality and Social Psychology*, *49*（5）, 1169-1183.

山田詩織・及川恵（2016）. 適切な自己開示方法と聞き手の受容的反応および抑うつとの関連―開示者の再解釈に注目して.『パーソナリティ研究』, *24*（3）, 225-227.

（井上裕珠）

（ケース：津村将章）

291

第13章

消費者と集団

13.1 準拠集団[1]

13.1.1 準拠集団と消費

　消費者は，日々の生活をする中で，友人のように身近に感じる人々と同じ物を使用したり，憧れの人のように身近に感じない人々にも影響を受けることがある。例えば，サークルの憧れの先輩が該当するであろう。このような現象を説明できる1つに**準拠集団**（reference group）という概念をあげることができる。

　準拠集団とは，消費者の製品・ブランド選択をはじめとした消費行動の拠りどころとされる，実際に存在している集団・個人だけでなく，実際には存在していない集団・個人も含むような概念のことである（Park & Lessig, 1977, p.102）。準拠集団は，社会学者である Hyman（1942）によって生み出され，社会学ないし社会心理学において基盤が形成された概念である。

　準拠集団の概念はマーケティング・消費者行動領域において援用がなされてきた。この後，3つの潮流に分けて整理する。

　1つ目に，「準拠集団が製品・ブランドの購買行動に及ぼす影響」といったものをあげることができる。Bearden & Etzel によって取り組まれた研究を代表として，製品・ブランドの購買行動の決定因の1つとして議論がなされてきた（e.g., Bearden & Etzel, 1982; Childers & Rao, 1992; Park & Lessig, 1977）。しかしながら，こうした準拠集団の理論は，マーケティング・消費者行動領域ではア

カデミックな表舞台から次第に姿を消していくことになる。

2つ目に，「準拠集団が自己とブランドの結びつきに及ぼす影響」といったものをあげることができる。準拠集団は Escalas & Bettman の研究グループを契機として，1990 年代以降，注目を集めているブランド・リレーションシップといった消費者とブランドとの関係性の研究において，**自己とブランドの結びつき**（self-brand connection）に影響を及ぼす重要な要因の1つとして再び脚光を浴びるようになった（e.g., Escalas & Bettman, 2003, 2005; Wei & Yu, 2012; White & Dahl, 2007）。

3つ目に，「準拠集団が消費者のその他の行動に及ぼす影響」といったものをあげることができる。これは，2つ目に当てはまるような研究成果と関連し，準拠集団が製品選択（e.g., Berger & Heath, 2007; Berger & Rand, 2008; White & Dahl, 2006, 2007），製品評価（e.g., White & Dahl, 2006, 2007），あるいは消費量（e.g., Berger & Rand, 2008; McFerran et al., 2010）などの消費者行動に影響を及ぼすことが示されている。

こうした3つの潮流の存在を踏まえ，まず，準拠集団が消費者行動に及ぼす影響の中でも「製品・ブランドの購買行動に及ぼす影響」に関する先行研究を取り上げることとする。その後に，比較的近年の研究の潮流として捉えることが可能な「自己とブランドの結びつきに及ぼす影響」や「消費者のその他の行動に及ぼす影響」に関する先行研究について見ていくこととする。

13.1.2　準拠集団が製品・ブランドの購買行動に及ぼす影響

私たちが製品を選んだり，ブランドを選んだりするという行動には準拠集団が大きく関わってくることがある。それは，商品の特性や選択における状況などの要因が推測できるだろう。例えば，腕時計の場合を考えてみよう。生きていく上で必要とされることが多いといった必需品という特性により，多くの人たちが持っているために腕時計を選ぶということ自体に準拠集団の影響は弱い（スマートフォンが登場しているために所有しない若者も登場しているものの，職業によってはスマートフォンを取り出すことがふさわしくないために腕時計が必要であると

いう話も珍しくないそうである…）が，他者に見られるといった状況のためにど
のようなブランドを選択するのかといった事柄に対して準拠集団の影響は強く
なるということが考えられる（友人や憧れの人がポールスミスを持っているのか，
SEIKO をもっているのか，Apple watch を持っているのかに影響される）。

　従来，マーケティングないし消費者行動領域では「準拠集団が消費者の製
品・ブランドの購買行動に及ぼす影響」に着目して研究が取り組まれてきた。
代表的な研究として知られる Bearden & Etzel（1982）では，消費者が準拠集
団の影響を受けるかどうかといった度合いは，購入する商品の特性（商品が贅
沢品なのか，あるいは必需品なのか）や，製品の使用される状況（製品の使用状況
が人目に触れるような公的な状況か，あるいは人目に触れないような私的な状況か）に
よって異なってくると考えた。

　Bearden らは，購入する商品の特性について，贅沢品では，排他性といった
特徴のために準拠集団が製品選択に与える影響は強いと推測した。一方で，必
需品では，あらゆる人に所有されるために準拠集団が製品選択に与える影響は
弱いと想定した。また，製品の使用される状況について，人目に触れるような
公的な状況では，他者に見られるために準拠集団がブランド選択に与える影響
は強いと推測した。一方で，人目に触れない私的な状況では，他者に見られな
いために準拠集団がブランド選択に与える影響は弱いと想定した。

　彼らはこうした2つの要因から準拠集団が及ぼす影響の度合いについて4つ
のタイプに分け，調査によって確認をした（図表13 - 1）。1つ目の「人目に触
れるような公的な状況における贅沢品」では，準拠集団が製品選択にもブラン
ド選択にも与える影響は強いという。2つ目の「人目に触れるような公的な状
況における必需品」では，準拠集団が製品選択に及ぼす影響は弱いが，ブラン
ド選択に及ぼす影響は強いという。3つ目の「人目に触れないような私的な状
況における贅沢品」では，準拠集団が製品選択に及ぼす影響は強いが，ブラン
ド選択に及ぼす影響は弱いという。4つ目の「人目に触れないような私的な状
況における必需品」では，準拠集団が製品選択にもブランド選択にも及ぼす影
響は弱いという。

| 図表 13 − 1 | 製品・ブランド選択における準拠集団の影響 |

	必需品	贅沢品
人目に 触れるような 公的な状況	●準拠集団の影響 製品：弱 ブランド：強 ［例］腕時計，自動車， 　　　男性のスーツなど	●準拠集団の影響 製品：強 ブランド：強 ［例］ゴルフクラブ， 　　　スキー道具， 　　　ヨットなど
人目に 触れないような 私的な状況	●準拠集団の影響 製品：弱 ブランド：弱 ［例］マットレス， 　　　フロアランプ， 　　　冷蔵庫など	●準拠集団の影響 製品：強 ブランド：弱 ［例］TVゲーム， 　　　ゴミ圧縮機， 　　　製氷機など

（出所）Bearden & Etzel（1982），p.185 を一部修正。

　また，Childers & Rao（1992）では，Bearden & Etzel（1982）の提示した研究枠組みに基づき，準拠集団について家族と仲間というように細かく区別した。そして，こうした２つの集団が個人の購買意思決定に与える影響は異なるということについて検討した。彼らは，人目に触れるような公的な状況における製品の場合では，学校や職場などにおいて多くの他者に見られるといった意識が働くために準拠集団のうち仲間の影響が強くなると推測した。一方で，人目に触れない私的な状況における製品の場合では，プライベートでの使用によって限られた他者にのみ見られるといった意識が働くために準拠集団のうち家族の影響が強くなると推測した。とりわけ，両親と子どもの家族などから構成される拡大家族では家族の構成員が当然増えるため，それに伴って購買意思決定にまつわる情報源も増えると考えられるという。そのため，人目に触れないような私的な状況における製品の影響が両親と子どもから構成される核家族と比べて，両親と子どもの家族などから構成される拡大家族に関して顕著になることを想定した。

　彼らも Bearden らのように準拠集団に与える影響の度合いについて４つの

タイプに分類し，調査によって確認した。1つ目の「人目に触れるような公的な状況における贅沢品」では，準拠集団のうちの仲間が製品選択とブランド選択に与える影響は強い一方，準拠集団のうちの家族が与える影響は弱いという。2つ目の「人目に触れるような公的な状況における必需品」では，準拠集団のうちの仲間が製品選択に与える影響は弱くてブランド選択に与える影響は強い一方，準拠集団のうちの家族が与える影響は弱いという。3つ目の「人目に触れないような私的な状況における贅沢品」では，準拠集団のうちの仲間が製品選択に与える影響は強くてブランド選択に与える影響は弱い一方，準拠集団のうちの家族が与える影響は強いという。その際，家族の影響に関して，前述したように構成員が多いために購買意思決定にまつわる情報源が増えるといった拡大家族の方が核家族よりも顕著である。4つ目の「人目に触れないような私的な状況における必需品」では，準拠集団のうちの仲間が製品選択とブランド選択に与える影響は弱い一方，準拠集団のうちの家族が与える影響は強いという。その際，家族の影響に関して，このケースにおいても同様に構成員の多い拡大家族の方が核家族よりも顕著である，といった結果を導き出している。

　このような研究の潮流においては，その後大きな進展がほとんど見られない。近年，準拠集団は注目の高まりを見せるブランド・リレーションシップ研究の中で語られるようになった。

13.1.3　準拠集団が自己とブランドの結びつきに及ぼす影響

　私たちは特定のブランドに対して強いつながりを感じることがある。例えば，友人の着ているファッションと同じものを着てみたり，憧れの人が愛用しているスポーツ用品と同じものを使用してみたりすることがある。そこには，自分のことを正確に把握してほしい，かっこよく見られたいといった人間の欲求が関わっていることは想像に難くないだろう。

　マーケティングおよび消費者行動研究の領域において，消費者とブランドとの関係性といったブランド・リレーションシップ研究への注目が1990年代後

半から高まってきている。そのような研究において，強固なブランド・リレーションシップは，自己とブランドが結びついた時に構築されると考えられている（Escalas, 2004; Escalas & Bettman, 2003, 2005, 2017; Fournier, 1998）。Escalas & Bettman の研究によると，自己とブランドの結びつきとは，「このブランドは自分を表すと感じている」といったように，ブランドにまつわる連想に対して消費者が自分自身を，組み込むような程度のことをいう（Escalas & Bettman, 2003, p.340）。この自己とブランドの結びつきは，消費者の購買行動を強く予測する変数ということが指摘されている概念であるという（Thomson, Mac-Innis & Park, 2005）。

　準拠集団はこのような自己とブランドの結びつきに影響を与える重要な要因の1つとして再度関心が寄せられるようになった（e.g., Escalas & Bettman, 2003, 2005; Wei & Yu, 2012; White & Dahl, 2007; 杉谷，2018）。

　準拠集団のタイプは，自己とブランドの結びつきに及ぼす影響から大別して2種類に分けることができる。1つが自己とブランドの結びつきを強める準拠集団であり，もう1つが自己とブランドの結びつきを弱める準拠集団である。

　自己とブランドの結びつきを強める準拠集団には，**所属集団**（membership group）／**内集団**（in-group）および**熱望集団**（aspiration group）をあげることができる。まず所属集団／内集団とは，個人が所属しており，一員と感じることのできる集団を指す（Escalas & Bettman, 2003, 2005）。また，熱望集団とは，個人がポジティブな連想を抱いており，所属を熱望するといった集団を指す（Escalas & Bettman, 2003）。

　一方，自己とブランドの結びつきを弱める準拠集団には，**外集団**（out-group）と**分離集団**（dissociative group）をあげることができる。外集団とは，個人が所属しておらず，一員と感じない集団を指す（Escalas & Bettman, 2005; White & Dahl, 2007）。また，分離集団とは，ネガティブな連想を持ち，距離を保って避けたい集団を指す（McFerran et al., 2010; White & Dahl, 2006, 2007）。以下では，①自己とブランドの結びつきを強める準拠集団に着目した研究，②自己とブランドの結びつきを弱める準拠集団に着目した研究，③両方に着目した

第13章　消費者と集団 ｜ 297

研究といった視点から先行研究を見ていく。

①　自己とブランドの結びつきを強める準拠集団に着目した研究

代表的な研究として，Escalas & Bettman (2003) は，所属集団や熱望集団に使用されていそうなブランドが，自己とブランドの結びつきを強めるのではないかと考えた。彼女らは，消費者が現在所属しているといった所属集団の連想を活用するため，所属集団に使用されていそうなブランドに対して自己とブランドの結びつきを強めることを推測した。同様に，Escalas らは，消費者が所属したいといった熱望集団の連想を活用するため，熱望集団に使用されていそうなブランドに対して自己とブランドの結びつきを強めることも想定した。

彼女らの調査では，被験者に対して大学のキャンパスにおいて合致する所属集団と熱望集団の両方をあげることを尋ねた。その上で，それぞれの準拠集団が予備調査で得られた一連のブランドを使用していると知覚している程度と，自己とブランドの結びつきの程度について確認をした。その結果，消費者が所属集団に使用されていそうなブランドに対して自己とブランドの結びつきを高く評価すること，あるいは消費者が熱望集団に使用されていそうなブランドに対して自己とブランドの結びつきを高く評価することが明らかになった。

さらに，Escalas & Bettman (2003) では，消費者がどのような個人特性を持つかによって，所属集団に使用されていそうなブランドと熱望集団に使用されていそうなブランドでは，自己とブランドの結びつきに異なる影響を与えるのではないかと考えた。その際，彼女らは，研究において自己確証 (self-verification) と自己高揚 (self-enhancement) に注目している。自己確証とは自己と合致した情報を自らに取り入れることであり (Swann, 1983)，他者から確認されることによってより強められるものであるという (遠藤，2004a)。一方，自己高揚とは，人々が生きていくための基本的かつ重要な目標として捉えられており (Allport, 1937)，自己についての肯定的な評価をより一層高めようといった動機になりえるものとされている (遠藤，2004b)。

彼女らは，消費者が自己について他者から正確に評価してほしいといった自

己確証目標を持つ場合，正確な自己概念を反映している所属集団と合致するイメージを当てはめようとするため，所属集団に使用されていそうなブランドが自己とブランドの結びつきを強めると推測した。一方，Escalas らは，消費者が自己について他者から好ましく評価してほしいといった自己高揚目標を持つ場合，好ましい自己概念[2] を反映している熱望集団と合致するイメージを当てはめようとするため，熱望集団に使用されていそうなブランドが自己とブランドの結びつきを強めると想定した。

　こうした理論的背景を基に，こうした調査では被験者に準拠集団をあげてもらい，その集団が特定のブランドを使用していると知覚する程度と，自己とブランドの結びつきの程度について確認した。その結果，自己確証目標を持つ消費者が所属集団に使用されていそうなブランドに対して自己とブランドの結びつきを高く評価する一方，自己高揚目標を持つ消費者が熱望集団に使用されていそうなブランドに対して自己とブランドの結びつきを高く評価することが明らかになった。

　また，杉谷（2018）は，Escalas & Bettman（2003）の研究結果を踏まえて，所属集団ないし熱望集団にブランドが使用されているといった広告記事に触れることで，触れる前よりも消費者の自己とブランドの結びつきにポジティブな効果をもたらすのではないかと考えた。その上で，熱望集団と比べて所属集団にブランドが使用されているといった広告記事に触れた場合において消費者の自己とブランドの結びつきへの効果が顕著にみられると推測した。こうした推測は，調査対象者である日本人が西洋人に比べて，自己を好ましく評価してほしいといった自己高揚の目標を満たそうとあまりしない傾向にあるといった従来から存在する研究（北山・宮本，2000）に基づいたものである。

　杉谷の調査では，アメリカ，イタリアなど14ヵ国を対象とした外国・外国人イメージ調査（渋谷ら，2011）に基づき，憧れの人たちといった熱望集団としてイタリアが適切であると判断して「イタリアで認められたブランド」という情報の提示を行っている。具体的には，調査対象者である大学生に対して認知度の低いブランドの広告記事を見せ，自己とブランドの結びつきについて回

答してもらった。その後，そのブランドが日本において人気があるといった旨の所属集団の使用に関する広告記事か，あるいはイタリアから来たブランドであるといった旨の熱望集団の使用に関する広告記事のどちらかを提示し，自己とブランドの結びつきについて再び回答してもらった。その調査の結果，所属集団か熱望集団かといった準拠集団のタイプに関わらず，自分と関わりのある準拠集団においてブランドが使用されているといった広告記事に触れる前と比べて，広告記事に触れることによって自己とブランドの結びつきをより高く感じることを明らかにした。こうした効果について，杉谷は所属集団でも熱望集団でも自己とブランドの結びつきを高めるといった効果は同じであることも確かめているが，本調査の前にイタリアが熱望集団として調査対象者であった日本人の大学生に知覚されているかどうかの確認をしていなかったという課題も同時に示している。

② 自己とブランドの結びつきを弱める準拠集団に着目した研究

Escalas & Bettman（2005）は，消費者がどのような文化的自己観を持つかによって，外集団に使用されそうなブランドが自己とブランドの結びつきを弱めるのではないかと考えた。文化的自己観とは，国や地域などにおいて文化に基づいて共有された自己観（self-construal）のことをいい，**相互独立的自己観**（independent self-construal）と**相互協調的自己観**（interdependent self-construal）といった2つがあるという（池上・遠藤，1998）。相互独立的自己観とは，「私は私」といったように周囲の人々と切り離して自己を捉える考え方である一方，相互協調的自己観とは「私は周りと結びついている」といったように周囲の人々と切り離さずに自己を捉える考え方である（北山，1994; Markus & Kitayama, 1991）。これらの2つの自己に関する側面は個人の中に共存しうるものであり，例えば与えられた環境や刺激などの影響によって表面化する側面が変わってくるものである（Aaker & Lee, 2001）。また，こうした自己観は文化によって自己を捉える考え方が異なることが従来から指摘されており，相互独立的自己観は北米をはじめとした西洋社会において優勢とされる自己を捉える考え方

である一方，相互協調的自己観は東アジアをはじめとした東洋社会において優勢とされる自己を捉える考え方とされているものである（Aaker & Schmitt, 2001）。

Escalas らは，相互独立的自己観の優勢な消費者にとって，自らが所属しない集団といった外集団と距離を置くことでよりユニークな自己を作り出して他者に伝えるために，外集団に使用されていそうなブランドが自己とブランドの結びつきを弱めると推測した。一方，彼女らは，相互協調的自己観の優勢な消費者にとって，主となる動機が自らの所属する集団といった内集団の中で周囲の人々と関係性を築きあげることであるために，外集団に使用されていそうなブランドが自己とブランドの結びつきに与える影響は弱いと想定した。

Escalas らの調査では，米国に住む白人系（i.e., 相互独立的自己観の優勢な消費者）とアジア系・ヒスパニック系（i.e., 相互協調的自己観の優勢な消費者）といった3つのグループに対して，内集団に使用されていると知覚するブランドと外集団に使用されているブランドをあげてもらった上で，自己とブランドの結びつきについて尋ねた。その調査の結果，相互協調的自己観の優勢な消費者よりも相互独立的自己観の優勢な消費者の方が，外集団に使用されていそうなブランドに対して自己とブランドの結びつきを低く評価することが明らかになった。

外集団よりも自己とブランドの結びつきを弱める準拠集団に着目した研究も存在している。White & Dahl（2007）は，消費者が所属していない集団である外集団のイメージを避けるために行動を駆り立てられるのではなく，ネガティブな連想を持ち，避けたい集団である分離集団に使用されていそうなブランドこそが自己とブランドの結びつきを最も弱めると考えた。つまり，外集団に使用されていそうなブランドと分離集団に使用されていそうなブランドでは，自己とブランドの結びつきに異なる影響を与えるのではないかということである。

White らの調査では，被験者に対して，内集団，外集団，分離集団とそれぞれの集団のイメージに合致するようなブランド，自己とブランドの結びつき，そしてブランドの象徴性について確認をした。その調査の結果，消費者が内集

第 13 章 消費者と集団 | 301

団に使用されていそうなブランドや外集団に使用されていそうなブランドと比べて，分離集団に使用されていそうなブランドに対して自己とブランドの結びつきを低く評価するということが明らかになった。

③　両方に着目した研究

Wei & Yu（2012）は，ブランドのカントリー・オブ・オリジンといった原産国効果に着目し，どのような文化的志向を持つかによって，ブランドが準拠集団に使用されていそうなイメージを持っていても，自国のブランドと海外のブランドでは，自己とブランドの結びつきに異なる影響を与えるのではないかと考えた。文化的志向とは，文化にまつわるものであり，集団主義と個人主義といった2つの主義に大別されるものである（Hofstede, 1980）。集団主義とは，個人といったものよりも集団の考えに合わせたり，周りに合わせた選択をしたり，目標を達成させたりすることを優先しようとする傾向のことを指す（Yamaguchi, Kuhlman & Sugimori, 1995）。一方で，個人主義とは，集団といったものよりも個人の判断に基づいて考えを示したり，個人的な選択をしたり（Hofstede, 1991），個人の目標を達成させたりすることを優先しようとする傾向のことを指す（Triandis, 1995）。

Weiらは，消費者の集団主義によって自らの民族を他の民族よりもより好ましいと感じる考え方である自民族中心主義を活性化させるため，消費者が自分の属する民族と関わりのある自国のブランドを好むように義務を感じ，自分の属さない民族と関わりのない海外のブランドと距離を置くだろうと考えた。そして，彼らはこうした結果が所属する集団といった内集団に使用されていそうなイメージを持つブランドにおいて顕著になるだろうと指摘した。このため，内集団に使用されていそうなイメージを持つブランドに関して，個人主義よりも集団主義の優勢な消費者では，個人よりも集団の考え方に合わせたり，集団の選択に合わせたり，集団の目標に合わせたりするため，海外のブランドよりも自国のブランドの方が自己とブランドの結びつきを強めると推測した。一方で，集団主義よりも個人主義の優勢な消費者では，個人の判断に基づいて

考えを示したり，個人的な選択をしたり，個人の目標を達成したりするため，自分の国のブランドが多くのアイデンティティに基づいており，消費者のアイデンティティが脅かされることに繋がり，海外のブランドよりも自国のブランドの方が自己とブランドの結びつきに対して与える影響がよりネガティブになると想定した。その上で，海外のブランドが消費者を自らの集団から区別することを可能にさせるので，海外のブランドが自己とブランドの結びつきに与える影響があまりネガティブとならないことも指摘した。そして，彼らはこうした結果が所属したくない集団といった分離集団に使用されていそうなイメージを持つブランドにおいて顕著になるだろうと考えた。このため，分離集団に使用されていそうなイメージを持つブランドに関して，集団主義と比べて個人主義の優勢な消費者では，個人の判断に基づいて考えを示したり，個人的な選択をしたり，個人の目標を達成したりするため，海外のブランドよりも自国のブランドの方が自己とブランドの結びつきを弱めると推測した。

　Wei らの調査では，被験者を自国のブランドか海外のブランドをあげてもらうグループに分けた上で，内集団に使用されていそうなイメージを持つブランドと分離集団に使用されていそうなイメージを持つブランドをあげてもらい，それぞれのブランドに対する自己とブランドの結びつきについて確認した。調査の結果，内集団に使用されていそうなイメージを持つブランドにおいて，集団主義の優勢な消費者が海外のブランドよりも自国のブランドに対して自己とブランドの結びつきを高く評価することが明らかになった。また，分離集団に使用されていそうなブランドにおいて，個人主義の優勢な消費者が海外のブランドよりも自国のブランドに対して自己とブランドの結びつきを低く評価することも確認した。

13.1.4　その他の消費行動に及ぼす影響

　準拠集団は，自己とブランドの結びつきだけでなく，製品選択や製品評価にも影響を及ぼす。例えば，White & Dahl（2006）は周囲に他者が存在しているといった公的な状況では，消費者が分離集団に使用されていそうなイメージを

持つ製品に対する評価の低下や選択を避ける傾向について検討した。

　Whiteらは，他者に対して肯定的な自己イメージを示すための望みが人目に触れない私的な状況よりも人目に触れる場面で高められるので，消費が周囲に他者が存在しているといった公的な状況では，分離集団を避けようとする傾向が顕著になると指摘した。

　Whiteらの調査では，男性の被験者に対して，研修先のホテルの部屋でルームサービスを注文するというシナリオにおいて「ホテルの部屋に一人といった状況（周囲に他者が存在していないといった私的な状況条件）」か「ホテルの部屋に他者がいる（周囲に他者が存在しているといった公的な状況条件）」のいずれかを提示し，「レディースカット（男性の被験者にとって分離集団として捉えられる女性に使用されていそうなイメージを持つ製品）」と「ハウスカット（中立的な製品）」という名前が付けられた2つのステーキのうちから1つを選択させている。その調査の結果，消費者が分離集団に使用されていそうなイメージを持つ製品の評価を低下させ，そしてその製品の選択を避けることが明らかになった。

13.2　家族と消費

13.2.1　家族と消費

　この章でここまで見てきた消費行動は，**個人の意思決定**（individual decision-making）の問題として捉えることができる。つまり，特定の集団や人々に影響を及ぼされるものの，意思決定に関わる人が一貫して変わらずに個人内で完結するというものである。ここで，**意思決定**（decision making）とは，「複数の選択肢（代替案）の中から，1つの選択肢を選ぶこと」であり，それに伴って，複数の選択肢の評価基準に関する判断を行ったり，用いる決定のルールをどのようにするかについて考えたりするようなことである（印南，2002）。

　しかしながら，意思決定に関しては，製品カテゴリーなどによって夫婦や家族が大きく関わってくる。つまり，意思決定に関わる人が一貫せずに変わるため個人内で完結しないものがあるということである。このような意思決定は**共**

同意思決定（joint decision-making）ないし**集団意思決定**（group decision-making）と呼ばれている。

　共同意思決定ないし集団意思決定に関して家族が関わることがある。例えば，家族で旅行に行く場合，購入者になるのは子どもが社会人であるかどうかで異なってくるであろう。子どもが社会人でなく学生のケースでは，購入者の役割を親が担い，どこに行きたいかといった意思の決定者としては子どもが担うことは少なくないだろう。一方，子どもが社会人のケースでは，これまで育ててくれた感謝を込めて購入者の役割を子供が担い，どこに行きたいかといった意思の決定者を担うことが少なくないだろう。

　こうした家族の消費行動では，意思決定が個人で完結をせず，複数の人間がそれぞれの役割を担うのである。こうした家族と消費行動については Wilkie（1994）が7つの役割について整理をしている。

（1）**先導者**（stimulator）

　　購買意思決定において，一番初めにある製品を購入したい，あるいはあるサービスを利用したいといったことをひらめくような人である。

（2）**影響者**（influentials）

　　ある製品・サービスについて購買意思決定の最終段階において直接的に影響を及ぼしたり，あるいは間接的に影響を及ぼしたりするような人である。

（3）**専門家**（experts）

　　購買意思決定において，ある製品を購入しようとする際，あるいはあるサービスを利用しようとする際，それぞれの基準に合致しているかを検討する人である。

（4）**決定者**（decision maker）

　　購買意思決定において何を購入するのか，あるいは購入しないかについて決定するような人である。また，購買意思決定において，グループの他の構成員のうちの1人のみが購買意思決定の最終段階で決定に関わることもたびたびある。

（5）**購入者**（buyer）

購買意思決定において，ある製品・サービスを実際に購入し，料金の支払いをし，最終的に使用する場所に持っていったり，宅配をお願いしたりするような人である。この購入者は構成員のうちの他の構成員にとって購買における代理人のような役割を果たすものである。

（6）**消費者**（consumer）

購買意思決定において，ある製品・サービスを現実に使用する人である。そして，製品・サービスが家計の中で一緒に使用されることが多いという。

（7）**管理者**（caretaker）

購買意思決定において，ある製品を使用したり，あるいはサービスを利用しようとする際にこれらについてきちんと管理を行うような人である。

このような家族の意思決定にはさまざまな役割を果たす人が関わることが指摘されている。消費行動において，家族の意思決定に関わるものとして考えられるものは，多くの場合，夫，妻，そして子どもである。以降では，夫，妻，そして子どもを想定したものに絞って研究を見ていくこととする。

マーケティングないし消費者行動領域において，家族の購買意思決定に関わる影響力に関する研究を外観すると，2つに大別することが可能という（森藤，2014）。以下では，①購買意思決定において家族内の構成員がどのように影響するかに着目した研究，②購買意思決定において家族内の構成員がどのように関わるかの役割の移り変わりに着目した研究を見ていく。

13.2.2　家族の意思決定

① 購買意思決定において家族内の構成員がどのように影響するかに着目した研究

購買意思決定において，家族で製品・サービスを購入する際，必ずしも構成員同士の意見が一致するわけではない。例えば，Sharp & Mott（1956）は，自動車，保険，食料品，家やアパート，休暇の目的地，妻の職（仕事をすべきか

退職すべきか），家計管理について，家族の構成員のうち夫か妻のどちらの方が
どのように影響をしているかについて確認した。その調査の結果，購買意思決
定において夫の方が妻よりも影響しているのは自動車である一方，妻の方が夫
よりも影響しているのは家計の管理であるということが明らかになった。

　また，Davis（1970）は，購買意思決定において家族の構成員のうち夫か妻
のどちらの方が影響を及ぼしているかに関して製品カテゴリーに依存すること
について検討した。その調査では，自動車と家具について，それぞれの製品カ
テゴリーの購買意思決定の項目ごとに家族の構成員のうち夫か妻のどちらの方
が影響しているのかについて確認した。具体的な購買意思決定の項目として，
自動車のケースでは，いつ購入するのか，どこで購入するのか，どのくらいの
支払いをするのか，どこのメーカーなのか，どのようなモデルなのか，何色を
選んだのかについて尋ねた一方，家具のケースでは，どのくらいの支払いをす
るのか，いつ購入するのか，どこで購入するのか，どのような家具のスタイル
なのか，何色を選んだのか，どのような生地を選んだのかについて尋ねた。そ
の調査の結果，自動車のケースでは，夫婦のうち夫の方が妻よりも多くの購買
意思決定に関わる項目において影響しているといった傾向にあることが明らか
になった。また，家具のケースでは，夫婦のうち妻の方が夫より多くの購買意
思決定に関わる項目において影響しているといった傾向にあることも明らかに
なった。

　さらに，Davis & Rigaux（1974）は，洗浄剤，生命保険，子供のおもちゃ，
化粧品などの合計25の製品カテゴリーに関して，購買意思決定において家族
の構成員のうち夫と妻の間でどのような役割分担がなされているのかについて
検討した。そこでは，「夫婦間の相対的な影響力」という軸と，「役割分業の程
度」という軸の2つの軸から議論した（図表13 – 2参照）。まず，「夫婦間の相
対的な影響力」とは，25の製品カテゴリーに関わる購買意思決定において，
家族の構成員のうち夫，妻，共同（夫と妻の両方）のうち，誰が最も影響して
いるかを示した軸のことである。そして，「役割分業の程度」とは，25の製品
カテゴリーに関わる購買意思決定において，家族の構成員のうち夫か妻のどち

第 13 章 消費者と集団 | 307

図表 13−2　25 の意思決定における夫婦の役割

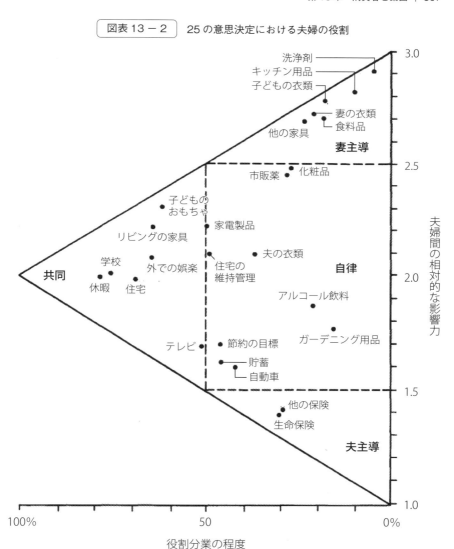

（出所）Davis & Rigaux（1974），p.54.

らかで行われたものか，夫と妻の両方による共同で行われたものかを示した軸である。

　Davis らは，こうした軸に基づき，**夫主導**，**妻主導**，**共同的**（synratic），**自律的**（autonomic）の4つの枠組みから購買意思決定における夫と妻の間の役割が製品カテゴリーによって異なることを明らかにした。例えば，家族の構成員のうち妻の方が夫よりも影響しているといった妻主導型購買意思決定に当てはまるものとして，洗浄剤，キッチン用品，子どもの衣類，妻の衣類，食料品，他の家具があげられていた。家族の構成員のうち夫の方が妻よりも影響しているといった夫主導型購買意思決定に当てはまるものとして，生命保険や他の保険があげられていた。家族の構成員のうち夫と妻の両方が影響しているといった共同的購買意思決定に当てはまるものとして，子どものおもちゃ，リビングの家具，外での娯楽，学校，休暇，住宅，テレビがあげられていた。家族の構成員のうち夫と妻のそれぞれが影響しているといった自律型購買意思決定に当てはまるものとして，化粧品，市販薬，家電製品，住宅の維持管理，夫の衣類，アルコール飲料，ガーデニング用品，節約の目標，貯蓄，自動車があげられていた。

　家族の構成員のうち夫と妻の意見が一致するのか，あるいは一致しないのかといったものを分類化した研究がある。例えば，Burns（1977）は，購買意思決定において家族の構成員のうち夫と妻の間の意見が一致するのか，あるいは一致しないのかに関してモデルを開発した（図表13－3）。

（1）意見一致の購買意思決定

　家族の構成員のうち夫と妻が同じような応答を示したため，夫と妻の意見が一致したものである。この時の購買意思決定には家族の構成員のうち夫が行ったのか，妻が行ったのか，または夫と妻の両方が共同して行ったのかの3つの種類に分類することができる。

第13章　消費者と集団　│　309

| 図表 13 － 3 | 夫と妻の返答の合致による意見の一致・意見の不一致のバリエーション |

		妻の返答		
		夫	共同	妻
夫の返答	夫	意見一致の 購買意思決定	推定的な 購買意思決定	相互推定的な 購買意思決定
	共同	譲歩的な 購買意思決定	意見一致の 購買意思決定	推定的な 購買意思決定
	妻	相互譲歩的な 購買意思決定	譲歩的な 購買意思決定	意見一致の 購買意思決定

（出所）Burns（1977），p.51.

（2）譲歩的な購買意思決定

　家族の構成員のうちの片方は夫と妻の両方といった共同して購買意思決定をしたと思っているが，もう片方は別の配偶者が単独で購買意思決定をしたと応答したものである。その役割は相手の配偶者に対して譲歩している状態と言える。

（3）推定的な購買意思決定

　これは譲歩的な購買意思決定とは相反するものとして捉えられる。家族の構成員のうち夫婦の片方は夫と妻の両方といった共同して購買意思決定をしたと思っているが，もう片方は自分自身が購買意思決定をしたと応答するものである。

（4）相互推定的な購買意思決定

　家族の構成員のうち夫と妻の両方が自分自身が購買意思決定をしたというものである。

（5）相互譲歩的な購買意思決定

　相互推定的な購買意思決定と相反するものである。家族の構成員のうち夫と妻の両方が別の配偶者が決定したと応答するものである。

購買意思決定において，家族の構成員のうち夫婦のみではなく子どもの影響力も検討した研究がある。例えば，Jenkins（1979）は，家族と購買意思決定を取り上げた研究が構成員のうち夫と妻がどのように影響しているかに着目したものが多くを占めており，子どもがどのような役割を果たしているのかという視点が含まれていないことについて言及している。彼は，父親と子ども，母親と子どもの相互作用を研究することによって，購買意思決定において家族の構成員のうち子どもがどのように影響しているかについて明らかになる可能性について示唆した。また，Filiatrault & Ritchie（1980）も購買意思決定において家族の構成員のうち子どもが関わっていることの重要性について指摘をしている。そこでは，購買意思決定において家族のうち子供の影響力の重要性を指摘している。購買意思決定において子どもが休暇や宿泊場所を選択することについて，あまり影響を及ぼさないことを明らかにしている。

② 購買意思決定において家族内の構成員がどのように関わるかの役割の移り
変わりに着目した研究

購買意思決定において家族内の構成員がどのように関わるかの役割の移り変わりに着目した研究がある。例えば，Belch & Willis（2002）は，Belch, Belch & Ceresino（1985）によって取り組まれた，テレビ，自動車，休暇，家電製品，家具，朝食のシリアルにおいて，購買意思決定において家族の構成員のうち夫，妻，子どものうちの誰がどのように影響しているかについて検討した研究と1999年のものを比較している。その調査の結果，製品カテゴリー間において夫と妻が影響していることについての差は依然として存在していることが確認された。しかしながら，例えば，自動車をはじめとした製品に関して，Belch, Belch & Ceresino（1985）の調査結果と異なり，購買意思決定において家族の構成員のうち妻の方が夫よりも強く影響しており，夫の役割が構造的に変化していると述べている。異なった結果が得られた要因としては，調査の行われた10年以上の間で，女性の社会進出が進んでいること，夫だけでなく妻も働きに出るといった共働き世帯が増加していることなどが考えられている。

また，Lee & Beatty（2002）は，家族の構成員がお互いにどのように影響しているかを観察することによって，購買意思決定において夫があまり影響していないことと，妻が強く影響していることを明らかにしている。そして，そこには男女の役割の位置づけおよび妻の職業的地位が関わっており，職業的地位の高まる妻が購買意思決定において強く影響していることを述べている。Leeらは，購買意思決定において，家族の構成員のうち子どもが影響している事柄が高まってきており，家庭において現代的なものの捉え方が可能であるケースにおいてはこのような傾向が強くなっていることを述べている。

本章の事例でみたように，日常生活を送る中で，我々はさまざまな集団や人びとに影響を受けながら消費行動を行っている。正確な理解をすることがマーケティング戦略への示唆となると考えられる。

準拠集団に関して，具体的にどのような集団や人々が該当するのかを見極めることが重要になってくるだろう。例えば，消費者の意思決定に対してポジティブな影響を及ぼすとされる熱望集団や，ネガティブな影響を及ぼすとされる分離集団などの準拠集団を明確に把握すべきであろう。また，家族の意思決定に関して，誰がどのように関わっているのかを考慮する必要性があるだろう。

【注】

1）準拠集団の研究の紹介については，芳賀（2015）を一部加筆修正している。
2）自己概念とは，人々が自分自身について知っている，あるいは信じていることについての総称のことであり，「私は○○だ」と表現できるものである（遠藤，2004b）。

ケース CASE　家族旅行

大学生のHさんは，毎年夏に行われる年に一度の家族旅行の計画を立てる責任を持っていた。家族旅行に行くのは，父親，母親，Hさん，妹の4人である。ある日，Hさんは大学のサークルで尊敬する先輩が沖縄に旅行していることをSNSで知った。

投稿を通して，先輩が海で泳ぎ，水族館を訪れ，国際通りで買い物をしている様子など充実した様子が伝わってきた。この投稿を見て，Ｈさんは自分も憧れている先輩と同じ海で泳いだり，水族館を訪ねたりといった経験をしてみたいと強く感じた。そして，その瞬間に，海の青さや自由な雰囲気がＨさんの心を捉え，沖縄への憧れが一気に高まった。

しかし，Ｈさんは家族の意向を考慮しながら旅行計画を立てなければいけないという事情があった。特に家族の中では末っ子である妹の意見が重視される傾向にあり，以前もＨさんが提案した行き先は妹によって却下されたことがあった。さらに，今回の沖縄という提案は父親も興味を持っている様子であった。父親は沖縄に詳しく，オススメの観光地や美味しい沖縄料理のお店を知っているようである。家族旅行の支払いは父親が行うため，父親の意見も考慮しなければならない。Ｈさんは微妙な舵取りの中，妹があまり興味を示さないであろう，沖縄の水族館で先輩と同じような経験をSNSに投稿してみたいと思うのであった。

Ｈさんは，どのような旅行計画を立てるとよいだろうか。

練習問題

1. 準拠集団の定義について説明しなさい。
2. 所属集団について事例を交えてそれぞれ簡潔に説明しなさい。
3. 熱望集団について事例を交えてそれぞれ簡潔に説明しなさい。
4. 分離集団について事例を交えてそれぞれ簡潔に説明しなさい。
5. 共同意思決定ないし集団意思決定について事例を交えて簡潔に説明しなさい。

参考文献

Aaker, J. L., & Lee, A. Y. (2001). 'I' Seek Pleasures and 'We' Avoid Pains: The Role of Self-Regulatory Goals in Information Processing and Persuasion. *Journal of Consumer Research, 28*(1), 33-49.

Aaker, J., & Schmitt, B. (2001). Culture-Dependent Assimilation and Differentiation of the Self Preferences for Consumption Symbols in the United States and China. *Journal of Cross-Cultural Psychology, 32*(5), 561-576.

Allport, G. W. (1937). *Personality : A Psychological Interpretation*. New York: Holt.

Bearden, W. O., & Etzel, M. J. (1982). Reference Group Influence on Product and Brand Purchase Decisions. *Journal of Consumer Research, 9*(2), 183-194.

Belch, G. E., Belch, M. A., & Ceresino, G. (1985). Parental and Teenage Influences in Family Decision Making. *Journal of Business Research, 13*(2), 163-176.

Belch, M. A., & Willis, L. A. (2002). Family Decision at the Turn of the Century: Has the Changing Structure of Households Impacted the Family Decision-Making Process?. *Journal of Consumer Behaviour, 2*(2), 111-124.

Berger, J., & Heath, C. (2007). Where Consumers Diverge from Others: Identity Signaling and Product Domains. *Journal of Consumer Research*, *34*(2), 121-134.

Berger, J., & Rand, L. (2008). Shifting Signals to Help Health: Using Identity Signaling to Reduce Risky Health Behaviors. *Journal of Consumer Research*, *35*(3), 509-518.

Burns, Alvin C. (1977). Husband and Wife Purchase Decision-Making Roles: Agreed, Presumed, Conceded, and Disputed. *Advances in Consumer Research*, *4*, 50-55.

Childers, T. L., & Rao, A. R. (1992). The Influence of Familial and Peer-Based Reference Groups on Consumer Decisions. *Journal of Consumer Research*, *19*(2), 198-211.

Davis, H. L. (1970). Dimensions of Marital Roles in Consumer Decision Making. *Journal of Marketing Research*, *7*(2), 168-177.

Davis, H. L., & Rigaux, B. P. (1974). Perception of Marital Roles in Decision Processes. *Journal of Consumer Research*, *1*(1), 51-62.

遠藤由美 (2004a). 社会的認知. 無藤隆・森敏昭・遠藤由美・玉瀬耕治編. 『心理学』, 304-322. 有斐閣.

遠藤由美 (2004b). 自己. 無藤隆・森敏昭・遠藤由美・玉瀬耕治編. 『心理学』, 323-344. 有斐閣.

Escalas, J. E. (2004). Narrative Processing: Building Consumer Connections to Brands. *Journal of Consumer Psychology*, *14*(1-2), 168-180.

Escalas, J. E., & Bettman, J. R. (2003). You are What They Eat: The Influence of Reference Groups on Consumers' Connections to Brands. *Journal of Consumer Psychology*, *13*(3), 339-348.

Escalas, J. E., & Bettman, J. R. (2005). Self-Construal, Reference Groups, and Brand Meaning. *Journal of Consumer Research*, *32*(3), 378-389.

Escalas, J. E., & Bettman, J. R. (2017). Connecting with Celebrities: How Consumers Appropriate Celebrity Meanings for a Sense of Belonging. *Journal of Advertising*, *46*(2), 297-308.

Filiatrault, P., & Ritchie, J. B. (1980). Joint Purchasing Decisions: A Comparison of Influence Structure in Family and Couple Decision-Making Units. *Journal of Consumer Research*, *7*(2), 131-140.

Fournier, S. (1998). Consumers and Their Brands: Developing Relationship Theory in Consumer Research. *Journal of Consumer Research*, *24*(4), 343-373.

芳賀英明 (2015). 準拠集団が消費者行動に及ぼす影響—自己とブランドの結びつきを中心に—. 『マーケティング・ジャーナル』, *35*(2), 106-118.

Hofstede, G. (1980). Motivation, leadership, and Organization: Do American Theories Apply Abroad?. *Organizational Dynamics*, *9*(1), 42-63.

Hofstede, G. (1991). *Cultures and Organizations: Software of the Mind*, McGraw-Hill.

Hyman, H. H. (1942). The Psychology of Status. *Archives of Psychology*, *269*, 5-94.

池上知子・遠藤由美 (1998). 『グラフィック社会心理学』. サイエンス社.

印南一路 (2002). 『すぐれた意思決定—判断と選択の心理学』. 中央公論新社.

Jenkins, R. L. (1979). The Influence of Children in Family Decision-Making: Parent' Perceptions. *Advances in Consumer Research*, *6*, 413-418.

北山忍 (1994). 文化的自己観と心理的プロセス. 『社会心理学研究』, *10*(3), 153-167.

北山忍・宮本百合 (2000). 文化心理学と洋の東西の巨視的比較—現代的意義と実証的知見. 『心理学評論』, *3*(1), 57-81.

Lee, C. K., & Beatty, S. E. (2002). Family Structure and Influence in Family Decision Making. *Journal of Consumer Marketing*, *19*(1), 24-41.

Markus, H. R., & Kitayama, S. (1991). Culture and the Self: Implications for Cognition, Emotion, and Motivation. *Psychological Review*, *98*(2), 224-253.

McFerran, B., Dahl, D. W., Fitzsimons, G. J., & Morales, A. C. (2010). I'll Have What She's Having: Effects of Social Influence and Body Type on the Food Choices of Others. *Journal of Consumer Research*, *36*(6), 915-929.

森藤ちひろ (2014). 教育サービスにおける家族内意思決定：子供の進路に関する質的研究. 『京都マネジメント・レビュー』, *25*, 61-83.

Park, C. W., & Lessig, V. P. (1977). Students and Housewives: Differences in Susceptibility to Reference Group Influence. *Journal of Consumer Research*, *4*(2), 102-110.

Sharp, H., & Mott, P. (1956). Consumer Decisions in the Metropolitan Family. *Journal of Marketing*, *21*(2), 149-156.

渋谷明子・テーシャオブン・李光鎬・上瀬由美子・萩原滋・小城英子 (2011). メディア接触と異文化経験と外国・外国人イメージ―ウェブ・モニター調査 (2010年2月) の報告 (2)―. 『メディア・コミュニケーション』, *61*, 104-125.

杉谷陽子 (2018). ブランドへの愛着と購買意図―準拠集団におけるブランド採用の効果―. 『マーケティング・ジャーナル』, *37*(3), 38-53.

Swan, W. B. Jr. (1983). Self-Verification: Bringing Social Reality into Harmony with the Self. In J. Suls, & A. G. Greenwald (eds.), *Social Psychological Perspectives on the Self, 2*, Hillsdale, NJ: Erlbaum, 33-66.

Thomson, M., MacInnis, D. J., & Whan Park, C. (2005). The Ties that Bind: Measuring the Strength of Consumers' Emotional Attachments to Brands. *Journal of Consumer Psychology*, *15*(1), 77-91.

Triandis, H. C. (1995). *Individualism and Collectivism*, Boulder, CO: Westview Press.

Wei, Y., & Yu, C. (2012). How Do Reference Groups Influence Self-Brand Connections among Chinese Consumers?. *Journal of Advertising*, *41*(2), 39-54.

White, K., & Dahl, D. W. (2006). To Be or Not Be? The Influence of Dissociative Reference Groups on Consumer Preferences. *Journal of Consumer Psychology*, *16*(4), 404-414.

White, K., & Dahl, D. W. (2007). Are All Outgroups Created Equal? Consumer Identity and Dissociative Influence. *Journal of Consumer Research*, *34*(4), 525-536.

Wilkie, W. L. (1994). *Consumer Behavior (3rd ed)*, John Wiley & Sons.

Yamaguchi, S., Kuhlman, D. M., & Sugimori, S. (1995). Personality Correlates of Allocentric Tendencies in Individualist and Collectivist Cultures. *Journal of Cross-Cultural Psychology*, *26*(6), 658-672.

(芳賀英明)

(ケース：芳賀英明・津村将章)

索　引

A－Z

AI ·· 234
FI スキャロップ ························ 61
FI スケジュール ······················ 60
FR スケジュール ······················ 59
AIDA ·· 162
AIDMA ······················· 152，162
AISAS ························· 152，162
EBA ·· 184
Maslow ······································ 104
Papez（パペツ）回路 ···· 252
SERVQUAL
 ······················· 237，239，245
SNS ·· 119
U 字型の関係 ···························· 7
VI スケジュール ······················ 61
VR スケジュール ······················ 59
WTP ······························· 217，285
Yakovlev（ヤコブレフ）
 回路 ······································ 252

ア

愛・所属欲求 ···························· 104
曖昧性忌避 ································ 174
悪意のある妬み ···················· 284
悪意のない妬み ···················· 284
アクセス ···································· 237
アノマリー ···················· 175，186

アレのパラドックス
 ······································ 172，173
安心性 ·· 237
安全・安心欲求 ······················ 104
安全性 ·· 237
アンダーマイニング効果
 ·· 107
暗黙理論 ···································· 134
閾下知覚 ······································ 28
閾上知覚 ······································ 28
閾値 ·· 27
意思決定 ···································· 304
維持リハーサル ························ 70
一時関与 ···································· 112
1 段階面接法 ···························· 203
遺伝的要因 ································ 46
イノベーション ······················ 230
意味記憶 ······································ 72
意味ネットワーク ···················· 86
ウェーバーの法則 ···················· 28
ウェーバー・フェヒナーの
 法則 ·· 28
運動視差 ······································ 18
影響者 ·· 304
永続的関与 ································ 112
エグゼンプラー ························ 82
エピソード記憶 ························ 72
エルスバーグのパラドックス
 ······································ 172，173

遠心性線維 ································ 249
オーガニック食品 ················ 128
奥行き知覚 ································ 18
送り手（情報源） ···················· 149
夫主導 ·· 308
オペラント条件づけ
 ·· 45，55

カ

解釈主義 ·· 3
解釈レベル理論 ······· 125，126
外集団 ·· 296
外受容感覚 ································ 260
概数効果 ······················ 180，181
外側膝状体 ································ 14
外的調整 ···································· 107
概念駆動型の注意 ···················· 34
外発的動機づけ ······················ 105
回避－回避型コンフリクト
 ·· 102
外部探索 ···································· 119
快楽原理 ···································· 129
快楽動機 ···································· 208
価格 ·· 210
価格と品質 ································ 135
確実性 ························· 238，239
学習準備性 ································ 51
覚醒ポテンシャル理論 ···· 264
獲得効用 ···································· 217

確率加重関数
　　━━━━━175, 176, 193
加算型━━━━━━183
仮想的距離━━━━127
片面提示━━━━151, 153
価値━━━━━━━99
　　━━━━関数━━175, 177
可聴域━━━━━━19
活性化拡散━━━━86
葛藤━━━━━━101
カテゴリー━━━━81
カテゴリー化━━━123
カテゴリー計画購買━━201
加法混色━━━━━15
下方比較━━━280, 282
ガルシア効果━━━51
感覚記憶━━━━━66
環境閾値説━━━━46
環境的要因━━━━46
関係性━━━━━106
観察学習━━━━━54
感情━━━━━━247
　　━━━ディスプレイ━255
　　━━━的関与━━113
　　━━━労働（論）━256
慣性的購買型━━━206
間接プライミング━━85
完全性━━━━━172
観測変数━━━━━6
桿体細胞━━━━━12
カントリー・オブ・オリジン
　　━━━━━━━301
簡便法━━━━168, 180
関与━━━━━━109
関与度━━━━━121

管理者━━━━━305
関連購買━━━━201
記憶━━━━━━64
ギガレンツァー━━191
既存顧客━━━━231
期待━━━99, 233, 234, 240
　　━━━価格━━━215
　　━━━価値理論━━108
　　━━━効用━━169, 172
　　━━━効用理論━━168,
　　　　171 ～ 175, 177
期待値━━━169 ～ 171
期待不一致モデル━233, 245
機能的リスク━━━132
規範━━━━━━208
　　━━━的信念━━209
気分━━━━━━247
基本的心理欲求━━106
基本6情動━━248, 261
義務自己━━━━275
記銘━━━━━━65
逆向条件づけ━━━52
逆プラシーボ効果━━261
逆U字型の関係━━━7
キャノン・バード説━251
求心性線維━━━250
強化━━━━━━50
　　━━━後反応休止━━59
　　━━━スケジュール━59
共感性━━━238, 239
　　━━━羞恥心━━263
共同的━━━━━308
拒否回避欲求━━━277
恐怖喚起━━━151, 152
近接の法則━━━━38

金銭━━━━━━209
金銭的━━━━━240
　　━━━コスト━━240
　　━━━リスク━━132
空間的距離━━━127
空気遠近法━━━━18
グーデンベルク・
　　ダイアグラム━━36
クチコミ
　　━━120, 231, 240, 245
クレイク━━━━━69
計画購買━━━━200
計画的行動理論━━144
経験財━━━━━121
経験品質━━━━236
継時混色━━━━15
係留と調整━━━182
　　━━━ヒューリスティック
　　━━━━━━━179
ゲシュタルト━━━37
　　━━━心理学━━38
　　━━━崩壊━━━37
ゲゼル━━━━━46
結果品質━━━━235
決定者━━━━━305
幻効果━━━━━187
顕在的注意━━━━34
検索━━━━━━65
原産国━━━━━136
　　━━━効果━━━301
現実自己━━━━275
限定合理性━━━190
　　━━━モデル━━190
減法混色━━━━15
高関与━━━━━113

索　引 | 317

広告関与 112
広告媒体 154
広告メッセージ 129
高次条件づけ 52
恒常性 25
構成概念 6
公正価格 215
高速倹約ヒューリスティック 191, 192
行動経済学 180
購入者 305
合理的行為理論 142, 144
顧客 230, 232
───志向 232
───創造 230
───満足 230, 232～234, 239～242, 244, 245
───理解 237
後光効果 150
個人の意思決定 304
古典的条件づけ 49
固定時隔スケジュール 60
固定比率スケジュール 59
コミュニケーション 237
コミュニティサイト 120
コモディティ化 123
痕跡条件づけ 52
コントロール感 286
コンピテンス（competence）動機づけ 103
コンフリクト 101

サ

再購買 231, 241, 242, 245
再生 65

最低受容価格 215
再認 65
───原理 191
───ヒューリスティック 191, 192
サイモン 190
サヴェジ・ドブロイ（Savage-Debreu）問題 184
作業記憶 68
錯覚 26
サブリミナル 28
三項随伴性 57
三色説 14
サンプルによる決定 192
ジェームズ・ランゲ説 251
視覚探索 34
時間 209
───圧力 214
───知覚 30
時間的 240
───距離 127
───コスト 240
───リスク 132
時間割引 193
刺激欲求 208
自己意識的感情 284
視交叉 13
試行錯誤 56
自己開示 277, 278
自己概念 274
自己決定理論 106
自己実現欲求 104
自己スキーマ 274
自己呈示 277
自己同一性 208

自己評価 280
───維持モデル 281
自己不一致理論 275
辞書編纂型 183
───方略 184
視神経乳頭 12
システマティック処理 113
自制心 210
自尊・承認欲求 104
実証主義 3
実用動機 208
自発的回復 54
支払意思価格 217
社会的距離 127
社会的比較 280
弱化 57
尺度 239
従業員 232, 238, 239
周辺的ルート 160
主観的等価点 28
準拠集団 291
準拠点 175
───依存 169, 177
順応 25
消去 54
状況関与 112
状況的自己関連性 109
状況変数 100
使用経験 236
条件購買 201
条件刺激 50
条件反応 50
賞賛獲得欲求 277
情動 99, 247
衝動買い傾向 208

衝動購買・・・・・・・・201，204
情動二要因説・・・・・・252，258
消費者・・・・・・・・・・・・・・・305
消費者購買意思決定プロセス
・・・・・・・・・・・・・・・・・・119
消費者情報処理アプローチ
・・・・・・・・・・・・・・・・・・・・4
消費者独自性欲求尺度・・・100
商品・・・・・・・・・・・・・・・・・210
情報・・・・・・・・・・・・・・・・・133
　　──源効果・・・・・・・149
　　──処理・・・・・・・・・121
　　──処理モデル・・・・4
　　──探索行動・・・・・・120
上方比較・・・・・・・281，282
所属集団・・・・・・・・・・・・・296
処理水準・・・・・・・・・・・・・・70
自律性・・・・・・・・・・・・・・・106
自律的・・・・・・・・・・・・・・・308
新規顧客・・・・・・・・・・・・・231
人工知能・・・・・・・・・・・・・234
身体的魅力・・・・・・・・・・・150
信念・・・・・・・・・・・・・・・・・・99
真のロイヤルティ・・242，243
信頼関係・・・・・・・・・・・・・241
信頼性・・・・・・149，237〜239
信頼品質・・・・・・・・・・・・・236
心理的距離・・・・・・・・・・・127
心理的コスト・・・・・・・・・240
心理的資源・・・・・・・・・・・209
心理的・社会的リスク・・・132
心理的所有感・・・・・・・・・286
図・・・・・・・・・・・・・・・・・・・39
推移性・・・・・・・・・・・・・・・172
錐体細胞・・・・・・・・・・・・・・12

推論・・・・・・・・・・・・・・・・・134
スキーマ・・・・・・・・75，274
スキナー・・・・・・・・・・・・・・55
スクリプト・・・・・・・・・・・・80
図と地の法則・・・・・・・・・・39
スパーリング・・・・・・・・・・66
成果水準・・・・・233，234，240
制御焦点理論・・・・・・・・・129
制御適合・・・・・・・・・・・・・130
成熟優位説・・・・・・・・・・・・46
精神物理学・・・・・・・・・・・・27
生態学的合理性・・・・・・・191
精緻化見込みモデル・・・157
精緻化リハーサル・・・・・・70
製品関与・・・・・・・・・・・・・111
製品志向・・・・・・・・・・・・・232
聖ペテルスブルグの
　パラドックス・・・171，177
生物的制約・・・・・・・・・・・・51
性別・・・・・・・・・・・・・・・・・209
セイラー・・・・・・・・・・・・・180
生理的欲求・・・・・・・・・・・104
背側経路・・・・・・・・・・・・・・14
接近−回避型コンフリクト
・・・・・・・・・・・・・・・・・・102
接近−接近型コンフリクト
・・・・・・・・・・・・・・・・・・101
説得的コミュニケーション
・・・・・・・・・・・・・・・・・・148
セルフコントロール・・・210
セールス・プロモーション
・・・・・・・・・・・・・・・・・・215
セレンディピティ・・・・・235
線遠近法・・・・・・・・・・・・・・18
線形の関係・・・・・・・・・・・・7

宣言的記憶・・・・・・・・・・・・72
選好・・・・・・・・・・・・・・・・・・99
潜在的注意・・・・・・・・・・・・34
潜在的なロイヤルティ・・・242
全体主義・・・・・・・・・・・・・・37
選択肢ベースの決定方略
・・・・・・・・・・・・・・・・・・183
選択盲・・・・・・・・・・・・・・・189
選択的注意・・・・・・・・・・・・35
宣伝・・・・・・・・・・・・・・・・・231
先導者・・・・・・・・・・・・・・・304
専門家・・・・・・・・・・・・・・・304
専門性・・・・・・・・・・・・・・・149
相関係数・・・・・・・・・・・・・162
想起・・・・・・・・・・・・・・・・・・65
　　──購買・・・・・・・・・201
相互協調的自己感・・・・・299
相互独立的自己感・・・・・299
促進焦点・・・・・・・・・・・・・129
属性・・・・・・・・・・・・・・・・・135
　　──ベースの決定方略
・・・・・・・・・・・・・・・・・・183
　　──による消去・・・184
　　──の評価しやすさ・・188
　　──フレーミング・・178
ソマティック・マーカー
・・・・・・・・・・・・・・・・・・254
損失利得法・・・・・・・・・・・・34
ソーンダイク・・・・・・・・・・55

タ

対応性・・・・・・・・237〜239
体制化・・・・・・・・・・・・・・・・37
態度・・・・・・・・・・・・・99，139

索 引 | 319

代表性ヒューリスティック
　　　　　　　179，180
妥協効果　　　　185，187
多重貯蔵モデル　　　　66
多数効果　　　　　　　187
多属性意思決定　169，183
多属性態度モデル　　　140
達成目標理論　　　　　108
ダニエル・ベルヌイ　　172
ダブルフラッシュ錯視　32
タルヴィング　　　　　69
段階説　　　　　　　　16
短期記憶　　　　　　　67
探索財　　　　　　　　121
探索品質　　　　　　　236
単純接触効果　　　54，267
地　　　　　　　　　　39
遅延条件づけ　　　　　52
知覚価値　　　　239，240
知覚的流暢性の誤帰属説
　　　　　　　　　　267
知覚品質　235，237，239
知覚リスク　　　　　　131
逐次処理　　　　　　　35
チャンク　　　　　　　68
注意　　　　　　　　　34
　　　　の瞬き　　　　36
注視　　　　　　　　　34
抽象的カテゴリー　　　123
中心窩　　　　　　　　12
中心的ルート　　　　　158
長期記憶　　　　　　　69
調整効果　　　　　　　7
丁度可知差異　　　　　28
貯蔵　　　　　　　　　65

対呈示　　　　　　　　50
妻主導　　　　　　　　308
つり橋効果　　　　　　259
低関与　　　　　　　　113
丁寧な対応　　　　　　237
データ駆動型の注意　　34
手続き的記憶　　　　　73
デフォルト効果　　　　181
テレビCM　　　125，128
典型性効果　　　　　　82
展望的記憶　　　　　　73
店舗の雰囲気　　　　　210
同一化　　　　　　　　107
動因　　　　　　　　　99
　　　　低減説　　　　103
等価価格　　　　　　　217
動機　　　　　　　　　99
動機づけ　　　　　　　97
道具的条件づけ　　　　55
統合　　　　　　　　　107
　　　　型 SP　　　　219
同時条件づけ　　　　　52
独自性欲求　　　　　　100
　　　　尺度　　　　　100
特性変数　　　　　　　100
特定ブランド固執型　　206
独立性　　　　　　　　172
トークン（代理貨幣）
　エコノミー　　　　　58
トップダウンの注意　　34
取り入れ　　　　　　　107
取引効用　　　　　　　217
　　　　理論　　　　　217

ナ

内因的自己関連性　　　109
内集団　　　　　　　　296
内受容感覚　　　　　　263
内的参照価格　　　　　215
内的調整　　　　　　　107
内発的動機づけ　　　　105
内部探索　　　　　　　119
ニコラス・ベルヌイ　　171
二重過程理論　　　　　194
二重貯蔵モデル　　　　66
ニーズ　　　　　　　　230
偽のロイヤルティ　　　243
2段階面接法　　　　　203
認知的関与　　　　　　113
認知的整合性理論　146，150
認知的不協和理論　101，148
ネガティブな気分　　　211
妬み　　　　　　　　　283
熱望集団　　　　　　　296
年齢　　　　　　　　　209
能力　　　　　　　　　237
ノーシーボ（反偽薬）効果
　　　　　　　　　　260
ノード　　　　　　　　86

ハ

媒介効果　　　　　　　7
パスカル　　　　　　　170
パチョーリ（Pacioli）の
　問題　　　　　　　　170
パフォーマンス　　　　234
パブロフ　　　　　　　49

バラエティ・シーキング …………205
バラエティ・シーキング型 …………206
バランス理論 …………146
反映過程 …………281
般化 …………53
反対色説 …………15
反応関与 …………112
反応レンジ説 …………47
販売 …………230
販売促進 …………231
比較過程 …………281
非計画購買 …………200
非計画購買率 …………203
非宣言的記憶 …………72
非補償型 …………142，183
ヒューリスティック …………169，179
　―――処理 …………113
フィッシュバイン・モデル …………140
フェヒナーの法則 …………28
フォン・ノイマン …………172
複数ブランドロイヤル型 …………206
輻輳説 …………46
輻輳角 …………19
腹側経路 …………14
腹話術（マガーク）効果…32
符号化 …………65
復帰の抑制 …………36
物理的リスク …………132
ブーバ・キキ効果 …………32
部分強化 …………59

プラシーボ（偽薬）効果 …………260
ブランド……88，240，242
　―――・エクイティ……89
　―――拡張 …………83
　―――関与 …………111
　―――計画購買 …………201
　―――・コミットメント …………111，205
　―――コンセプトマップ …………88
　―――代替購買 …………201
　―――ロイヤルティ …………90，133
プルキンエ現象 …………16
プレグナンツの法則 …………38
フレーミング効果 …………177
プロスペクト理論 …………168，169，175
プロセス品質 …………235
プロトタイプ …………82
分離型 …………183
　―――SP …………219
分離集団 …………296
閉合の法則 …………38
並置混色 …………15
並列処理 …………35
並列・直列評価と評価可能性（evaluatability hypothesis）仮説 …………188
べき法則 …………29
変化盲 …………35
変動時隔スケジュール…61
変動比率スケジュール…59
弁別閾 …………28

方法論的個人主義 …………3
方法論的全体主義 …………3
保持 …………65
ポジティブな気分 …………211
補償型 …………142，183
ポップアウト …………35
ボトムアップの注意……34
ホムンクルス …………21

マ

マーケティング……230 ～ 232
　―――戦略 …………244
マグニチュード効果……220
マグニチュード推定……29
マルチストア・モデル……66
満足化基準 …………191
味覚嫌悪条件づけ …………51
ミュラー・リヤー錯視……26
味蕾 …………24
ミラー・ニューロン …………254，263
魅力 …………149
　―――効果 …………185
無形要素 …………235，236
無条件刺激 …………50
無条件反応 …………50
無調整 …………107
無動機づけ …………106
メタ分析 …………163，206
メンタル・アカウンティング …………219
目的フレーミング …………178
目標 …………99
　―――勾配 …………58
物語 …………151，153

モルゲンシュテルン………172

ヤ

有形性……………… 238，239
有形要素…………… 235，236
有能感…………………………106
ユーザビリティ……………235
ユニット………………………6
ユーモア………………………151
要求………………………………99
要素還元主義…………………37
欲求………………………………99
　　──階層説……………104
予防焦点………………………129
四原色説…………………………15

ラ

ラバーハンド錯覚…………32
理想自己………………………275
リハーサル……………………70
離反顧客………………………241
リピーター……………………241
留保価格………………………215
利用可能性ヒューリスティック
　　………………………………179
両眼視差…………………………19
両面提示…………… 151，153
理論的記述……………………6
リンク……………………………86
類似効果…………… 185，186
類似性…………………………150

累積記録器……………………59
累積プロスペクト理論…176
類同の法則……………………38
レスポンデント条件づけ
　　…………………………45，49
レディネス……………………46
レビット………………………230
連結型…………………………183
連続強化………………………59
連続性…………………………172
ロイヤルティ……… 241，242
ローウェンシュタイン…180
労力的コスト…………………240

ワ

ワーキングメモリ……………68

《著者紹介》（執筆順）※は編著者

※**中川 宏道**（なかがわ ひろみち）（名城大学経営学部准教授） 第1章・第9章
　九州大学大学院人間環境学府博士後期課程修了。博士（心理学）。

高尾 沙希（たかお さき）（東京大学総合文化研究科研究員） 第2章
　早稲田大学大学院基幹理工学研究科博士後期課程修了。博士（工学）。

杉森 絵里子（すぎもり えりこ）（早稲田大学人間科学学術院准教授） 第3章
　京都大学大学院教育学研究科博士後期課程修了。博士（教育学）。

安藤 花恵（あんどう はなえ）（西南学院大学人間科学部教授） 第4章
　京都大学大学院教育学研究科博士後期課程修了。博士（教育学）。

分部 利紘（わけべ としひろ）（西南学院大学人間科学部准教授） 第4章
　東京大学大学院人文社会系研究科博士後期課程修了。博士（心理学）。

井関 紗代（いせき さよ）（中京大学経営学部専任講師） 第5章
　名古屋大学大学院情報学研究科博士後期課程修了。博士（学術）。

菊盛 真衣（きくもり まい）（立命館大学経営学部准教授） 第6章
　慶應義塾大学大学院商学研究科後期博士課程修了。博士（商学）。

※**津村 将章**（つむら まさゆき）（神奈川大学経営学部准教授） 第7章
　東北大学大学院経済学研究科博士課程後期3年の課程修了。博士（経営学）。

中村 國則（なかむら くにのり）（成城大学社会イノベーション学部教授） 第8章
　早稲田大学大学院文学研究科博士後期課程修了。博士（文学）。

山岡 隆志（やまおか たかし）（名城大学経営学部教授） 第10章
　早稲田大学大学院商学研究科博士後期課程単位取得退学。早稲田大学博士（商学）。

川本 晃司（かわもと こうじ）（医療法人彦星会かわもと眼科院長） 第11章
　山口大学大学院医学系研究科医学博士課程単位取得退学，北九州市立大学大学院マネ
　ジメント研究科修士課程修了。博士（医学），経営学修士（学術）。

※**松田 憲**（まつだ けん）（北九州市立大学大学院マネジメント研究科教授） 第11章
　京都大学大学院教育学研究科博士後期課程修了。博士（教育学）。

井上 裕珠（いのうえ ゆみ）（日本大学商学部専任講師） 第12章
　一橋大学大学院社会学研究科博士後期課程修了。博士（社会学）。

芳賀 英明（はが ひであき）（國學院大學経済学部准教授） 第13章
　学習院大学大学院経営学研究科博士後期課程単位取得満期退学。

（検印省略）

2024年9月20日 初版発行　　　　　　　　　　略称—消費者行動

心理学から解き明かす消費者行動論

編著者	中川　宏道
	津村　将章
	松田　　憲
発行者	塚田　尚寛

発行所	東京都文京区 春日2-13-1	株式会社　創　成　社

電　話　03（3868）3867　　FAX　03（5802）6802
出版部　03（3868）3857　　FAX　03（5802）6801
http://www.books-sosei.com　振　替　00150-9-191261

定価はカバーに表示してあります。

©2024 Hiromichi Nakagawa　　　　組版：スリーエス　印刷・製本：
ISBN978-4-7944-2632-1 C 3034
Printed in Japan　　　　　　　　　　落丁・乱丁本はお取り替えいたします。

─────────── 経営・マーケティング ───────────

心理学から解き明かす消費者行動論	中 川 宏 道 中 津 村 将 章 松 田 憲	編著	3,400 円
ホスピタリティ・マーケティング	佐々木 茂 徳 江 順一郎 羽 田 利 久	編著	2,700 円
クリティカル・マーケティング ―ここが変だよ!? マーケティング―	首 藤 禎 史	編著	2,900 円
働く人の専門性と専門性意識 ―組織の専門性マネジメントの観点から―	山 本 寛	著	3,500 円
地域を支え，地域を守る責任経営 ―CSR・SDGs 時代の中小企業経営と事業承継―	矢 口 義 教	著	3,300 円
コスト激増時代必須のマネジメント手法 「物流コストの算定・管理」のすべて	久保田 精 一 浜 崎 章 洋 上 村 聖	著	2,500 円
ビジネスヒストリーと市場戦略	澤 田 貴 之	著	2,600 円
イチから学ぶ企業研究 ― 大学生の企業分析入門 ―	小 野 正 人	著	2,300 円
イチから学ぶビジネス ― 高校生・大学生の経営学入門 ―	小 野 正 人	著	1,700 円
ゼロからスタート ファイナンス入門	西 垣 鳴 人	著	2,700 円
すらすら読めて奥までわかる コーポレート・ファイナンス	内 田 交 謹	著	2,600 円
新・図解コーポレート・ファイナンス	森 直 哉	著	2,700 円
流 通 と 小 売 経 営	坪 井 晋 也 河 田 賢 一	編著	2,600 円
ビ ジ ネ ス 入 門 ― 新社会人のための経営学―	那 須 一 貴	著	2,300 円
eビジネス・DXの教科書 ―デジタル経営の今を学ぶ―	幡 鎌 博	著	2,400 円
日 本 の 消 費 者 政 策 ― 公正で健全な市場をめざして―	樋 口 一 清 井 内 正 敏	編著	2,500 円
観 光 に よ る 地 域 活 性 化 ― サスティナブルの観点から―	才 原 清一郎	著	2,300 円

(本体価格)

─────────── 創 成 社 ───────────